明治天皇行幸と地方政治

鈴木しづ子

日本経済評論社

はしがき

一

本書は、ほぼ一〇年にわたって、安積開拓研究会の一員として学習・研究を続ける中で、私の個別テーマを追求してきた成果である。

明治六（一八七三）年発足した内務省による殖産興業政策は、大久保利通という人物の強い個性と「専制」的実行力によって展開されていった。その政策の全国的なモデル事業として実施された国営安積開墾は、明治初年の近代国家形成のために克服しなければならない多くの問題を凝縮した形で歴史上に提示してくれる。安積開墾は大がかりな士族授産政策であり、近代土木技術と西洋農法の導入実践であり、天皇（制）の東北への浸透を促すものであった。そして、明治九年と一四年の二度にわたる天皇の安積開墾地への行幸はそのことを十二分に示しているのである。この二つの行幸の実態を明らかにすることが、第一の課題である。そこから、明治九年の行幸が、大久保利通の敷いた殖産興業政策の実施のための調査と政策の地方への浸透という意味を持って行なわれ、明治一四年の行幸は、すでに敷かれた路線と実行された殖産興業の成果の確認の意味を持っていたことが理解できるのである。

さらに、そうして実施された殖産興業政策と天皇行幸が、地方政治をどう変えていったかという問題が生じてくる。ここでは、福島県政が、安積開墾という国家的事業を推進していくことで、より国政に深く関わらざるを得ない状況が生まれ、明治一〇年には福島県民会規則を制定し、翌年六月、この規則に基づく県会を発足させた。この県会創設過程で河野広中ら自由民権派をも取り込んだ開明派官僚が創出されたことが、「明治一四年政変」の影響をもろに受ける結果となる。こうした地方政治の転換を明らかにすることが、行幸研究から派生した第二の課題である。

行幸―殖産興業（安積開墾）―地方政治の転換、この三要素の結合状況を、本書に収めた論文によってどこまで提示できたか自信はないが、明治初期の近代国家形成期の諸相が一地域の個別研究を通して多少なりとも明瞭になるのではなかろうか。

二

では、「全国地方巡幸」という形で実施された天皇行幸について概観しておこう。

田中彰氏は次のように言う。

「明治天皇の行幸中、明治一〇年代に集中していること、さらに民権運動の高まりの中で、巡幸の拠点が町や村の代表的な名望家層および各地の師範学校・裁判所その他におかれていたことなどを考えると、この国家的パレードにはきわめて政治的な意図がかくされていたことは否定すべくもない。天皇の巡幸のたびごとに、明治天皇制国家の基礎は着々と固められていったのである。実は、この天皇シンボルと民心との巧みな連鎖工作こそが、近代天皇制国家の形成過程にほかならなかったのである。」（『近代天皇制への道程』吉川弘文館、六頁）

明治五年から明治一八年まで六回にわたって実施された地方への行幸は「六大巡幸」と呼ばれ、山陰と四国を除いてほぼ全国を網羅している。しかし、明治五年から明治一八年までの一三年間は新しい国家形成の混乱と激動の時期であり、その時間的差異はとうてい自由民権運動への牽制や、民衆への定着という目的だけでくることはできない。もっとも多くの研究者が指摘しているように、天皇が将軍家に変わる新しい日本の支配者であることを全国の民衆に知らしめることが、明治初期の行幸の一般的目的であったことはいうまでもない。行幸がいわゆる「地方巡幸」という形で全国的に展開されたのが、廃藩置県以後明治憲法制定以前までの時期に集中的に実施されたことに、その政治目的のすべてが凝縮されている。すなわち天皇制国家の政治システムを「明治憲法体制」という形で構築してゆくための前史として不可欠の行幸、それが明治五年から一八年までの「地方巡幸」であったのだ。

明治五年五月初旬陸軍省より「全国要地巡幸の建議」が出された。その要旨は「我国中世以降、天皇九重の内に垂拱し、天下の政挙げて武門に委す。降りて近世に至りては、天下独り幕府あるを知りて皇室あるを知らず、方今大政一新し治教休明なり、宜しく全国を巡幸して地理・形勢・人民・風土を視察し、万世不抜の制を建てらるべき」ときである。まずは「皇上将校に率先して船艦に御し、沿海を巡覧」することで地方の「王化」と「開化進歩」を進めるということである（『明治天皇紀』第二巻六七四頁）。そしてその第一歩として軍艦に乗って大阪・京都・兵庫・下関・長崎・熊本・鹿児島をめぐることに決定した。以後各地への行幸が始まるが、いわゆる「六大巡幸」と呼ばれることとなった六回にわたる長期の天皇行幸について、簡単にその特徴をみておこう。

第一回（明治五年近畿中国九州）は御召艦龍驤の他七艦で、海路を進んだ。供奉官約七〇人、乗組員も含めると千人余となり、天皇は初めて新式の軍服を着た。行幸日数四九日で最も長い滞在地は鹿児島への九泊である。供奉官筆頭は西郷隆盛で、陸海軍主導の戦勝者を意識したものであったこと、また伊勢神宮や天皇陵参拝、大阪・熊本の鎮台、鹿児島での長期滞在（このとき島津久光からの建白書を受け取る）などが示すように、西南諸国への凱旋と牽制の意味を持っている。こうした特徴を持つ第一回目の行幸は明治九年の東北行幸以後とは区別して考えたい。

明治六年米欧視察から帰国した岩倉具視・大久保利通・木戸孝允らは、このときの海外視察から受けた強烈な刺激によって、建設すべき日本の近代国家としての形がより明確に意識されることとなった。西郷・板垣退助らの征韓派を破り、内務省を創設した大久保の「内治優先」論が、殖産興業の推進を強く意図した天皇行幸を生んだ。大久保のリーダーシップの下に計画された最初の行幸が第二回の明治九年東北地方であったことも十分意味がある。東北は未開の原野が多く、また天皇の支配の及ばぬ土地であった。大久保自身が先発して東北各県を視察調査し、地方の抱える問題を聴取し、天皇行幸のコース、天覧内容を確定していった。大久保の意気込みの強さを示すものであり、ここに明治九年行幸の最大の特徴がある。行幸日数は五〇日、先発は大久保ら約二〇人、供奉官二三〇余人。以後の行幸はこのときの方法を基本として整備されてゆく。この行幸における経験が、明治一一年三月の「一般殖産及華士族授産方法」「福島県下岩代国安積郡字対面原及接近諸原野開墾方法」（『大久保利通文書』第九巻）となって具体化され、三条実美太政大臣へ提出された。

第一章は明治九年を殖産興業政策との関係に重点を置いて考察し、とくに桑野村を中心に据えることで国営安積開墾の構想が実現へ向かう過程を行幸の中に見出してゆこうとするものである。

三

明治一一年に実施された第三回北陸・東海道への行幸は、本来明治一〇年に実施される予定であったが、西南戦争によって延期され、さらに一一年五月に大久保利通が暗殺されるという大事件があったため、中止の声が挙がったほどである。したがって視察内容としては、明治九年行幸の継続と考えられ、殖産興業関連、地方政治関連の視察が中心となるが、西南戦争や大久保暗殺という事件の影響から警備関係の供奉が異常に多い。大久保暗殺犯の出身地石川県がコースに入っているせいでもあろうか。先発は太政官の川村正平ら三三人。供奉官は約三〇〇人であるが、他に警視局大警視川路利良以下警備関係者四〇〇余人が随行した。陸軍省からの供奉は約六〇人であり、軍と警察に守られての緊迫感の強い視察となっている。これが、明治一一年行幸の大きな特徴といえるだろう。日数は七二日、経費も明治九年の約一一万七千円のほぼ三倍で三四万余円に膨張している。

四度目の行幸は明治一三年の山梨・三重・京都地方である。この年は国会期成同盟が国会開設請願を提出したことなどを受けて、自由民権運動の活発化した情勢が行幸の背景にあるとしてそこに政治的意味を見出そうとする説がみられるが、内容的には、明治一一年の継続と考えて差しつかえないだろう。三重県は明治一一年に予定していて、流行病の発生のため中止したという理由があった。日数も三八日と短い。初めて皇族（貞愛親王）が参加したことが前回と異なる点で、以後は親王が参加している。先発は参議山田顕義ら二〇数人。供奉官約三六〇人。

五度目は明治一四年再び東北及北海道であるが、明治九年の時に除外された日本海側の山形・秋田両県と、北海道札幌の開拓使関連施設が主目的地である。しかし太平洋側の各県も、原則通過のみとされながら、実際には行幸・代巡が少なからず行なわれた。日数は七四日で、北海道という遠方の地であったためもあるが、これが最大の行幸となった。先発は参議黒田清隆、内務卿松方正義ら約二〇人。供奉は北白川宮能久親王、左大臣有栖川宮熾仁親王、参議大隈重信、同大木喬任ら約三五〇人。もっとも当初予定では四二〇人であったのを、宿泊所不足などの状況から一〇〇人を減員した。経費もまた最大級で約四六万円である。明治一四年の行幸は何といっても行幸中に明治一四年政変を進行せしめたということに大きな特徴がある。

この年の行幸が札幌開拓使関連施設にあるように、北海道開拓を頂点とする東北地方の殖産興業の実態を視察、その成果を確認する意味をもっていた。これまで内務省主導で行なわれていた殖産興業が、明治一四年四月農商務省の設置によって、若干の修正を余儀なくされていた。しかも出発直前に北海道開拓使官有物払下事件に対する世論の非難が高まっていた。一方大隈重信の国会開設意見書をめぐって、大隈と伊藤の間に亀裂が入ってきていた。そして、福島県で進めていた国営安積開墾もまた開墾地内に矛盾が湧出していた。

第二章は、福島県内、とくに安積開墾関連地への行幸、猪苗代湖疏水（安積疏水）への有栖川宮熾仁親王の代巡の実態を明らかにし、その意味を問うものである。

最後となった明治一八年山陽道への行幸は先発も数名、供奉官も約一三〇人と少なく、船で神戸へ上陸して山口・広島・岡山を回った。残りを消化したものともいえるが、その背景には明治一五年から一七年まで最も多くの自由民権運動の激化・弾圧の歴史がある。またこの年の暮れに内閣制度が発足するなど、いよいよ明治憲法の制定と国会開設へ向けての動きが急となってゆく。

四

大久保利通による内務省設置後、不平士族の反乱を鎮圧し、一方で士族授産等の士族対策を展開しつつ、殖産興業政策を進め、近代国家建設の道を歩んできた。天皇行幸もまたこうした大久保路線の中で進行してきた。その大久保が暗殺され、彼の進めてきた路線に一定の修正が不可欠となったとき、ポスト大久保をめぐる閣内の権力闘争は、明治一四年行幸中に進行し、「明治一四年政変」と呼ばれるクーデターによって終結した。閣内の大隈重信を中心とする自由主義派（国会の早期開設を主張）が一掃された。この事件が大久保の強力な後盾によって国営安積開墾事業を展開していた福島県政に大きな影響を与えることとなった。

河野広中ら福島県の自由民権派を取り込んで進められていた福島県の開明派官僚による殖産興業と県会の開設は、中央政府の政変に大きく左右され、動揺し混乱した。その結果、県官人事は明治一四年から一五年にかけて、県令を含めて大幅な交替をもたらした。この大変動を、「明治一四年政変の地方的展開」と仮定し、県政の展開過程を安積開墾事業に生起した矛盾と県会開設の視点から追求した。これが第三章以下である。

この時期の政治の転換期を、「福島事件」に始まる自由民権運動の弾圧に重点を置いて明治一五年とする説が多い。しかし自由民権運動への明確な対決を政策の柱に据えた政権の樹立を考えれば、「明治一四年政変」こそ、その画期と考えられるであろう。そしてそれは当然に地方政治に多大な影響を与えたと思われる。福島県政はそのことを実証するには最も適切なモデルであるといわなければならない。なぜなら、最初の国営モデル事業（安積開墾）の実施地であり、西の高知に比肩される東の福島、河野広中に指導される自由民権運動の盛んな地であったからである。福島県はこの「明治一四年政変」に過敏に反応したであろうし、一方政府としても福島の「改造」を必須としたといえる。

そして第四章では、福島県政転換期に指導的立場にありながら、これまでその評価が不安定であったり、存在が不確かであった県令山吉盛典と大書記官小野修一郎について取上げた。これは第三章の補論的意味を持つものである。

二〇〇二年一月

鈴木　しづ子

目次

第Ⅰ部 明治天皇行幸と安積開墾

第Ⅱ部 明治一四年政変と福島県政

第Ⅰ部

明治天皇行幸と安積開墾

第一章　明治天皇の東北行幸と殖産興業——福島県下桑野村を中心に——

はじめに

明治天皇による地方行幸は、日本における近代国家創設期に、集中的に実施された。したがって、行幸が、近代国家の建設にあたっての明治新政府の政策遂行と深いかかわりをもって進められた一大政治イベントとであったことは、いうまでもない。

行幸に関する研究は、近代史研究の一環として、多くの先学によって取り上げられてきた。とくに、色川大吉、芳賀登、遠山茂樹、田中彰、永井秀夫氏らによる研究は、今後の研究の前提とされなければなるまい(1)。しかし、個別具体的な研究は、一九八〇年代以降に始められ、全体を捉えるには今後の研究の積み重ねにまつという状況ではなかろうか。

行幸の個別研究は、新潟県（大日方純夫氏による）、宮城県（森田俊彦氏による）、福島県（朴晋雨氏による）についてのものがある(2)。

これらの研究に特徴的な点は、行幸を民衆意識及び自由民権運動との関係に視点を置いて研究するという方法がとられていることである。つまり、行幸を権力と民衆との対抗関係からみてゆく方法である。

この方法は、色川氏が提起した民衆の反応として示した四つの型（「無関心型」「信仰型」「お祭型」「打算型」[3]）の分類に依拠し、田中彰氏の指摘した「天皇の地方巡幸の第一の意義は……天皇を新たな政治的支配のシンボルとして民衆イメージのなかに定着させること[4]」という規定を前提になされている。

大日方氏は、「巡幸の最大のねらいは天皇像の定着をはかることにあったという把握を前提」として、それに対する「民衆の動向」を研究対象とし[5]、森田氏は、「特に重視すべきは、民衆が巡幸をどのように受けとめ、その後にどのような影響を遺したかという問題」であるとして「民衆意識」への天皇制イデオロギーの浸透を「信仰型」に即して捉えようとしている[6]。さらに最新の研究である朴氏の論文にあっても、「明治天皇の地方巡幸は、近代日本における天皇崇拝は民衆の中にいかに定着していったかを考えるうえにおいても一つの重要なポイントになる[7]」ということをまず前提として指摘している。

以上のように、行幸については、その一般史的研究においても、個別研究においても、天皇イメージの定着＝民衆意識の動向という点に最大の注目がはらわれてきたといってよい。もちろん、他にも行幸の意義や役割が何点かにわたって指摘されている。地方支配の問題、軍事・警察的役割、殖産興業政策との関係等である。

朴氏は行幸研究にあたっての第一の問題点として、「地域差と時期的な差によって生じる状況的な変化を考慮にいれる必要がある[8]」ことを指摘している。同感である。行幸の行なわれた時間的、空間的差異によって当然のことながら、その行幸の役割も変化しているとみなければなるまい。複数の意義や役割も、その重点を移動しているとみなければ、個々の行幸の実像を捉えるうえで片手落ちと思われる。

その点からして、朴氏の研究は、福島県下の安積開墾という殖産興業を取り上げており、これまでの研究の空白部分を埋める上で意義あるものであったと思う。しかし、朴氏の研究課題は「天皇崇拝が民衆のなかに定着していく過程を考察[9]」することという、これまでの行幸研究の一般的課題に従ったものであったため、安積開墾をめぐる地域の状況を取り上げつつ、それは「民衆意識」を考察するための脇役にされている。時間的、空間的差異を考慮に入れるものであれば、個別の行幸において最大の課題が何であったのか、という点についても、一般的課題とは別に個別具体例に即して考えてみる視点が必要ではなかろうか。

本章では、明治九（一八七六）年の東北行幸を取り上げる。東北行幸は明治一四（一八八一）年の時と二度にわたっており、両者を総合的に考察することが必要とは思うが、ここでは前者のみを対象とし、とくに、福島県安積郡桑野村（現郡山市桑野及び開成・台新・菜根・島・その他）を、その具体的研究の対象とする。この点、朴氏と偶然対象が重なるが、私の場合は、天皇行幸と殖産興業政策との関係に、この時期における重点的意義を認める立場から取り上げた。その際安積開墾の国営事業化に大きな力を発揮した内務卿大久保利通の国家構想、殖産興業政策を考察すると共に、安積開墾の前提条件となった大槻原開墾地＝桑野村への行幸決定の経過を明らかにする。以上の個別具体的研究を通して、明治九年行幸の意義と大久保利通の果たした役割を考える。

なおこの論文において引用文以外は、奥羽→東北、巡幸→行幸に呼称を統一した。

また、対象とした福島県下桑野村とは、当時安積郡大槻原であり、明治九年四月以降、桑野村という新村となる。またこの辺りの中心地（放れ森）は中条政恒によって開成山と名づけられた。この地に始まった開墾は、大槻原開墾と呼ばれるが、他に桑野村開墾、開成山開墾と俗称されることもある。明治一一年以後の対面原その他周辺の諸原野への入植開墾は、国営安積開墾と呼ばれているが、一般に大槻原開墾も含めてすべてを安積開拓の名で総称する言い方もある。

第一節　明治九年東北行幸の位置づけ

明治五（一八七二）年より明治一八（一八八五）年にいたる間の六回にわたる明治天皇の長期地方行幸は、一般には「六大行幸（＝巡幸）」として認識されている。しかし一部には「五大巡幸」、また「四大巡幸」として位置づける認識もある。(10) いずれにしても第一回目、明治五年の西国行幸をはぶいている。

『明治天皇行幸年表』（日本史籍協会）によれば、「六大行幸」と呼ばれるのは以下のとおり。

1．近畿中国九州　明治五（一八七二）年五月二三日～七月一二日（通称「西国巡幸」といわれる）
2．奥羽　明治九（一八七六）年六月二日～七月二一日
3．北陸東海　明治一一（一八七八）年八月三〇日～一一月九日
4．山梨三重及び京都　明治一三（一八八〇）年六月一六日～七月二六日
5．山形秋田及び北海道　明治一四（一八八一）年七月三〇日～一一月一一日
6．山陽道　明治一八（一八八五）年七月二六日～八月一二日

第一回目の西国行幸は、新政府の主要閣僚が渡欧中（岩倉米欧使節団）のことであり、西郷隆盛を随行して西南諸藩への凱旋と牽制（特に島津久光に対する）を意味しており、本格的な地方行幸は、明治九年の東北行幸が最初と考えてもよいだろう。ことに、新政府確立のためのビジョンを持っての地方行幸ということを考えるならば、明治九年東北行幸をその始まりとみるのが、むしろ妥当なことと考えられる。その意味では、江戸を東京として新しい首都とした二度の東幸（これより天皇は東京に永住することになる）と西国行幸は、本格的地方行幸の前史であり、倒幕運動

から戊辰戦争にいたる維新変革の戦後処理的な意味を持つものといえよう。[11] 明治九年以降の東北行幸は、戦後処理的な意味もあるが（戊辰戦没者の慰霊をかならず行なっている）、それよりも、新政府による近代国家の建設といった意味合いが強い。したがって、そこには当然ながら、近代国家創出のための構想が比較的明瞭化してくる過程の行幸であることが見えてくるのである。

近代的国家創出の構想を持ち、これを強力な指導力を持って推進しようとしたのが大久保利通であった。大久保は岩倉米欧使節団の一員として米欧を見聞、産業の発展こそが国家の発展の基盤となることを確信して帰国した。そして、明治六（一八七三）年、帰国するや、西郷隆盛ら留守政府の征韓論（遣韓問題）を破って、一一月には内務省を設置、自ら内務卿となって、大久保独裁政権といわれる政治を展開した。こうして大久保の強力な政治力と先見的な国家構想によって、近代日本が形成されることとなる。明治初期の天皇行幸は、大久保利通の国家構想に欠かせないものとして実践されたのである。

大久保がいつごろから天皇の全国行幸を考えていたか、その起点は大阪行幸[12]にあると思われるが、定かではない。しかし、明治五年の西国行幸も、大久保が米国より政府の全権委任状を受け取るため一時帰国した時期（明治五年三月〜五月）に決定されていることからも最初からその計画に関与していたことと思われる。[13]

しかし、大久保はすぐさま米国へ戻り、欧州視察ののち、帰国したのは明治六年五月であった。そして明治一一年五月には暗殺されたため、最初から最後まで彼自身が企画・演出すべてにかかわったのは、明治九年の東北行幸のみとなった。明治一一年の北陸東海行幸はすでに大久保の下で計画されていたが、目前にして大久保が暗殺されたため、政府内には延期の声も出たが、天皇が一度決定したことを変更してはその権威にかかわるとの憂慮から、大久保なしで実行された。明治九年の東北行幸は、大久保による最初で最後の行幸となり、しかも以後の行幸すべての下敷きとなったものであり、大久保の、したがってまた近代日本の国家構想の原型がこの行幸に示されることとなったのである。

大久保は明治維新に際し、大阪遷都を主張した人物である。この主張は実現しなかったが、江藤新平らの主張した東京遷都によって目的を達した。大久保は早くから宮中改革の必要性を自覚しており、遷都論はその一環であった。宮中の因襲的な人脈を断ち、新政府の冠として天皇を育成する必要があった。行幸もまた、宮中改革と相まって、天皇を表舞台に引き出し、近代国家創出のための統一のシンボルとして育成していく大きな役目を担ったのである。

そのような行幸の一般的意義と同時に、それぞれの行幸がその時間的、空間的差異によって、そこに付与される行幸の意義は、その重点を移動させる。明治九年東北行幸は、西国行幸を除く立場からすれば、最初の大がかりな地方行幸である。天皇の存在とは最も縁が薄いこの地で、新政府の最初の基盤づくりが始められることとなったのである。では、東北行幸における個別的意義と役割はどこにあったか。その点について検討してゆく。

第二節　行幸の目的――大久保の国家構想と殖産興業政策――

米欧より帰国した大久保が、産業の発展こそが強力な国家建設の基礎であるという信念の下に、最も心をくだいたのは、どのようにして日本の統一と独立を成し遂げるか、ということであった。行幸はそのために不可欠のことであった。東北行幸の立案、準備、実行のなかに、そうした大久保の国家構想の一端が見て取れるのである。

大久保利通は、明治六（一八七三）年五月二六日横浜に着いた。大久保の帰国は、留守政府内における征韓論の収拾に困惑した三条実美の帰国要請によるものであった。このとき木戸孝允も共に帰国要請されたが、彼は欧州視察の継続を希望し、ロシアを視察したのち一カ月遅れて帰国した。したがって大久保はドイツ視察が最後となり、ロシアには行けなかった。

大久保の帰国後の最初の仕事は留守政府内の征韓論と対決することであったが、自らの立場の不利を知り（木戸は帰国後病床に伏せってしまった）、岩倉の帰国まで結論を延ばす戦術をとり、自らは箱根の湯につかり、富士に登って方策を練った。そして一〇月九日断りつづけていた正院参議の命を受け、精力的に活動を開始した。まず、「征韓論に関する意見書」（日付不明、以下「征韓意見書」と略記）によって七カ条にわたる征韓反対の論拠を示した。[14]征韓派が敗北し、一〇月二四～二五日にかけて西郷隆盛、副島種臣、後藤象二郎、江藤新平、板垣退助が参議を辞職した。いよいよ大久保は自らの米欧視察で得た教訓を生かし、近代国家建設に強力な指導力を発揮するときがきた。一〇月二八日岩倉宛てに、北海道、東北行幸の意見書（以下「奥羽巡幸意見書」と略記）[15]の内稿を提出し、加筆を求めた。そして、一一月に入ると、吉田清成、吉原重俊らに政体取調べを依頼、[16]自ら岩倉より次の書物を借り受けて学び、政体構想を練ったのである。

岩倉より大久保へ提供された書物[17]

英吉利国政概略　三冊
英国スタスチック之事　一冊
英吉利国教ノ事　一冊
英国ポリスノ事　一冊
独国政体図引　六枚
仏蘭西会計調書　一冊
土耳古水道調書　一冊
仏蘭西内国省教育省略図

同年一一月一九日、伊藤博文、寺島宗則が政体取調掛となるや、大久保は自ら構想した「立憲政体構想に関する意見書」（以下「立憲政体意見書」と略記）を提出した。[18]この直前一一月一〇日には内務省を設置、大久保自ら内務卿となった。これで大久保自らの国家構想実現に向けての路線が敷かれた。

まず、明治六年一〇月二八日の岩倉にあてた「奥羽巡幸意見書」を見てみよう。「別紙内稿相認メ差上候付御覧若シ御旨趣ニ触レ候義有之候ハヾ御加筆被下度……」として以下の提案を行なっている。

一、即今支那及北海道樺太迄陸軍海軍両省ヨリ実地検査ノ為人撰ヲ以テ航海命セラルノ条

二、来陽春時季ノ都合ヲ以　皇上北海道及奥羽ノ内　御巡幸アラセラレ参議供奉ノ条

但北海道ハ要衝ノ地ナレバ海陸軍官員検査ノ上鎮台ノ設等御治定アルベシ

私樺太混雑裁判之事経界談判之事何ク迄モ前議ノ御決定ニ戻ラザル様確定ナクンバ若シ曖昧ニ属シ候節ハ其難今日ヨリ甚シキハ顕然タリ、由テ今日ニ両断ノ決ナクンバアルベカラザルナリ、条理ヲ以テ論ズルハ敢テ顧ル所ナシトイヘドモ前議ノ行懸リヲ以其情実ヲ汲ム時ハ一概ニ条理ヲ以情ヲ推スベカラザルモノアリ、信義不立時ハ何ヲカ成ス事ヲ得ン

此条間違ヒアラバ旧参議ニ対シ御申訳アルマジ、小臣ニ於テハ決シテ朝ニ立ツ事ヲ得ズ

樺太においてこの年の春、ロシア人による和人への暴行事件があり、大久保はこの問題の処理を一挙に日本とロシアの境界問題の処理へと持って行こうと考えていた。

すでに大久保は「征韓意見書」において、北方重視の一条を記していた。日付はないが、一〇月であり、「奥羽巡幸意見書」より半月位前のものであろう。征韓に反対する七カ条の論のうち四条までは国内事情の説明で、あとの三条が対外関係を論じたものである。その第五条では、

「外国の関係を論ずる時は吾国に於て最重大なる者魯英を以て第一とす　夫れ魯は北方に地方を占め兵を下して樺太に臨み一挙して南征するの勢あり（中略）今兵端を開き朝鮮と干戈を交ゆる時は恰も鷸蚌相争の形に類し魯は正に漁夫の利を得んとす可し……」と述べている。

以上の如く第五条はロシアの南下への憂いを論じたもの、次の第六条は英国による内政干渉の憂いを論じたもの、

第七条は不平等条約を論じたものと、五～七条は日本をとりまく国際情勢論となっている。

大久保は、征韓意見書に見られるような国際情勢認識を下に、西郷らの下野の後は、北方重視＝対ロシア境界の確定の実現へ向かう。東北・北海道行幸構想はこの脈絡のなかに位置づけられるのである。さらにつけ加えるならば、その後の征台問題、対清外交、琉球処分は日本列島南端の境界確定を意味しており、大局的に見れば、日本の北と南の境界を確定することで、名実ともに近代日本の統一国家の形成が成就することとなるのである。この時期の大久保政権の構想は侵略主義的傾向を内蔵しつつも大局的、客観的にはこうした近代国家形成期の歴史的運命の中に適合していたというべきであろう。

さて、この章の目的は東北行幸であるから、境界問題にはこれ以上触れない。

「征韓意見書」「奥羽巡幸意見書」に続いて、明治六（一八七三）年一一月に「立憲政体意見書」を提出した大久保は、そこで日本国家の政体としていかなるものが適合的であるかを論じ、「太政官職制」の案を示した。その主張するところを要約してみる。

大久保によれば、世界の政体は民主政治と君主政治に大別され、「民主ノ政ハ天下ヲ以テ一人ニ私セズ。広ク国家ノ洪益ヲ計カリ洽ネク人民ノ自由ヲ達シ、法政ノ旨ヲ失ハズ首長ノ任ニ違ハズ、実ニ天理ノ本然ヲ完具スル者」であり、「君主ノ政ハ蒙昧無智ノ民命令約束ヲ以テ之ヲ治ムベカラズ。是ニ於テカ才力稍衆ニ擢ル者其威力権勢ニ任セ其自由ヲ束縛シ其通義ヲ圧制シ以テ之ヲ駕御ス、此レ方サニ一時適用ノ至治ナリ。然レドモ上ミ明君アリ下モ良弼アル時ハ民其禍ヲ蒙ラズ国其敗ヲ取ラズ（中略）、若シ一旦暴君汚吏其権力ヲ擅マ、ニスルノ日ニ当リテハ、生殺与奪唯意惟レ行フ故ニ衆怒国怨君主一人ノ身ニ帰シ、動モスレバ廃立簒奪ノ変アリ。其法政概ムネ人為ニ出テ天理ニ任セズ、此レ人情時勢ニ於テ久シク持守ス可カラザルモノ」であると理解されている。それらの政体はその国の「土地風俗人情時勢」に応じて成立したものであり、そのまま日本に適用できない。日本は維新によって国を開いたが「人民久シク封建ノ圧制ニ慣レ長ク偏僻・陋習以テ性ヲ成ス、殆ンド千年豈ニ風俗人情ノ以テ之レニ適用スルノ国ナランヤ。民主固ヨリ適用スベカラズ、君主モ亦タ固守スベカラズ、我国ノ土地風俗人情時勢ニ随テ我ガ政体ヲ立ツル宜シク定律国法以テ之レガ目的ヲ定ムベキナリ」「定律国法ハ即ハチ君民共治ノ制ニシテ、上ミ君権ヲ定メ下モ民権ヲ限リ至正君公至民得テ私スベカラズ」、そしてどの政体においても、国政の基本は「必ズ独立不羈ノ権ヲ有スル処有テ以テ断然之ヲ行フ」ことにある。

以上のように、大久保は各国の政体と維新後の内外情勢の認識を基礎に、日本の国家としての独立を保つための最も適合的政体として、国法によって君権と民権を限る、君民共治の政体を主張した。その内容は、天皇は「国政ヲ執行スルニ無上ノ特権ヲ有ス」として、天皇（君主）の特権保持に重きを置いたものであったが、同時に三権分立の構想も示しており、この時期にあっては先見性の高いものであったと評価できよう。

「独立不羈」、すなわち、米欧視察から学んだ大久保の最大のものは日本の近代国家としての独立をいかに確立するかであり、そのための政治形態として「君民共治」を構想した。では、そのような彼の構想するところの国家はいかに形成されるのか。そのような国家の経済的、政治的、社会的基盤の整備が、当面の課題となる。

明治七（一八七四）年五〜六月頃に提出される「殖産興業に関する建議書」(19)は、以上のごとき大久保の課題の実践へのシナリオである。ここでは彼は冒頭から「大凡国ノ強弱ハ人民ノ貧富ニ由リ、人民ノ貧富ハ物産ノ多寡ニ係ル。而テ物産ノ多寡ハ人民ノ工業ヲ勉励スルト否ザルトニ胚胎ス」と、明確に主張、英国の例をあげつつ、「一定ノ法制ヲ設ケテ以テ勧業殖産ノ事ヲ興起シ、一夫モ斯業ヲ怠ルコト無ク、一民モ斯所ヲ得ザル憂ナカラシメ」ることを上申した。かくして大久保の強力な指導力の下に各種の殖産興業が全国的に展開されることとなる。

東北行幸は大局的には大久保の国家構想を背景に、その基盤整備の実践的課題にきわめて有効な戦略として実現した。まず第一に、北方におけるロシアの脅威に対処する軍事的拠点（東北、北海道の鎮台）を強化し、ロシアとの国境確定を推進する（現実には、東北行幸の実現が明治九年へと遅れたためロシアとの境界確定は、行幸より早く明治八年八月に、千島・樺太交換条約をもって確定した）。第二に、開発の遅れた東北地方における産業の奨励にはずみをつける。

これによって殖産興業の全国的展開を可能にし、地方の資産を活用する道を開く。第三に、地方行政を掌握し、地方有力者との連携を強め、西南地方の士族反乱を牽制し、政府の支持基盤を強化する。[20]

東北行幸計画にあたっての目的は、以上の三点にあったと思われるが、千島・樺太交換条約の締結によって、第一の意義は薄れ（対ロシア牽制の必要はなお存在しても）、その第一義的課題は第二の東北開発、殖産に重点移動したものと考える。逆に考えるならば、最初の行幸が何故東北でなければならなかったか、ということである。対ロシアの問題がその最重要課題からはずれれば、東北開発にその重点が移るのは当然であるが、これには、大久保の殖産論が、当初から東北をその対象とし、ここを殖産興業、特に農業面における殖産興業のモデル事業の実施可能な土地とみなして立論され、構想されていたという背景がある。

大久保の殖産興業論について、我妻東策氏は「大久保は工業の勧奨に重点を置き、農業の勧奨はこれを第二次的なものとしたもののやうに見ゆるが……明治前期においては未だ両者（工業と農業）の内容は互に交錯し、工業と称しつつ多分に農業を包含し、農業と称しつつ少なからず工業を内包するという有様で」、「大久保時代の殖産興業が亦多分に農業的であったのは勿論である」[21]と指摘している。以上の如くに、産業における農業と工業の概念が未分離で、かつ、現実的にも、純粋に工業の発達しうる以前の段階においては、産業は多分に農業的であったのは当然のことと思われる。したがって、開墾や製糸といった事業の新たな開拓にとって、荒蕪地（官有地）の多い東北は農業的産業を、官有地の払下げや貸下げといった方法で、事業を起こしてゆくには、最も適切な地であったと考えられる。こうした産業を、水陸の運輸の便を整備することで結合してゆくといった、壮大な東北開発構想があった。[22]その実現に向けての現地調査と、産業奨励のためには、天皇行幸ほど効果あるイベントはありえなかった。そして殖産興業の強力な推進者であった大久保利通の行幸先発としての現地視察は、さらに大きな意義をもつものとなった。次にその具体的展開をみる。

第三節　東北行幸決定への政治的展開

一　東北行幸の企画がいつごろなされたか

まず、決定までの経緯を概略してみたい。

明治五（一八七二）年五月二三日から七月一二日にかけ西郷隆盛を従えて近畿・中国・九州を行幸した（西国行幸）。すでにみたように、この決定には大久保利通も関与しているが、その実行は、大久保が欧州視察旅行中のことであり、随行の主役は西郷にゆだねられていた。この行幸が成功裡に行なわれたことを、大久保は欧州の地で新聞等によって承知しており、そのことについて日本にいる西郷隆盛・吉井友実あての手紙には「実ニ未曾有之御盛事ト大評判ニ相成御同慶此事ニ奉存候」[23]と書き送っている。天皇の初めての地方への大がかりな行幸は東北地方にも伝わり、早くも西国行幸の最中である同年六月、置賜県と福島県の間で、東北への行幸を要請する動きがあった。短いのでその全文を紹介しておこう。[24]

天皇陛下奥羽御巡幸奏請之義打合状

奥羽之地自古覇府ヲ以限リ候故上下之情意自ラ貫通セ須

御維新之盛業碍礙致候儀僕等地方官之責を擔実ニ恐懼ニ不堪事ニ候依而ハ御多端之際不顧悚慄一タビ　皇駕御巡幸を奏願度心願ニ候処此事全ク東方一体江関渉之儀且軽易之事柄ニも無之候へバ各県熟議之上一同之哀願ニ及申

度存候、右ニ付外各県江も其趣相通可申ニ付自然相合候ハヾ他日東京江集会之上精細御打合可致候条差向一応之御回答所冀ニ候、委細ハ中条政恒口頭ヲ以御詳悉有之度此段申入候也

壬申六月

置賜県芹沢権参事
置賜県本田参事

福島県安場権令殿
福島県山吉権参事殿

以上の史料からすると、置賜県が福島県に呼びかけて、天皇の東北行幸を、他の東北各県とも協議の上政府に請願しようと計画しているのがわかる。「置賜県歴史」[25]には、この後七月一四日置賜県の本田親雄と芹沢政温、福島県の安場保和・山吉盛典が五色温泉に会して、行幸奏請について協議を行なったとある。安場保和は大久保・岩倉らの米欧視察に加わったものの、中途で帰国、明治五（一八七二）年六月二日、福島県権令に任ぜられたばかりである。また、連絡役の中条政恒はこの年の九月には福島県典事として迎えられ、安積郡大槻原（桑野村）の開墾において県役人として重要な推進者となる人物であり、右文書中に「中条政恒口頭ヲ以」とあるようにこの時期に、置賜県と福島県とを結ぶ人物として行幸問題にかかわっている事実は興味深いことである。中条がすでに福島県に来る以前から、安場保和とも面識があったことになる。

さて、この時期に行幸奏請の動きが起こされたことは、西国行幸の影響から、我が地方にもという動きが各地で起きても不思議ではない。一方、政府の側からは、すでに見たように、明治六年一〇月二八日、大久保利通による「奥羽巡幸意見書」がある。

このように明治六年には送り出す側と迎える側の意志が出そろう。おそらく大久保の意図としては翌明治七年頃に

は行幸を実行したい、というものであったろう。しかし、征韓論に破れた西郷、板垣、江藤らの下野ののち、西南諸藩の不平士族の動きは、政府にとってきわめて深刻であった。明治七年二月の江藤新平による佐賀の乱は特に深刻で、大久保自ら鎮圧を指揮した。そして台湾における琉球島民殺害問題をきっかけに征台問題が生じ、これも大久保自ら清国へ渡って交渉して解決をはかった。翌明治八年二月には大阪会議で板垣との政治的妥協を試みるなど、左右の不平士族に対する対応に追われた。このような状況下で東北に新政府の支持基盤を確立して、西の憂いに対するとともに、早急に士族の救済策を立ててこれを実行する必要があった。それが士族授産の構想であり、未開拓の東北の地に士族の入植の地を求めることが早急不可欠の課題となったのである。したがってこの時期の殖産興業は士族授産と不可分の関係をもって進められてゆく。さて、大久保の上申の後、緊迫した政治情勢のなかで、東北行幸の具体化は遅れていたが、明治八年には木戸孝允、三条実美、大久保らの上奏があいつぎ[26]、いよいよ明治九年行幸を決定した。

具体的な行幸計画決定の経過は不明だが、のちに触れる桑野村行幸決定の経緯からも推測されることは、正院や宮内省、内務省等の間で細かな計画の協議がなされたことと思われる。明治九年四月二四日、太政大臣三条実美名で東北行幸の布告が出された。この直前の四月一五日、大久保利通より地理頭杉浦譲あてに、二〇日までに「陸奥地理取調」を依頼しておいたが、行幸が内定したので、急ぎ一八日までに調査結果を報告するようにとの手紙が出されている[27]。それからすれば、四月一四、一五日頃に東北行幸が内定し、二四日に布告が出された[28]、ということになる。

布告は次のとおり。

今般奥羽地方
御巡幸被　仰出候条此旨布告候事
但御発途時日ノ儀ハ追テ御沙汰可有之事
明治九年四月廿四日

太政大臣　三条実美

そして、行幸の日程は五月一〇日県に通知された。それによれば天皇は六月二日東京を発って七月一四日まで東北各地を回ることとなっていたが、郡山は休憩のみで、宿泊の予定はなかった。この問題についてはあとで触れる。

二　大久保内務卿の足取り

東北行幸が決定された後、行幸先に様々な指示が出され、天皇を迎える準備がなされる。大久保利通は、天皇に先駆けて東北の各県を回り、地方の実状を視察し、準備の状況を点検した。

大久保は初め五月二一日、行幸先発として東京を発つ予定であったが、予算の決定が遅れたため、五月二三日出発となった。しかし、さらにその前の五月一二日に、内務省から北代正臣権大丞と宮内省の桜井純造少丞を派遣し、行幸先の地方官らとの協議・打合せをして、準備の様子を逐一大久保の元に連絡させ、その後を大久保が再点検・調整し、天皇に随行している岩倉具視に報告する、といった緻密で慎重な体制をとった。また今回行幸を見送られた若松、磐前、置賜、山形、鶴岡、秋田の諸県には大久保が直接出向いて視察と説諭をした。

では、大久保の足取りを、彼の日記（『大久保利通日記』）から追ってみよう。大久保は、五月二二日宮内省に参上し、岩倉具視に出発の挨拶をし、翌二三日の早朝出発、五時過ぎ千住の宿で随行の春名修徳（内務権少丞）、瀧吉弘（内務省八等出仕）と待ち合わせ、九時には埼玉県草加に到着した。二四日には栃木に入り、二五・二六・二七日と日光で東照宮その他を見学、二八日いよいよ東北の地白河へ入る。栃木から石井邦猷内務権大丞が一行に加わる。

福島県内の足取りについては以下に表示しておこう。

五月二八日　　白河

二九日　羽鳥村を経て若松県湯本村
三〇日　若松
三一日　福島県大平村を経て白河
六月　一日　白河、石川
二日　磐前県へ向う
三日　磐前県
四日　中寺を経て小野新町
五日　再び福島県三春から郡山村、桑野村へ
六日　二本松、福島
七日　福島、半田銀山

以上が福島県内の大久保の巡察先であるが、当時は中通り地区が福島県、会津地方が若松県、浜通り地区が磐前県と、三県に分れていた。

福島県の巡察を終えた大久保は、六月八日置賜県、山形県、鶴岡県、すなわち現在の山形県を訪れ、六月一六日には宮城県に入る。そして六月二三日、後から出発した天皇の一行を迎え、二三、二四の両日、天皇に賜見、また岩倉具視と帰りの道筋などについて打合せをする。

六月二六日には、再び天皇に先立って仙台を出発、岩手県、秋田県を経て、七月一二日青森県の七戸で、後発の天皇一行と合流する。そしてすぐその日の夕方には一行と別れて、七月一四日青森よりケプロン号に乗船して函館に行く。七月一六日、ここで再び天皇、岩倉らに会う。翌七月一七日にテーポール号に乗船して、海路を急ぐ。七月一九日午後四時には横浜につき、帰りに三条実美のところに寄って帰宅した。翌七月二〇日は再び横浜へ行き、天皇の帰還を待ち、二一日、共に東京へ帰る。

三　桑野村行幸決定の経緯

まず最初に桑野村について概略する。郡山村の西方に大槻原と呼ばれる原野があり、県では明治五（一八七二）年の頃よりこの地の開墾を計画しはじめた。明治五年四月山吉盛典が県の権参事に、六月には安場保和が権令に、九月には中条政恒[29]が典事に着任する。そしてこの一〇月頃より大槻原開墾への動きが具体化してくる。一〇月二八日には安場が県令となり、翌年三月中条が開拓掛となる。県による大槻原開墾は二つの方法でなされた。ひとつは郡山村の豪商たちを説得し、彼らの出資によって開成社（社長阿部茂兵衛）を結成、[30]小作人を雇って開墾を行なう。もう一つは、二本松藩士を募って入植させ、開墾を行なう。そして明治九年にかけ、県の計画どおりに開墾が進み、同年四月七日内務省はこの新開拓の地大槻原を「桑野村」と称することを布達した。

東北行幸決定の後、五月一日に内務省は福島県下の主な天覧場所として須賀川の産馬会社と二本松の製糸会社を指示してきた。これにともない県では小池友謙、立岩一郎ら六名を「御巡幸事務掛」として県内の奉迎準備にあたらせる一方、門岡千別権大属を行幸打合せのため出京させる。[31]そしてすぐさま、県側として行幸を希望する場所、及び名所旧蹟を記し、内務省にあてて上申書を提出した。これが五月四日の「福島県内御休泊御割合見込」でこのとき県のトップとなっていた山吉盛典参事の署名で提出されている。この文書では、県内行幸日程について、第一日白河、第二日須賀川、第三日郡山・桑野村のうち、第四日二本松、第五日福島、第六日桑折と、現在の福島県中通りを北上する形で予定を組んでいる。この文書は、形式はまず福島県への行幸決定に対する喜びと、県民の願いを上申する文章が前段、中段は、休泊見込地の説明と日程案、最後に名所旧蹟の一覧表を添付したものである。この上申の前段部分を以下に掲げてみる。[32]

第百六十五号
今般
御巡幸ニ付県下須賀川駅御泊之節馬市　二本松御泊之節製糸場
天覧被為候間不都合無之様兼テ注意可致、県庁江ハ管内産物取集可置旨五月一日付ヲ以テ御照会之段委細了承、
則其通可取計候条左様御承知相成度、随テ管下御休泊之御都合ハ如何ニ可有御座哉、実ニ先年来管下有志之民
力ヲ以テ肇造スル処之業不少大抵沿道之儀ニモ有之、此際不奉仰
天覧ヲ候テハ有志少輩一同之脱力ニモ可相成ニ付、不苦御儀ニ候ハヾ左之御割合ヲ以テ御休泊奉願上度事ニ御
座候

この後に日程の「見込」が続き、第一日白河、第二日須賀川の説明ののち第三日に郡山駅・桑野村の記述があるので、これも記しておく。

第三日　須賀川ヨリ郡山迄道程三里九丁
一　御休泊　桑野村
　　　　　郡山駅　ノ内
此地ニハ追テ中学校見込ヲ以テ昨八年中築造セシ学校有之、猶又明治六年中伺済之上開拓着手即今漸次成業先般
公布相成候桑野村アリ、風色極メテ雅両様奉供
天覧度

ここでいうところの「民力ヲ以テ肇造スル処之業」「明治六年中伺済之上開拓着手」とあるのが、県による大槻原

開墾の地で、この四月に桑野村となったところである。この史料は政府内部の東北行幸についての協議を記録した「東巡雑録」のなかにあり、桑野村行幸の適否を協議する正院・内務省・宮内省の往復文書のうち、五月一〇日付で内務省より正院（史官あて）に送られた書簡に添付され、五月一一日政府内の御巡幸御用掛（土方元久、金井之恭）の添書をつけて三条実美、岩倉具視、大久保利通に回覧されたものと思われる。

この「見込」と同じものが県御巡幸掛立岩一郎の日誌にもあり、(33) 日付が一日遅い（五月五日付）他はまったく同文であるので、内務省へ提出する文書の下書きか、覚えのために控えたものであろう。県側からの働きかけは他にもあることと考えられるが、正式な文書としてはこの他には見当たらない。

また、民間の開墾結社である開成社では、五月六日、道路点検のため郡山を訪れた中条政恒権参事に、桑野村行幸の実現を陳情したとされている。(34) 中条の事績を記した「安積事業誌」によれば、中条は内務省五等出仕坂部長照を通じて行幸を働きかけたと記されている。(35)

御巡幸準備トシテ同君（中条—引用者）白河迄出張ノ途中、郡山一泊ノ折（五月六日—引用者）開成社阿部氏来リ。桑野御立寄ナキヲ嘆ズルノ該《ママ》アリ。中条君曰ク、桑野ニシテ亳モ差支ナキノ見込アレバ挽回難キニアルマジ、諸事開成社ニ於テ負担シ得ルヤ。阿部氏曰ク、社ニテ負担スベシ、御安心アレト。中条君大ニ喜ビ……私報電信ヲ内務省在勤坂部長照氏ニ発シ、挽回ノ尽力ヲ乞ハレタリ。

阿部茂兵衛は、自らも桑野村行幸を働きかけるべく奔走した模様であり、「開成社記録」の五月一五日付には「此機ヲ失ハバ開拓勢力ヲ失ヒ成功ニ至ラズ、或ハ中絶セン、自ラ進ンデ官吏ニ接シ、駅ヲ墾地ニ駐メラル、《ママ》コトニ尽力ス」とあり、さらに「開成社履歴」五月一五日付にも「桑野村ノ駐輦ナシ。於是社員皆茫然失措スト雖ドモ各奮発東央西告スルニ至レリ」(36) とある。

一方政府の側も、五月一〇日に行幸日程を県に通達したものの、桑野村行幸の件は引続き協議している。五月一〇日の行幸日程の通達においては、郡山は駅西側にある郡山学校（現金透小学校）での昼休みのみとなっている。しかし、県に通達を出す前日、五月九日の各省、沿道各県への「御達案」[37]には、六月一五日は、「御昼　桑野村」となっている。この文書によれば、内務省の方針としては、桑野村行幸を当初から意図していたことがうかがえる。ところが、福島県への通達には、「御昼　郡山」とある。桑野村行幸を意図しつつも、実際の日程の都合が詰め切れず、見切り発車的に、「御昼　郡山」と通達したものと思われる。したがって、通達を出したその日から内務省、宮内省及び正院の大史で御巡幸御用掛でもある土方久元との間で桑野村への行幸の適否を協議している。一〇日から一一日にかけての三者の協議では休憩を郡山から桑野村へ変更した場合、その距離、交通の手段、時間等の都合が可能かどうかという点に集中している。そして、前述のとおり、内務省に提出された福島県の上申書が、御巡幸御用掛土方、金井によって大臣、参議に回覧されるのであるが、この時の添書は以下のとおりである。

御巡幸御用掛土方、金井

九年五月十一日

大臣、参議

別紙福島県申牒内務省ヨリ申出之通既ニ御休泊割被　仰出候上者、今更御変換モ如何可有之哉、併県官縷々上申之次第モ有之候間、掛紙之通御治定相成可然哉此段相伺候也

以上のように内務省、宮内省での協議では、桑野村行幸はほぼ内定したものの距離的に、次の宿泊地である二本松まで行くうえで困難となっており、桑野村一泊追加とするか否か、御巡幸御用掛はその最終決定について大臣、参議に伺いをえることとなった。しかし、なお決定をみるに至らず、一二日行幸先の検分のため北代正臣内務権大丞及び桜井宮内少丞が大久保より一足先に東京を出発した。

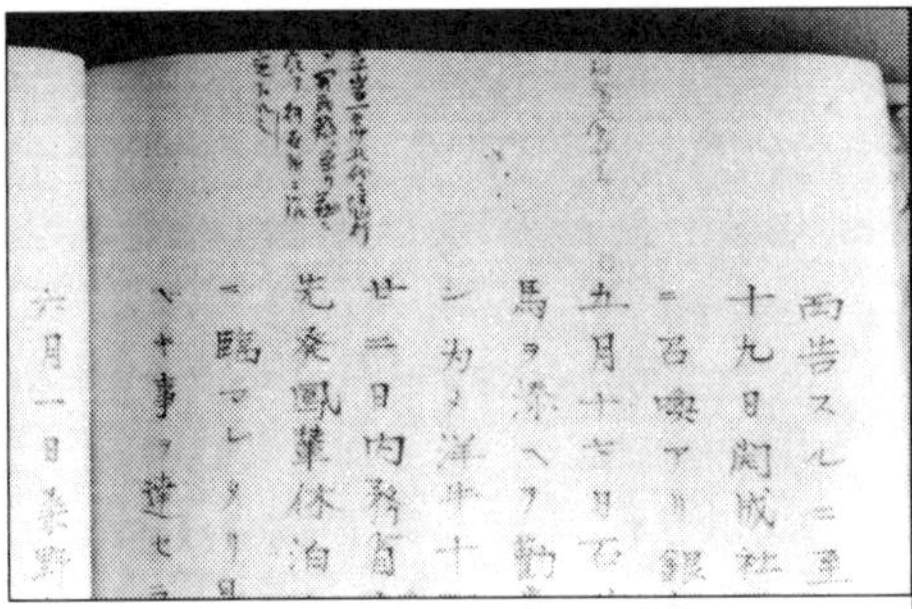

「開成社履歴」福島県庁文書

これより大久保が出発する五月二三日までの動きは不明である。が、大久保出発の前日、五月二二日付で、北代正臣より岩倉あての書翰は、桑野村にある開成館（明治六年八月開拓事務所として作られた西洋風建築物、このときのは明治七年九月落成の第二次開成館で三層楼の西洋館、区会所として使用していた）を行在所に決定されるよう上申している。

しかし、北代は、この日（二二日）県御巡幸掛立岩一郎の案内で、桑野村の開墾地及び開成館を視察しているが、この時案内の立岩一郎に開成館を行在所とする旨伝えている模様である。すなわち、「開成社履歴」欄外メモに「立岩一郎北代ニ随行シ開成館ニ至リ茲ニ於テ行在所ニ決定スル也」との記入がある（写真参照）。このことから推測すると、すでに北代は、桑野村行幸及び開成館宿泊の内意を大久保より得ており、桑野村の状況を北代自身の目で確かめて決定を下すという権限を託されてきたものと思われるのである。手紙のあて先が大久保ではなく、岩倉であるのは、すでに大久保は五月二三日の早朝に、天皇行幸の先発として東京を出発しているために岩倉にあてられ、あとは正式な公文書の発行を待つのみといった手筈が、出発前にととのっていたものと思われる。

北代からの手紙は、遅くとも五月二七日には政府の元に届き回覧されている。すなわち五月二七日付宮内省の杉孫七郎より正院の土方久元にあてた文書に北代の手紙が添付されているからである。

北代の岩倉あての手紙は長文のもので、桑野村推薦について

「今日実地ヲ経験仕候ニ、該日ノ里数凡十一里程ニテ到底薄暑之季節ニ際シ一日

之御道程ニハ相成間敷ト存候間、是非桑野村歟郡山駅之内エ御泊之事ニ御改令相成度奉存（中略）。抑モ陸羽地方之儀ハ従来茫漠荒廃之原野夥多ニ付、追テ開墾移民之方策ニ注意不致候テハ不相成候処、今般幸此地即桑野村ニ御一泊相成候時ハ、実際新移住之者曁ヒ近旁之人民共自然振作感興シ倍々開成隆盛之基礎鞏固可仕候……」とし、政府の東北開墾の政策に有用であると説き、行在所としては開成館を推薦し「何分該所御一泊ニ御改議之儀可然」とうながした。(38)

そして、この直後五月二九日、ついに桑野村行幸、開成館一泊が決定されたのである。

この決定は、すぐさま正院より電報で福島県に通達されると同時に、磐前県にいた大久保利通、仙台にいた北代正臣にも連絡された。同時に太政大臣三条実美名で公式文書が布告された。

五月二九日付電文は次のとおり。(39)

東京正院

福島県へ

ソノケンカクワノムラヘ　ヲトマリニナルニツキ　コノムネヲタッス

仙台で宮城県下検分中に桑野村泊決定の電報を受け取った北代正臣は、すぐ、福島県あてに決定を喜ぶ電報を出し、追って六月一日付で県参事山吉盛典、権参事中条政恒あての、行幸に関する指示の手紙の追伸に「桑野村御駐輦御決定之趣ニ付」「御同慶ノ至是事ニ有之候」と記し、六月四日、再度、桑野村泊決定の件について手紙を出した。そこでは、北代が宮城県下松島の検分より仙台に帰ったのち「史官ヨリ之公信」を入手して「弥、安心致シ申候」といい、宮城県下行幸予定地を検分したことを記し、「御県ノ如ク銀山開墾場馬市製糸場等ニ比ス可キ者無之残念ニ存申候」(40)と、福島県をほめちぎっている。北代が桑野村行幸決定にかなりの裁量をもって臨んでいたと思われるのは、これら一連の手紙からも推量されるのである。そしてそれはもちろん大久保の意見でもあった。

四　桑野村行幸と大久保

さて、以上のような経緯を経て桑野村行幸は決定されたのであるが、なぜ一旦決定した行幸日程を変更してまで桑野村への行幸を追求したのであろうか。この点について、大久保の福島県下での動静とその目的を探ってみたい。

すでに、大久保の東北各県下の足取りについては概略を示した。ここでは大久保と桑野村の接点を探り、行幸決定を推進した大久保の意志を明らかにしたい。まず、第一には安場保和との関係である。すでに触れたように安場は大久保と共に米欧使節の一員として参加したが、途中で帰国、福島県（現在の中通り地区）の県令（着任当時は権令）となった。彼は、岩倉、大久保の信任の厚い人物であった。福島県令としてまず安場のした政策は、二本松士族の救済であり、その方法として、一方で二本松製糸会社を起こし、また、一方で荒蕪地の開墾策を進めた。これが安積郡大槻原（桑野村）開墾であった。安場はしかし、開墾の成果を見ずに明治八（一八七五）年末愛知県令に転出している。

第二に、中条政恒との関係である。中条は米沢藩士時代、北方開拓を主張し、幾度となくその経綸を藩や政府に上申するが、その情熱ゆえにかえって藩内で孤立。しかし、その先見性と行動力によって、福島県にきて重要な働きをすることとなる。明治五年には、置賜県と福島県の間で、東北行幸奏請のための協議の場を設けるための連絡役を果たし、同年九月には福島県典事として迎えられる。

そして、安場県令の下で、大槻原開墾のために奔走し、郡山の豪商阿部茂兵衛らを説得して開墾結社「開成社」の結成を成功に導いた。中条の存在はすでに維新直後より、大久保の知るところであったが、明治八年九月大槻原開墾に関連して官有林払下げの陳情の際には、内務省よりその調査のため郡山に来た坂部長照五等出仕と懇意になり、中条はこの坂部を通して、大槻原開墾地への行幸の働きかけを行なっていた（「安積事業誌」、前項参照）。こうした県の開墾策及び中条らの働きは当然内務省のトップである大久保も把握していた。二本松士族の移住開墾と商人らの出資による開成社開墾、この二つの態様は、大久保の殖産興業政策に合致したものであり、彼が関心を払っていたことは間違いあるまい。

そのことは、第三に、地理頭杉浦譲との関連からも明らかに示される。すでに触れたように地理頭杉浦は、明治九年東北行幸に先立って、東北の状況調査を命じられていた。そして行幸直前に必要な報告書を提出している。おそらくその提出書の一部または全部であるかと思われる「東北地方開墾建議書（明治九年五月）」[41]がある。それによれば「地理頭杉浦譲謹デ内務卿大久保閣下ニ白ス、……曽テ閣下ニ約スル開墾私説ヲ筆記シ……之ヲ左右ニ奏呈シ、聊カ奉餞ノ微意ヲ表セントス」とし、天皇の行幸があれば必ず地方人民は「奮発勉強」し、「勧業富実ノ化域ニ進歩」するから「閣下此際ヲ以テ其地方官行政実際ノ得失ヲ考察アリ、置県統理ノ便否ヲ審案シ、県庁位置ノ分配ヲ確立セラレ、陸羽全体道路ノ基線ヲ考究シ、各地方官共同合力運搬・通行ノ便利ヲ開クコトヲ勧奨シ、大ニ民力ヲ鼓動シテ之ニ従事セシムベシ。凡此等ノ事、都テ其人民ヲシテ、奮発勉強シテ土地ヲ開墾シ、物産ヲ開殖シ、富実ノ化域ニ進歩セシムル根基ニ係ルコトタルハ、閣下ノ固ヨリ賢考アルコトト信ゼリ」と論じた。そしてその後段には「陸羽地方開墾私説」と題した文書がある。そこでは、「陸羽ノ地方タル土壌余リ有テ、人民足ラズ、此レ華士族ヲ勧奨シテ其地ニ着キ、人事ノ功用ヲ尽シテ、造化ノ財源ヲ開カシムルコト」の必要性を説いた。そして既往の事例として、「下総牧地ノ開墾」「静岡藩金谷原開墾」「青森県三本木ノ開墾」がそれぞれ困難多く成功しなかったなかで「福島県ノ開墾タルヤ、県官其他ノ人民ヲ奨励従事セシメ、人民モ亦多少ノ労資ヲ支弁シ、能ク其功ヲ奏スルニ至レリ、此レ士族ニ関係ナク人民ノ資本アルモノヲ誘導セシニ由レリ」として福島県大槻原開墾を高く評価し、士族授産はいかにして可能かその方法を七項目に渡って列記している。

大久保は杉浦のこの建議書を持って東北行幸先発の途に着いた。そして福島県の視察を終え宮城県仙台にいる時に、杉浦あて、返事を送った。六月二一四日付のその手紙では、「発足前士族授産方法之義ニ付御見込書御廻逐一敬読、一々御尤之御高案敢而間然スル処無之感服仕候（中略）兼而授産方法御調中之由承候故、帰京迄ニ御調置被下候様御頼申上候、福島県開成山開拓も一覧大ニ心得相成候事も不少候……」[42]とある。ここでいわれる帰京までに取調べておいてほしいと大久保のいう授産方法とは、帰京後の八月に杉浦より提出された「授産局創設立案」[43]であろう。文書中「開成山開拓」とあるのは、言うまでもなく、安積郡大槻原（桑野村）開墾であり、大久保が今後の殖産興業（＝士族授産）の展開のために注目すべき事例としてみていたことが明らかである。

さて次に、大久保の福島県下視察の目的は、天皇の行幸先の点検はもちろんながら、最も大きな任務は杉浦の建議にもある如く、一つは殖産興業の奨励である。それは、当初から行幸予定に組み入れられている、須賀川の産馬会社、二本松の製糸会社、そして福島の半田銀山である。そしてそれにつけ加えて大槻原（桑野村）開墾の地を大久保自らの目で確かめ、これを士族授産の政策遂行のためのテクストとして取り上げることであった。さらにもう一つは、杉浦も指摘しているところの「置県統理ノ便否ヲ審案」することであった。新政府はすでに、廃藩置県後の県の統廃合を進め、中央集権による行政の統一を計ろうとしていた。この年四月すでに一〇県の統廃合が実施されたが、福島県は東北行幸後の八月に行なわれた一四県の統廃合の一環として実施された。大久保の行幸先発としての東北視察においては、東北各県の統廃合の適否を、地方の実状を直接に調査する中で決めていったのであった。福島県の場合、若松県、福島県、磐前県の三つに分れていたわけであるが、行幸直後の八月二一日太政官の通達があり、福島県として一つに統合された[44]。これを「三県合一問題」と呼ぶ。

三県合一問題中、とくに福島県と若松県との間では、布引山の境界をめぐって維新当初より、争いがあった。更に重要なことは、明治初年より猪苗代湖の水を安積郡や岩瀬郡に引くことでこの地の水不足を解消し、開墾を進めようという湖水東注の構想の建議が岩瀬郡の小林久敬や安達郡の渡辺閑哉らから出されていた。福島県の役人として、この問題を独自に調査し、疏水の重要性、そのために三県合一を進めることの不可欠性を自論として展開していたのが中条政恒であった。おそらくこのことも事前に知っていたと思われる大久保は、若松県視察の帰途、大平村（若松と白河の中間地点、現在の天栄村）に中条を呼び寄せた。これが五月三一日の昼である。前後するが大久保より前に、北代正臣がすでに五月二二日桑野村を視察し、行幸決定に大きな役割を果たしたことはすでに述べた。このあと、北代は福島に向かい、「小布袋屋《こぼていや》」に数日滞在した。その間、明らかな日付は不明だが、北代と、やはり東北の勧業事情を調査して帰途にあった勧業寮権助岩山敬義と中条政恒の三人が「小布袋屋」に会し、酒を飲み、大いに議論し、意気投合したのであった(45)。そして北代は宮城に向かい、岩山は五月三〇日に若松で大久保と合流、ここで大久保は岩山から東北の勧業事情の報告を受けたはずである。そのとき当然、福島における中条との議論の模様も伝えたことと思われる。翌三一日、大平村では、大久保、岩山、中条の三人で、福島と若松の県境問題を話し合った。大久保の日記によれば、「十一字大平村江着午飯当所江福島県七等出仕中条子入来、多羅尾堺（若松、福島県境問題の発している布引山—引用者）論ノ事ニ付呼寄置候故ナリ」とある(46)。

中条の三県合一論は、猪苗代湖より安積郡に水を引く場合に、若松側の人民から、若松側へ流れる水が少なくなるのではという心配からの反対論を、県の統合による行政の一体化によって解決しようというところから発している。そしてこの事は、大久保らの考える福島、若松の県境問題を解決して三県合一を進めるという方向と完全に一致するものであった。しかもその結果は、安積郡の開墾を進めることになるという、一石二鳥の成果を可能にするものであったのである。この後猪苗代湖疏水の開鑿と、士族移住による安積開墾という大事業を、国家の一大プロジェクトとして展開することになる最初の条件が、こうして整えられることとなったのである。

大久保は、若松県のあと磐前県を廻り、六月五日郡山に到着、県参事山吉盛典の案内で桑野村を視察した。大久保の日記(47)はこの地の視察の感想を次のように記している。

（前略）二字郡山江着、福島県令参事山吉氏当所江出張有之、則桑野村開拓地江案内有之差越広大ノ土地開拓之業相成リ実ニ可見凡百二十二三町有之、桑水田其外樹木モ試験、此模様ニテハ成功無疑、人民モ百二十戸位モ移住ノ由、此中央ニ洋室ノ盛大ナル建築有之、三階作ニテ眺望至テ宜シク最風景モ美ナリ六月六日は二本松製糸場を見て福島に入り、七日中条の案内で半田銀山を視察した。

六月九日、大久保は置賜県下より岩倉具視へ、白河の八田部才助他、桑野村の阿部茂兵衛他、二本松製糸場社員らを行在所に呼び、天皇から「御褒詞」を賜りたい旨を上申している(48)。

以上の如き大久保とその周辺の人物の働きによって、桑野村行幸が実行されることとなったのである（桑野村行幸は六月一五日と決定された。しかし実際は途中内親王梅宮の死去があり、一日順延となって、六月一六日に天皇の行幸があった）。

第四節　行幸の実態と安積開墾

明治九（一八七六）年の東北行幸がどのようなものであったか。その状況の記録は、『明治文化全集』第一七巻皇室編に収録された「東北御巡幸記」「東巡録」「十符の菅薦」などがある。福島県下の行幸については、一九三六年に、前記史料及び県庁文書等より整理・編集した福島県教育会編『明治天皇御巡幸録』（以下『御巡幸録』と略記）、同年『郡山　明治天皇行幸記録』（明治天皇聖蹟保存会郡山分会）がある。これらの史料を中心に、福島県下、とくに桑野村の行幸の実態についての概要と特徴を述べる。

一　福島県下行幸の概略

1　行幸準備

明治九年四月二四日、東北行幸の太政官布告が出され、続いて日程、地方官の心得、警備等に関する布令が、五月初旬たて続けに出された。

行幸は総勢二一三人（他に先発二〇人）、六月二日から五〇日間の長期にわたるものである。

政府の行幸準備における基本策は次のとおりであった。(49)

御巡幸ニ就キ評決セル諸事

一、供奉官員乗馬ハ内務省先発ノ官員用意ノ事　馬具ハ宮内省持参ノ事
一、荷物ノ運搬ハ駅逓寮出張官員取扱ノ事
一、地方官員天機伺ノ節ハ通常礼服ノ事
一、供奉官員荷物ハ両掛ニ治定ノ事　内務省受持ノ分
一、忠臣烈士墳墓等へ御使祭粢料下賜ノ事
一、孝子義僕節婦等へ賜物
一、御巡幸沿道地方官招集ノ事
一、御巡幸国々地図差上ノ事
一、水火災等ニ罹ル難民へ賑恤ノ事　宮内省受持ノ分
一、官国幣大中小社等へ勅使ノ事　附宣命ノ事

これに基づき、五月六日、内務卿大久保利通より沿道各県へ地方官の心得が通達された。(50) これは「心得方」と「御泊所予備之品々」の二項からなり、「心得方」は一六項（のちに一項追加）で、前記の「評決セル諸事」を更に細かくし、また地方官、庶民の奉迎についての注意を加えたものである。「心得方」の主だったものをみると、沿道に柵を設けたり、新しく橋をかけたりする必要はなく、道路の清掃だけでよいこと、「行列拝見」は自由で、「庶民営業平日之通」とし、「諸献上物総テ停止」、また休憩所、行在所も特別の修繕は不要であること等を指示している。また「孝子義僕節婦其他奇特者」及び「年齢八〇年以上ノ者」に対する褒賞を行なうための調査を指示した。このように庶民からの反感をかわぬよう、余分な出費をおさえるよう、政府は細かく気くばりをしている。(51) しかし県側は、政府の「心得方」とは別に、一二カ条にわたる「一般拝観者心得」を警部及び区長にあてて通達している。一部紹介しておこう。

一般拝観者心得（抜粋）

御通輦ノ砌ハ必定老若男女不容易雑沓ニ可至、其節ニ臨ミ不都合有之候而ハ不相成、此儀ハ追々申含置候次第モ有之候得共、猶又左ニ相達候条前以テ篤ク手配致置可申此旨相達候事

第一　区長以下用掛ニ至迄一同篤ク申合候而取締巡視可心懸事

第二　村々什長ニ於テハ前以テ一戸毎ニ最敬礼相用候様懇々可申諭置事

第三　毎区内村々一日一同罷出候而ハ出火盗難ノ恐レモ有之候ニ付、前以テ割合相定メ一村中ニテ出ルモノト残ルモノト半々ニ相成候様可致事

第六　村々ニテ前以テ村ノ大小ニ応ジ七八人乃至十人余人選ノ上為取締残番申付、御当日ハ無申迄近傍御通御中ニ無油断一村内打廻リ戸毎ニ気ヲ付ケ、夜ハ不寝番ヲ勤メ出火等無之様篤ク取締可申事

第八　裸体或ハ肌脱ギニテ見苦シキ姿ヲ致シ候而ハ不宜ニ付、兼而用掛什長中ヨリ懇示致置可申事
第九　御通行之節ガヤガヤ高声ニテ相噺シ又ハ大声ニテ呼リ候様之儀無之、何レモヒッソリト静リ居候様是又第八条之通懇示可致置事
第十二　諸職業往来等ハ平日ノ通リニ付、聊カ差扣ニ不相及之条是又申聞置可申事

こうした庶民への管理、奉迎への動員は、下部へ降りてゆくほど細部にわたり、強制的色合いが濃くなってゆく。県は行幸が迫るにつれ、先の行幸地の状況を視察報告させ、その前例にならおうと、さらに細かい指示が、庶民を拘束してゆく。

例えば、安積郡永盛村河原鉄哉文書[52]には「御巡幸御小休諸配」なるものがあり、「御当日ハ村方作留ニ而可拝事」「二階又ハスキ見等決シテ不相成候事」「什長洋服着用ノ事、但シ無之分ハ羽織袴着用ノ事」「日ノ丸之旗所持之者ハ建可申事」「学校生徒有之モノハ袴計着用為致可差出候事」等多数にわたる達がみられ、先の県の「一般拝観者心得」より更に細かくなっている。

以上のような庶民管理面の「心得方」ともう一つの物品面の準備の指示が、「御泊所予備之品々」である。ここでは、極上の米、しょう油、酒その他の食料及び食器、テーブルなどの家具その他の準備や、「馬建」の設置、馬飼料の用意等が指示されている。これらの準備にかかわる費用は「官費」でまかなうことが通達されており、それらは行幸後の八月、休泊行在所、橋その他修繕費や物品買上げ、借上げ、人夫雇賃金その他「一切之入費悉皆取調内訳明細表ヲ以当省へ可申出」こと、また「仮橋架設修繕之儀御先発官員之差図ニ依リ取計候分ハ、平常民費課出ニ係ル場所ト雖モ此度限リ特別之訳ヲ以悉皆官費ニ相立候[53]」とされ、すべて内務省に申出る様指示があった。

しかし官費での支払いは、「先発官員之差図ニ依リ取計候分」に限られるのは当然で、県では政府の指示を超えて奉迎の準備を進め、庶民をこれらの準備に動員したため、それら余分の負担は地域の有力者の寄付や庶民の労働奉仕

に帰せられた。

すでに述べたように、桑野村への行幸実現へ向けて運動するさい、中条は開成社の阿部茂兵衛に対し、その準備一切を開成社の手でできるか否かを問うており、阿部はすべて自分たちで準備すると答えており、行幸にあたっては、規定の修繕等とは別に、相当の負担をしているものと思われる。(54) また、道路の清掃などは、村々に人数を割当てて、「奉仕」を強制している。(55) また、現地調達の馬についても、福島県の場合二〇匹用意するよう指示されていたが、農家にとって馬は「即今農蚕業中繁忙ノ折ニテ一日モ不可欠時節」であるため、県への苦情も多かった。これに対し県当局は「季節柄ニ付馬主共ニ於テモ永々借上之義ハ苦情モ有之趣至極尤ノ次第」と認めながらも、試験をしてみなければ乗馬に適しているかどうか分からないからとにかく引出させ、その後は「一ト先下ゲ置キ其期ニ臨ミ借上」るようにすることとして、馬主を説得せよ、と区長・戸長に指示している。(56)

また、政府からの警備関係についての指示は五月一八日内務大丞村田民寿によってなされている。それによれば、地方警部巡査の配置等につき、それぞれ場所と人員を指示し、具体的な点は、先発の内務権大丞石井邦猷と協議せよというものである。『福島県警察史』によれば、このときの動員数は「六十五名程度」とされているが、立岩一郎の日誌には六九名とある。(57)

こうして短期間に行在所や沿道の修繕、用具類の準備、治安上の手配など、急ごしらえの準備が進められていく。また行幸が周知されるにつれ、庶民からの「願」なども数多く提出される。

「願」については、各種特産品（蚕糸、繭、陶器、産馬など）の天覧や献納、また行幸を祝す和歌などが主だったものであり、なかには、地租改正により作製した帳簿や絵図面の天覧を願う区長もあった。(58) なお政府から先発として派遣された内務権大丞北代正臣一行及び内務卿大久保利通一行による準備・視察についてはすでに述べたとおりである。

2　県内行幸と下賜金

六月二日、東京を出発した天皇一行二百数十名の行列は騎馬隊を先頭に進み、六月一三日福島県白坂村へ入り、白河（泊）、須賀川（二泊）を経て、一六日郡山に入る。そして、行在所へ変更された桑野村に一泊、二本松（二泊）、福島（三泊）を行幸、二二日宮城県に入った。

六月一三日九時半。一行は県境を越え、白坂村の小休所旅館岩井屋・戸上弥作宅に入る。ここで県参事山吉盛典、七等出仕尾藤行雅らが県治一覧表、管内全図、民事争訟表、刑事罪因表などを提出した。『御巡幸録』によれば、「此の駅此の日は皆仕事を休んで奉迎し、店頭には一物を置かず、清潔整頓の状態」とある。前述の如く「村方作留」の達によって村人は仕事を休んで奉迎にやってきたのであった。また白河方面の学校生徒の奉迎は「皆華麗美装」と『東巡録』にあり、以下、どの地においても数百から二千人ほどの学校生徒の奉迎は、服装を整えて、決められた場所に動員され、学校名を書いた旗を立てて奉迎した（各地の生徒の奉迎は同様なので以下略す）[59]。

この後の福島県下行幸先と特徴を略記しておく。

白河。戊辰戦死者の墓碑を弔う。午後は小峰城趾内に集められた、山根一五ヵ村による産馬をみる。その事業の指導者八田部才助を褒詞。

六月一四日、午前一〇時矢吹着。消防人足が駅内を警護。午後二時過ぎ、須賀川区会所（行在所）に入る。福島県病院に岩倉らの勅使を派遣。

六月一五日、須賀川産馬会社へ行幸。副社長石井勝右衛門らを褒詞。

六月一六日、須賀川発。途中学校生徒の見送りを受け、午前九時頃、郡山の学校に到着。一時間ほど休憩の後、さらに西方の桑野村開成山の開墾地へ行幸。開成社の阿部茂兵衛ら二五名を褒詞（次項参照）。

六月一七日、桑野村を出発、再び郡山学校で休憩、生徒の体操をみる。それより本宮駅へ。本宮では第六区会所で昼食。午後三時二本松着。

六月一八日。旧城趾内の二本松製糸場へ行幸。社長佐野理八らを褒詞。

六月一九日、一二時過ぎ福島着。途中、学校生徒の外に、「神官僧侶は各々礼服を着し、……伏拝み居たるなり」という。また行在所の学校付近は近隣から集まった拝見人多く、「爪も立たぬと云ふべき程」(60)であった。

六月二〇日、雨のため半田銀山は延期、県庁へ行幸。参事山吉、権参事中条より県治について聞く。午後は行在所へ、磐前県令、置賜県令、若松県参事を呼び寄せ、民情その他について聞く。四時頃学校で授業をみる。

六月二一日、中条の案内で半田銀山へ行幸。五代友厚の代理吉田市十郎が坑口まで案内、説明する。

六月二二日、福島を出発。宮城県に入る。

行幸先のそれぞれの学校、起業家らに褒詞と下賜金を与え、戊辰戦没者の墳墓には祭粢料を与えた。また、八〇歳以上の老人（県内九四〇人）には一人当たり二五銭の酒饌料を与えた。県下の下賜金等について、まとまった記録は見当たらない。『明治天皇紀』第三巻、県教育会『御巡幸録』、「県庁文書」等を照合して不完全ながら簡単な下賜金一覧表（表1）を作成した。

二　桑野村行幸と安積開墾

桑野村行幸決定までの経緯についてはすでに述べたとおりである。ここでは桑野村行幸の東北行幸における位置と、行幸当日の状況について記す。

まず表によって東北行幸全体の傾向がつかめることと思う（表2）。地方有力者層が圧倒的に多いのは、行在所、小休所となったところの大半が、このような人々の家にあてられていたからでもあるが、豪商・豪農層とのじかの接触に大きな政治的意味があったことによるであろう。

表1　明治9年行幸下賜金一覧

下賜先	町村名	金額（円）	備　考
戸上弥作	白　坂	15	小休
殉国者招魂場墳墓	白　河	25	祭粢料　戊辰戦没者の墓
芳賀源左衛門	白　河	75	1泊　戊辰戦争に功労あり
金子茂左衛門	白　河	5	戊辰戦況を上申
白河産馬	山根15ヵ村	50	代表八田部才助　小峰城跡で産馬天覧 他に馬夫800人に弁当料
小泉太十	小田川	15	小休
箭内名左衛門	川崎（踏瀬）	15	小休
佐久間光之助	矢　吹	25	昼食　第九区会所
小貫隼太	鏡　石	15	小休
須賀川区会所	須賀川	100	2泊
須賀川病院	須賀川	30	岩倉・木戸ら代巡
須賀川産馬会社	須賀川	10＋50	会社へ10円、社員慰労金50円、副社長石井勝右衛門
平栗藤作	永盛（笹川）	15	小休
郡山学校	郡　山	50	小休、往復　現金透小学校
開成館区会所	桑　野	100	1泊　第七区会所
開成社	郡　山	50	社長阿部茂兵衛　開墾事業
加藤久治	横　森	（15）	野立　詳細不明
本宮区会所	本　宮	25	昼食　第六区会所　鴫原与惣右衛門宅
熊耳武左衛門	杉　田	15	小休（通運業）
二本松区会所	二本松	75	2泊　第五区会所
二本松製糸会社	二本松	25＋50	会社へ25円、工女慰労金50円
添田朔助	松　川	15	小休（旅館）
高橋益兵衛	清　水	—	小休（旅館）下賜金不明
	伏　拝	—	野立　　下賜金不明
福島学校	福　島	250	3泊　小学校優等生15人に『万国地誌略』を与える 現福島第一小学校
綱沢久作	瀬　上	50	小休　3度
桑折小学校	桑　折	50	小休　3度　現醸芳小学校
銀鉱詰所	半　田	25	昼食　弘成館
半田銀山	半　田	50	工員へ慰労金　坑主五代友厚　場長吉田市十郎
樋口宇蔵	藤　田	25	昼食

註：他に奏任官1人につき75銭　　巡査1人につき25銭
判任官　50　　雇　25
等外　25　　80才以上の者　25
また供奉の小休所には1軒当たり1円

出典：『明治天皇紀』『明治天皇御巡幸録』「県庁文書」より作成.

表2　天皇行幸先類別（代巡は含まず）

	全　体	内福島県下
a）地方有力者（豪商，豪農，区長，戸長，神官など）	105	14
b）地方官公庁（県庁，裁判所，区会所など）	20	5
c）農業関係（開墾，産馬，牧牛，農作業など）	27	3
d）学校その他教育機関	16	6
e）製糸，養蚕関係	3	1
f）鉱山，鉱業	1	1
g）軍事（兵営，演習など）	7	
h）神社，仏閣	20	
i）漁業	4	
j）戊辰戦関係	3	1
k）病院	1	
l）その他（名所旧蹟，野立など）	43	4

出典：日本史籍協会『明治天皇行幸年表』より作成．

県庁・裁判所・区会所等地方官公庁の視察は、行幸の一つの課題である地方政治の掌握にとって欠かせぬことであり、ことに、県政の実際を聴取し、地方官吏を把握し、地方の人材を新しい政治の推進力として吸収することは大久保の意図するところでもあった。

学校、病院、軍事施設等もそれぞれ新政府の重要な施策の一端であり、その進捗状況視察も重要な課題であったが、ここでは指摘するにとどめる。

さて次に、農業関係（開墾、養蚕、産馬）及び製糸業関係である。これに鉱山、鉱業をも含めて、全体を「産業」とくくってもよいと思う。というのは、すでに見た如く、このときの産業は、多分に農業的であり、工業もまた明確に農業と分離できないものであったという特性があるからである。したがって、これらを一括すると（c＋e＋f）全体で三一件、県内では五件となる。なかでも大きな産業は、『東巡録』巻之七で「工業」として記録されている、東北各県下八件である。[61]このうち「白河産馬法」、「須賀川産馬会社」、「二本松製糸場」、「桑野村開墾」、「半田銀山」、の五件が福島県下の産業であり、その外は「磐手県工業（物産試験所）」（岩手県）、「三本木原開墾」、「谷地頭牧畜法」（青森県）である。

新政府すなわち大久保の東北開発の構想はまずは東北南部に力点が置かれていた。『東巡録』巻之七「工業」に取上げられた産業中五件が福島県下に集中している。これは、先にみた大久保の水陸路（太平洋側野蒜築港—日本海側新潟築港—阿賀川—阿武隈川、そして磐城から若松を経て新潟へ抜ける新道開鑿、猪苗代湖疏水）の開発と、その周辺の産業開発とを結合させ、物流をスムーズにはかることで東北開発の窓口とすることを意味する。

安積開墾はこうした大久保の構想の流れのなかに位置づけられる。同時に、この時期の殖産興業は、士族授産と深く結合させざるをえないものであった。士族を階級として消滅させること、同時にそこから派生する諸問題を解決するため、特権を失った士族を救済することが必要であり、一方で士族授産は、殖産興業のための労働力を提供してくれるものでもあった。

士族授産による比較的大規模な開墾は、この時期青森の三本木原開墾、鶴岡の松が岡開墾（後田山開墾場）、福島の大槻原開墾があり、また東北に隣接した栃木には那須原の開墾計画があった。

大久保は国家による大規模開墾のモデル地を探しており、すでに開墾の経験のある土地を調査している。それらは行幸に先だって始められ、すでに大久保の心には安積郡の諸原野が第一の候補地として描かれていた。しかしその実施にあたっては、地元の協力なくしては不可能であり、そのための地元地方官の掌握と、民間有力者の協力をえるための大きなカンパニアが必要であったのである。大久保は、福島県権参事中条政恒を地元の人心掌握のための有能な官吏として重視し、彼を地元における開墾計画推進者として、その開墾意見を聞き、安積諸原野の調査を始める。そして、安積諸原野開墾を、国家の士族授産によるモデル事業として遂行してゆくうえで桑野村への天皇の行幸は、決定的な役割を果たしたのである。

地元の熱望に応え、最初の行幸日程を変更してまで桑野村に天皇が来るということが、どれ程大きな印象を与えることになったか。地元に対する心理的効果の面も大きかったに違いない。

では郡山及び桑野村の行幸と奉迎の様子はどのようなものであったろうか。天皇の行列が郡山に入ったのは、六月一六日。

一六日は午前七時須賀川行在所を立ち、九時頃郡山学校に到着。この敷地内には子守学校も開設されていた。ここで約一時間休憩し、校内を巡覧、また、生徒より磐梯山から運んだ雪が献上され、天皇は大いに喜んだという。そののち、桑野村開墾地へ向い、一一時前に到着。行在所となった開成館へ入る。

『明治天皇紀』によれば、「開成館は開成社社員等が開墾のことを議する所、洋式の三層楼にして、西北は遥かに両羽の群山を望み東南は遠く磐野の連峰を見、四方豁然たり、是の地、元大槻原と称して薪草採集の処、開墾に従事してより僅かに三星霜を経るのみにして既に宛然一村落を成せり、初め郡山より直ちに二本松に到らせらるることに決せしが、親しく新墾の地の状況を視察したまはんとして特に聖駕を此之地に枉げたまへるなり」[62]とある。

こうして特別に追加行幸地となった桑野村では、参事山吉盛典、権参事中条政恒に開墾の顛末について「御下問」があり、これに対して中条が奉答した[63]。

また開成社の阿部茂兵衛以下二五名、他に開墾に功労があった戸長クラス一一名が天皇の前に召され、岩倉具視より褒詞を受けた[64]。また開成社員には金五〇円の下賜金があった。これら褒詞の指示もすべて、北代と大久保ら先発隊の調査により、岩倉に上申してあり、岩倉は、いずれの地でも、大久保の上申のとおりに行動していった。その過不足のない綿密な調査と指示に対し、岩倉は大久保あての返事に感謝の意を記している。

この時、阿部ら開成社社員はみな黒の礼服であったが、これらは、行幸に先立つ五月一九日、県庁において開墾功労者の表彰があった際、天皇への拝謁は洋服でとの内示があり、急拠洋服をこしらえるべく、東京、横浜のあたりまで行って服を求めたといわれている[65]。

次に開拓掛の石井貞廉を召し、岩倉より開墾起業の労を賞した。午後四時、岩倉、木戸、徳大寺らが開墾地を巡視、その途中、梅津孫助という農夫が大根を献上した。この一件から、この付近が「菜根屋敷」と呼ばれるようになったという俗説は長く語りつがれている。現在郡山市内の五百淵公園内にその碑が建てられている。

以上、桑野村へは一六日から一七日にかけての一泊にすぎない。しかし、すでに述べてきたように、北代〜大久保〜天皇という視察のなかで、しかも、途中からの日程変更という劇的転換を経ての行幸であった。大久保の意中にあった、猪苗代湖疏水と安積原野の開墾は、天皇行幸を最大限に利用して事業に不可欠の条件を整えていった。開墾に熱心な中条政恒をして、大久保の信厚きところを地元の民衆に明示し、県境問題についての聞取り、開成館での奉答、県庁での県治報告、半田銀山への案内などさせている。参事山吉が、三県合一問題に消極的であるといわれていたことを計算しての政治的配慮であろうか。

また、大槻原開墾を行なった開成社社員の褒詞のみならず、近隣の戸長クラスの村落支配者らをも、開墾功労者として褒詞する。こうして、政府のなみなみならぬ開墾への熱意を地元民に示した。

行幸直後、三県合一がなり、安積郡諸原野の開墾と士族入植についての調査、猪苗代湖疏水路の調査・測量等が相次いで行なわれ、県官や村落支配者層の積極的な協力を得ることができたのである。明治九年九月以降三度にわたり、大久保に派遣された内務属高畑千畝、南一郎平は、安積諸原野調査の上、ここが開墾に適している旨の復命書を、明治一〇（一八七七）年四月提出した。

また、猪苗代湖疏水についても、現地調査・測量と内務省土木局長工師ファン・ドールン（オランダ人）の設計に基づき、猪苗代湖戸ノ口から熱海を経て安積原野に及ぶ疏水工事が決定された。

第五節　行幸先発大久保の役割

五〇日にわたる最初の東北行幸中福島県下は六月一三日より二一日まで。郡山は一六日から一七日にかけてということになる。桑野村への行幸決定への経過をくわしくみたのは、すでに決定された日程を変更することの重大さと、何故に大久保がそのことに多大な力を払ったか、ということである。すでに記述したように、大久保の国家構想の具体的な実践のための路線を敷く動きが、この行幸先発としての大久保の行動にみてとれるのであり、桑野村行幸（日程変更）の経過はその象徴的な出来事と思われるからである。

東北視察から、大久保は自己の政策を強力に推進することの正しさを確信したと思われる。それは視察途中に大久保の発した以下の上申、書翰に明らかにうかがえる。それは六月一三日付滞在地鶴岡から岩倉あての上申書にみる「陸羽地方民情視察」についての所見、六月一八日付仙台より発した松方正義あての「奥羽各県勧業奨励ノ所見」、六月二四日付仙台より岩倉あての「奥羽地方ノ民情ト将来」についての上申書などである。(66) この三つの文書から、大久保の目に写った東北の現況（民情・地理）、そして将来構想をみてみよう。

大久保によれば、東北地方は「皇国之北陬ニ位シテ諸般見聞ニ疎ク」「人民進歩ヲ要スルノ気概ニ乏シク何レモ固陋ニ安ズルノ風習」（六月一三日付文書）が強いが、しかし、「今日ニ至テハ稍上旨ノ在ル所ニ帰向ス」（六月二四日付文書）る所があり、それは「協力結社営業」を進め、「学校病院ノ開設」をするなどにみられ、庶民が天皇の行幸を喜ぶのは「大旱ノ雨ヲ望ムガ如」（六月二四日付文書）くであるという。また東北の地理的現況は「曠原荒蕪渺茫タル原野多シト雖モ亦養蚕産馬鉱坑等之如キ産出物モ不少」（六月一三日付文書）、従って「運輸之便利ヲ開キ一層力ヲ勧業ニ盡シ」（六月一三日付文書）、「山川ノ便路ヲ開鑿セバ富強ノ基ハ此地ニ可有之」（六月二四日付文書）ものである。このように未開拓の東北の地に大きな可能性を見出した大久保の、その具体的な勧業策については、勧業頭でもあった松方正義にあてた書翰に示されている。大久保は、東北で最も力を入れたいのは「製糸器械所」であり、そのためには「奥羽ニハ金持沢山ニ有之、是ヲ運用」する、その例として置賜県の豪農佐々木宇衛門や鶴岡県酒田の本間などの名をあげ、地方長官らとはかって「豪農豪商ヲ説諭シ取起サセ」（六月一八日付文書）ることを説いている。

以上の文書に明確に示唆される大久保の勧業策は、運輸・水利の便を開き、荒蕪地を拓き、製糸業を盛んにすることであり、そのために、豪農・豪商ら地方民間資本の活用をなし、士族授産によって労力を補う。そうすれば「独リ人民之贏利ノミナラズ幾分之御国力ヲ増加スル言ヲ竢タズ」（六月一三日付文書）なのである。

大久保の考える政策は、東北行幸を終えると次々に実行される。まず明治九年八月二一日、四月に続き一四県の廃止統合が発表された。このとき、東北は、若松・磐前・福島の三県が統合され福島県となり、鶴岡・置賜・山形は山形県に統合された。翌明治一〇（一八七七）年一月山吉盛典を福島県大書記官とした（同年三月県権令、翌明治一一年七月県令となる）。また山形県は三島通庸が明治九年八月二一日、統合と同時に県令となり、のち明治一五年には福島県令となった。

そして、明治一〇年の西南戦争よって中断された士族授産政策は、明治一一年三月六日「一般殖産及華士族授産方法」、三月七日「福島県下岩代国安積郡字対面原及接近諸原野開墾方法」として具体化され、三条実美へ伺書として提出された。(67)

ここに構想された士族による移住開墾は、移住戸数二千、一戸当たり四人とみなし、移住地や移住にかかる予算などが記されており、綿密な調査の下に作成された上申であることがわかる。

すなわち、大久保は東北南部の大々的な開発構想の中に安積原野の開墾を位置づけ、それを全国的な殖産興業＝士族授産事業のモデル、殖産興業政策の全国的展開への突破口にしようと考えていたのである。

しかし、この東北南部の大開発構想は、新潟港の改修と阿賀川の水運を開くことなくしては完結しない。したがって、次の行幸地が北陸を対象とするのは当然の帰結であった。大久保は、東北行幸の翌年に北陸行幸を考えていたようであるが、これは、西南戦争によって不可能となり、翌明治一一年に持ち越された。しかし、不幸にして、大久保は、この年五月、不平士族によって暗殺された。この日の大久保の懐中には、北陸行幸についての上申書があった。それには「御巡幸に付民費を県諸事之設不致様県官ニおひて注意第一」として人民の負担を抑え、「天覧之場所第一ニ勧業上」(68)と指摘、北陸においても第一の目的は勧業にあることを主張していたのである。

こうして、西南戦争と大久保の暗殺という政治的危機にあって、安積開墾も北陸行幸も閣内に消極論が出現したが、一部の反対を押し切って実行された。

安積開墾は大久保の計画が縮小された形にはなったが、明治一一年七月山吉が県令に、九月には中条政恒が大書記官となり、一一月にはいよいよ旧久留米藩士森尾茂助ら八名の先発隊が移住開墾のためやってきた。一方開墾事業に必要な水利を確保するため、猪苗代湖疏水工事が明治一二年一〇月着工され、明治一五年一〇月一日には完成・通水式が行なわれた。そして、明治一一年から一八年にかけて久留米藩、鳥取藩、岡山藩、松山藩、高知藩、棚倉藩、二本松藩、会津藩、米沢藩などの計一五藩、五〇〇戸が安積郡・安達郡他周辺原野に移住し、開墾に従事したのであった。

すでに大久保は亡くなったが、彼の敷いた路線は若干の縮小と遅れはあったものの基本線は引き継がれた。こうして、大久保の考えた「独立不羈」の近代国家を創り出すため「君民共治」を求めつつ当面天皇の権威を高め、県の統廃合等によって、中央集権の行政機構を整え、士族授産と民間資本の活用によって殖産興業を盛んにし、「国ノ強弱ハ人民ノ貧富ニ由リ人民ノ貧富ハ物産ノ多寡ニ係ル」と明確に主張したところの政策を、東北行幸を経て国民に示し、実行していったのである。

以上の如き意味において、明治九年東北行幸先発としての大久保の行動には、近代国家日本の建設の路線が凝縮されて示されていたといえるのであり、東北行幸は、大久保をそのリーダーとする新政府の殖産興業の推進を第一義的課題としていたといえるのである。

〔註〕

（1）　色川大吉『近代国家の出発』（『日本の歴史』第二一巻）、中央公論社、一九六六年。芳賀登『明治国家と民衆』雄山閣、一九七四年。永井秀夫『自由民権』（『日本の歴史』第二五巻）小学館、一九七六年。田中彰『近代天皇制への道程』吉川弘文館、一九七九年。遠山茂樹『天皇と華族』（『日本近代思想大系』第二巻）、岩波書店、一九八八年。同『明治維新と天皇』岩波書店、一九九一年。同「明治天皇の東北巡幸」『遠山茂樹著作集』第六巻、岩波書店、一九九二年。

（2）大日方純夫「天皇巡幸をめぐる民衆の動向」『地方史研究』一九八二年一月（第一七五号）。森田俊彦「明治天皇の東北巡幸と宮城県」『宮城県の研究』第六巻近代編、清文堂、一九八四年。朴晋雨「天皇巡幸からみた天皇崇拝と民衆」『日本史研究』一九八八年五月（第三〇九号）。

（3）色川大吉、前掲書、二三三頁。

（4）田中彰、前掲書、二四～二五頁。

（5）大日方、前掲論文、一頁。

（6）森田、前掲論文、一頁。

（7）朴、前掲論文、一頁。

（8）同、一～二頁。朴氏は研究上の問題点として第一に「地域差と時期的な差」を考慮し、第二に、自由民権運動との関係については「評価にこだわらず、地域における伝統的な支配層と天皇との関係に重点を置きたい」としている。また、第三に「生き神信仰」の問題をあげている。

（9）同、一頁。朴氏の論文において取上げられた「安積開拓」と行幸については、史実の誤りも散見され、また、富商や区・戸長を中間層と規定しているのは適切であろうかという点、及び「開拓地民衆」という一般的呼称が具体的に誰をさしているのか（入植士族か開成社の小作人か）あいまいである点、などの問題を含む。

（10）西原和海「全国巡幸」『別冊歴史読本』一九九〇年四月。氏は第一回目の西国行幸をはずし、遠山『明治維新と天皇』では、第一回の西国行幸と最後の山陽道行幸をはずして「四大巡幸」としている。

（11）遠山『天皇と華族』の解説によれば、西国行幸の「究極の目的は、鹿児島訪問、とくに政府の文明開化政策に不満をもつ島津久光を慰撫して上京させることにあった。従って今回（明治九年）の東北・北海道巡幸を五年の西国巡幸と並列視する理由づけの比重は小さい」（四七二頁）とある。同感である。

（12）大阪行幸の引金となった大久保利通の明治元年一月「大坂遷都建白書」には、「主上ノ在ス所ヲ雲上トイヒ、公卿方ヲ雲上人ト唱ヘ、竜顔ハ拝シ難キモノト思ヒ、玉体ハ寸地ヲ踏玉ハザルモノト余リニ推尊奉リテ、自ラ分外ニ尊大高貴ナルモノヽ様ニ思食サセラレ、終ニ上下隔絶シテ其形今日ノ弊習トナリシモノナリ。」「即今外国ニ於テモ帝王従者一・二ヲ率シテ、国中ヲ歩キ万民ヲ撫育スルハ実ニ君道ヲ行フモノト謂ベシ。」(『大久保利通文書』第二巻)とあり、大久保が天皇を宮中から引き出し、民衆の前に現前化することで、実態のある支配者に仕立てていこうとしていたことがわかる。

(13) 森田前掲論文の注記(一二)において、「一般に六大巡幸の演出者は大久保利通とされるのが通説であるが、全国巡幸の方針が決定された当時、大久保は岩倉遣外使節に随行して不在であった。」として当初における大久保の関与を否定的にみているが、西国行幸決定の時期(『太政官日誌』によると、行幸の御沙汰書は五月七日に通達された)は、大久保が一時帰国中(三月二四日から五月一七日まで)のことであり、したがって大久保も決定に関与していたとみるのが自然であろうと考える。『大久保利通文書』第四巻四三五頁にある西郷・吉井への書簡の解説に「西国地方ニ……不穏ノ状況ナリシヲ以テ遂ニ西郷参議等西国巡幸ヲ謀ルニ至ル、恰モ利通ガ条約改正ノ議ヲ齎ラシ米国ヨリ帰朝セシ時ナリシヲ以テ議決シ、五月二三日聖上御発輦西国ヲ御巡幸アラセラレタリ」とある。なお森田氏の指摘の如く、明治五年には陸軍省の全国行幸の建議があり、行幸の最初の企画者についてはなお考察の余地ありと考える。

(14) 『大久保利通文書』第五巻、五三頁。

(15) 同、第九巻、二三三頁。

(16) 同、第五巻、一三六頁。

(17) 同、第五巻、一三八頁。

(18) 同、第五巻、一八二〜二〇三頁。

(19) 同、第五巻、五六一頁。

(20) 東北行幸の目的としては、森田氏は、(イ)東北地方における地方行政の実態と民情視察、(ロ)殖産興業政策を推進するための実地調査、の二点をあげ(前掲森田論文)、遠山氏は、二度にわたる東北行幸実施の理由として、(イ)北方防衛、(ロ)未開地である東北の開拓、(ハ)西南士族反乱に対し、東北に新しい支持基盤を作る(『著作集』第六巻)の三点をあげている。

(21) 我妻東策『明治社会政策史』三笠書房、一九四〇年、五三〜五四頁。

(22) 大久保利通は明治一一(一八七八)年三月「一般殖産及華士族授産ノ儀ニ付伺」(『大久保利通文書』第九巻)を提出

したが、そこにおいて「運輸ノ便ヲ開ク」ことについては、宮城県下野蒜の築港、新潟港の改修、越後清水越上野の運路、大谷川運河と那珂港改築、阿武隈川改修、阿賀川の改修、印旛沼運路があげられ、これらの開発によって、東北南部（福島、宮城、山形、新潟）は、日本海と太平洋側と内陸部とが水・陸路によってすべて結ばれることになる。この点については、高橋富雄『東北の歴史と開発』（山川出版社、一九七三年、三〇四〜三〇五頁）を参照されたい。

また、新潟については大久保の殖産興業の構想では、東北と一体のものとなっており、そのことからすれば、明治一一年の北陸行幸もまた、東北行幸との関連において、殖産興業を重点的課題とする行幸としての側面を考察することが不可欠となってくる。なお、新潟県からの行幸を願う上申が明治九年五月、東北行幸に際して提出されていること（「東巡雑録」上　国立公文書館所蔵）なども、その一端を示しているものと考えられる。

(23)『大久保利通文書』第四巻、四三三頁。
(24)福島県立図書館所蔵
(25)「置賜県歴史」（国立公文書館所蔵）。この史料は『山形県史』資料編1（一九六〇年）に収録されている。
(26)『明治天皇紀』第三巻。森田前掲論文、一九一頁参照。
(27)『杉浦譲全集』第四巻、三〇六頁。
(28)福島県庁文書「御巡幸決議願伺綴」
(29)中条政恒の桑野村での生活については、孫である宮本百合子の「明治のランプ」、「村の三代」（『宮本百合子全集』第一七巻収録）が参考になろう。
(30)開成社は、県の開墾方針の下に、明治六年中条政恒が郡山の豪商らを説得して作らせた開墾結社である。社長阿部茂兵衛以下二五名の出資により小作人を入れて、大槻原の開墾に着手。その経過は「開成社記録」に詳しい。なお、『郡山市史』第四巻、高橋哲夫『安積野士族開拓誌』歴史春秋社一九八三年、矢部洋三「福島県安積郡大槻原開墾政策の展開」『日本大学工学部紀要』一九九三年（第三四巻）を参照。なお、矢部洋三の安積開墾関連論文はその後『安積開墾政策史』（日本経済評論社　一九九七年）に収録された。
(31)前掲福島県庁文書

(32)「東巡雑録」上（国立公文書館所蔵）
(33)立岩家文書「御巡幸日誌　一老」
(34)「開成社記録」（『郡山市史』第九巻収録）
(35)佐藤利貞・秀寿「安積事業誌 巻之九」（郡山市中央図書館所蔵）
「安積事業誌」は第三者の著という体裁をとっているが、実質的には中条政恒の自伝という性格の強い書である。このため中条の視点からの記述、過大な自己評価という側面を見過ごせない。この書の第三者の筆になる中条自伝説は横井博氏の研究の成果による。詳しくは横井博「『安積事業誌』考証」『日本大学工学部紀要』一九九二年（第三三巻）以下続巻を参照されたい。
(36)「開成社履歴」（福島県庁文書「開成沼目論見及開成社関係綴」）。この史料は「開成社記録」の前身的性格のもので、明治一三（一八八〇）年、開成社より県庁へ提出されたもの。基本的には「記録」と同じである。
なお、阿部茂兵衛の動きについては、上京して政府関係者に働きかけたとする説（田中正能『阿部茂兵衛』歴史春秋社、一九七九年）、県庁に県令を訪問して働きかけたとする説（松山伝三郎『開成山開拓五〇年記念』開成社、一九二五年）があるほか、阿部の上京を否定する説（明治天皇聖蹟保存会郡山分会『郡山明治天皇行幸記録』一九三六年、五四頁）があり、定かではない。
(37)「東巡雑録」上。この文書には、大久保利通及び土方久元、金井之恭（どちらも御巡幸御用掛）、谷森真男のサインがある。
なお、同文書には「御休泊割及ビ沿道駅名里程表」があり、郡山と桑野村の両方が記載され、欄外に「郡山ヨリ二本松迄……九里廿丁　桑野村御立寄ノ節ハ一一里六丁」との書込みがある。そして、これはあとからの訂正であろうが、郡山の上につけられた△印に×がされ、桑野村の上に○印がつけられている（△印は休憩、○印は泊）。
(38)「東巡雑録」上
(39)前掲福島県庁文書
(40)同

(41)『杉浦譲全集』第四巻、二一八頁。
(42)同、三〇八頁。
(43)同、一三〇頁。
(44)『太政官日誌』第八巻、一四二～三頁。
大石嘉一郎編『福島県の百年』では、三県合併は岩倉の一片の通達によってなされたとあるが（三一頁）、これは何かの間違いであろう。
(45)「安積事業誌　巻之九」。この書によれば、中条は、北代や岩山に対し、「宜ク若松磐前福島三県ヲ合シ庁ヲ開成山ニ置キ四方ノ士族ヲ移シテ諸原野ニ殖民シ猪苗代湖ヲ東注シ灌漑ノ便ヲ謀」るという自説を展開した。この時の中条の説に対して北代は多大な関心を寄せた。同年六月六日付で、北代は「福島磐前若松合併安積県新置之議」（国会図書館憲政資料室所蔵「三条家文書」）を大久保内務卿に提出し、中条の主張をほぼそのままに主張し、さらに三県合一後は県庁を安積に置くのみならず、県名を安積県と改称することまで提案している。この文書は行幸終了後の八月二八日三条実美にも回覧されたが、すでに八月二一日政府による三県合一は決定し、移庁、県名改称はいれられなかった。
(46)『大久保利通日記』下巻、五〇一頁。
(47)同、五〇三頁。
(48)『大久保利通文書』第七巻、一四五頁。
(49)「東巡雑録」上
(50)前掲福島県庁文書。福島県教育会『明治天皇御巡幸録』一三～一六頁。
(51)『明治天皇御巡幸録』（一六～一七頁）では、内務省指示の「心得方」と続けて掲載されているが、県庁文書によれば「心得方」とは別の文書としてあるので、これは県の独自の通達と思われる。日付は不明。
(52)同、七三頁。ただし、この記録だけでは誰が作成したものかははっきりしない。
(53)前掲福島県庁文書
(54)「今泉久三郎日記」（『郡山市史』第九巻、八二頁）の明治九年五月一日の項に、開成社の二五名が「御賄方」を申付けられ、「器具」等の準備にあたることになったことが記されている。
(55)『郡山明治天皇行幸記録』四〇頁。第七区会所鍋山村割付によって村ごとに道路普請の人足割がなされ、強制的に奉仕作業に動員されていた事実がうかがえる。
(56)前掲福島県庁文書。第三区長代理戸長丹羽寛より県参事山吉盛典あて「乗馬御借上之儀ニ付上申」(五月二八日付)、及び県御巡幸事務掛の達(五月二九日付)。
(57)前掲福島県庁文書。『福島県警察史』第一巻、四九七頁。
なお、前掲「御巡幸日誌　一老」には、県内警察の動員数六九名との記述がある。この小人数で警備できたのは、一等警部門岡千別の尽力にあり、また他に「火消人」などを配置した、ともある。明治一四(一八八一)年の再度の行幸の際の県内動員数は一八七名、別に還幸沿道警備六八名ということである(『福島県警察史』五一〇頁)。
(58)前掲福島県庁文書
(59)遠山『天皇と華族』の「解説」参照。
(60)「東北御巡幸記」(『明治文化全集』第一七巻　皇室編)、三六一頁。
(61)『明治文化全集』
(62)『明治天皇紀』第三巻、六二三頁。
(63)「東巡録」参照。
(64)『郡山明治天皇行幸記録』一〇〜一一頁。
(65)同、一一頁。
(66)『大久保利通文書』第七巻。
(67)同、第九巻、三九〜七八頁。
(68)同、一五八〜一五九頁。

第二章　明治一四年福島県行幸と猪苗代湖疏水代巡

はじめに――明治一四年行幸の背景――

明治一四（一八八一）年の「山形秋田及北海道御巡幸」は明治初期の「六大巡幸」と呼ばれる地方巡回行幸のなかで最大規模のものであった。明治九年に東北地方の太平洋側から北海道函館までの東北行幸（奥羽巡幸または東北巡幸と呼ばれる）があったので、たとえ山形・秋田の両県は初めてとはいえ、東北地方へ再度の行幸となったわけである。行幸の最終地点である北海道の開拓地はもちろん東北各地への行幸は大久保利通政権下で進められた殖産興業政策の推進とその確認という意味を持っている。明治九年の東北行幸は、殖産興業政策に基づく東北開発の推進に大きなはずみをつける役割を果たした。そして明治一四年の行幸は、そうした殖産興業政策実施後の進展や成果を確認する意味を持った。

そのひとつの大規模に展開された北海道開拓地では開拓使官有物払下事件が起こり、政府への批判が高まりつつあった。一方憲法草案と国会開設の時期をめぐって、大隈重信と伊藤博文の間に亀裂が生じていた。他方自由民権運動は開拓使官有物払下げへの批判を展開しつつ、地方議会への進出をはかっていった。

明治一四年の行幸はこうした政治的危機を背景に実行されたのである。伊藤博文、井上馨、佐々木高行ら在京の重臣によって大隈排除の策が練られ、天皇一行の還幸直後に、大隈罷免というクーデターは成功する。同時に、明治二三年を期して国会を開設するとの勅諭が発せられ、一方開拓使官有物払下げは中止となった。

この「明治一四年政変」は行幸中に進行した薩長閥による静かなクーデターであったが、端的にいうなら、大久保利通没後のポスト大久保をめぐる争いが決着した、ということである。結果、政治的には伊藤を中心とした憲法制定と国会開設の準備、すなわち明治憲法体制の構築へ向けて動き出したこと、また経済的には大久保時代に進められた殖産興業政策とその政策に沿った大隈財政に転換がはかられることとなった。

中央におけるこの政変は少なからず地方政治の転換を誘導した。その典型的な例として福島県の政治的転換を究明したのが「明治一四年政変と地方政治――福島県における開明派官僚の終焉――」（本書第三章）である。

この一四年行幸の研究では、一四年政変の背景にあった行幸の実態を、福島県、なかでも国営安積開墾関連地への行幸及び代巡に焦点をあてて明らかにする。これによって一四年行幸の持つ殖産興業政策との関連が明白になると思う。

明治一四年行幸は九年行幸の折対象からはずされた山形・秋田両県と北海道開拓地が目的であるから、当該行幸先の官庁諸施設や、開墾・道路開鑿、築港・鉱業など殖産興業政策実施地を視察しているのであるが、九年行幸済みのため通過のみとされた太平洋側各県においても重要な殖産興業政策展開地にはそれぞれ代巡などの方法で必ず視察を行なっている。たとえば、栃木県の那須原開墾、福島県の国営安積開墾（猪苗代湖疏水工事を含む）、宮城県の野蒜築港、青森県の三本木原開墾などである。その他製糸会社や鉱山などもある。右のような明治九年視察済みの場所の再視察の例を列挙するだけでも、一四年行幸が殖産興業政策の成果の確認の意味を持っていたことは容易に認められるだろう。

また、明治一四年行幸直後におきた福島県政の大転換の原因を生み出す状況（久留米開墾社分離問題への対応、有栖川宮馬車転覆事件など）が、この行幸中に静かに準備されていったことに気づかれると思う。

本章は、明治九年行幸の研究（第一章）の続編であると同時に、「明治一四年政変の地方的展開」である福島県政転換（第三章）の背景を理解するためのものという位置づけができる。

なお天皇の行幸は、明治初期と戦後に集中的に実施された地方巡回行幸を特に「地方巡幸」として区別した呼称が用いられているが、第一章と同様、県内視察を対象としていることでもあり論文中では「行幸」と表現し、引用や固有の呼称（例えば「御巡幸御用係」のように）として使われている場合に限り、そのまま使用した。また多少読みにくくなるかと思われるが原史料をできるだけ紹介し、史料引用文には適宜に句読点、濁点を付した。

第一節　明治一四年行幸の概要

一　行幸決定と先発調査

明治一四（一八八一）年三月九日、北海道開拓長官黒田清隆は北海道開拓地への行幸を奏請した。そして六月一一日、山形・秋田両県及び北海道への行幸が公布され、宮内大輔杉孫七郎、侍従長山口正定、海軍少佐坪井航三に行幸道筋の調査が命じられた。杉孫七郎は当初山形・秋田を経て北海道に渡り、帰路は海路をとることを考えていたようであるが、これは気象条件その他の理由で不採用となり、往還とも陸路をとることとなった。この結果往路は明治九年にすでに済んでいる太平洋側の福島、宮城、岩手、青森の各県について再度の行幸ということになった。もちろんこれらの県については、通過のみとされ、県庁・学校・工場などへの臨幸はないものと通達された。六月一四日、杉孫七郎一行は先発調査として出発し、七月九日に帰京し一二日復命した。この結果、行幸の出発は七月三〇日と決定された。また当初予定の供奉人員約四二〇人についても削減する必要があるとの判断から、約三五〇人とされた（以

表1　行幸先発人員名

太政官	参議	黒田清隆
内務省	卿	松方正義
	権大書記官	西村捨三
	少書記官	成川尚義
	一等属	浅井新一
	四等属	竹内寿貞
	五等属	並木時習
	七等属	脇他三郎
	十等属	宮崎忠興
近衛局	会計軍吏	加藤好堅
	騎兵軍曹	岩本政吉
駅逓局	七等属	望月武陵
	同	中村　旭
	十等属	高橋義明
宮内省	侍従	富小路敬直
	二等馭者	宮下幸知
	五等属	小堀正容
	十四等出仕	村山幸次郎
	雇	早野元光
	夫　卒	1名

出典：福島県教育会『明治天皇御巡幸録』より.

上の経緯は『明治天皇紀』による）。左大臣有栖川宮熾仁親王は、先発調査一行の報告を聞いた七月二〇日の日記に次のように記している[1]。

今般、山形県・秋田県及ビ北海道御巡幸被仰出、沿道行在所及供奉官員休泊所等為点検杉宮内大輔出張被仰付、此日帰京実地之景況委詳被聞召候処、北海道ハ不及申、青森・秋田地方共宿駅狭隘ニヨリ、前後村落迄モ取調候得共、供奉之宿泊ニ可充人家至テ僅少ニ付、露営或ハ仮建等ヲ以テ一時差支無之様注意可致旨地方官江達置候旨言上候ニ付テハ、供奉之人員成丈減省可致旨被仰出候条右之御趣意厚相心得可申候事

右にみるように、多人数を収容する宿泊施設、人家の不足が、人員削減の主な理由であった。

先発隊は黒田清隆はじめ二〇名（表1）が指名されているが、彼らはそれぞれ任務によって出発日も行程も違っている。黒田清隆は天皇一行より遅れて八月九日に出発し、先に北海道に着いて天皇一行を迎えた。また内務卿松方正義は福島県猪苗代湖疏水の取水口である山潟村での通水式の開催にあわせ、七月二三日に出発して国営安積開墾地等を視察し、三一日の通水式に参列し、その後八月一三日仙台の行在所でいったん合流し、さらにその先の行幸地の先発視察を続けた。

杉孫七郎は最初の行程調査ののち、帰京して天皇一行の供奉員として列に加わっているためか、先発人員名のなか

には入っていない。各県との調整など具体的な行幸中の実務的な面は、内務権大書記官の西村捨三がほとんどとり仕切っていたようである。ちょうど明治九年の東北行幸の際の北代正臣の果たした役柄が、西村捨三であったろう。松方は明治九年時の大久保利通のごとく、主な殖産興業政策実施地を重点的に先発視察してまわったのである。

供奉官員氏名については省略する。福島県教育会編『明治天皇御巡幸録』には三三一名の氏名が載っている。北白川宮能久と有栖川宮熾仁の二人の親王は、天皇の名代として重要な地域・施設への代巡（または代覧）を行なっている。大隈重信、大木喬任の二人の参議も特派されて巡視している所がある。供奉官のうち、内閣大書記官金井之恭、四等駅逓官五島孝継、宮内卿徳大寺実則、宮内大輔杉孫七郎、侍従長米田虎雄らは、明治九年にも同行している。こうした供奉官の他に駆者や人夫がいるわけであるから大変な行列になった。

二　行幸経路

天皇の一行は七月三〇日八時二〇分に宮城を出て、千住より奥州街道へと入る。これより青森までは明治九年の東北行幸とほとんど同じ行路で行在所も同じというケースが多い。以下簡単に行在所とした地名を追ってみる。埼玉県草加・幸手／栃木県小山・宇都宮・佐久山・芦野／福島県須賀川・二本松・福島／宮城県白石・岩沼・仙台・古川・築館／岩手県磐井・水沢・花巻・盛岡・沼宮内・一戸／青森県三戸・八戸・三本木・野辺地・青森

右のように奥州街道を北上して行くのであるが、青森県の八戸（八月二四日）のみが新たな行程に加えられており、ここでは有栖川宮熾仁親王、参議大隈重信、侍従西四辻公業を鮫港に派遣し視察させた。また開本社（渡辺村男）の物産が天覧に供された。八戸への行幸には佐々木高行の口添えがあったらしく、渡辺村男から佐々木高行宛の礼状（九月一五日付）には、「今度当地モ御巡幸ノ栄ヲ得、一郷ノ喜悦、実ニ限リナシ、是レモ畢竟、閣下ノ御尽力ノ結果ト、皆一同ヨリ厚ク御礼申出候」(2)とあり、天皇行幸時の八戸の様子などが述べられている。他にも佐々木への尽力依

頼などの例があり、佐々木の行幸地決定に対する影響の大きさがうかがえる。

また栃木県の宇都宮では陸軍演習天覧のため三泊の滞在となった。

青森まで奥州街道を北上したのち、八月二九日青森港より扶桑艦に乗船、北海道に渡る。翌三〇日の夕方、船は小樽港に入り、先着の黒田清隆、松方正義らに迎えられる。上陸してその日のうちに札幌に着いた。明治九年には函館で終わり、船で横浜に帰ったが、今回は札幌の開拓使関連施設の視察が最北の目的地である。

道内行幸は、札幌・千歳・白老・室蘭・森・函館の順で、官公庁の他、農学校、開拓地、アイヌ部落などを視察した。八月三〇日から九月七日まで八泊九日である。七日函館を発って再び青森港に入る。それより弘前・蔵館を通り、九月一一日には次の行幸地である秋田県に入った。

秋田・山形両県の行在所とした地を掲げて行程を示しておく。

秋田県大館・二ツ井・能代・一日市（八郎潟）・土崎港・秋田・境（協和）・角間川・湯沢・下院内／山形県新庄・清川・鶴岡・酒田・清川・新庄・楯岡（村山）・山形・高畠・米沢

右のコースではそれぞれ県庁・裁判所・学校・工場・開拓地など、是までの行幸と同様の行政・産業・教育の視察を済ませた。一〇月三日、米沢から福島へ抜ける新道（山形側刈安新道、福島側中野新道）を通り福島に入った。この新道は山形県（県令三島通庸）と福島県（県令山吉盛典）の協議によって両県側から工事が進められ、県境である栗子峠に隧道を開通させた。明治九年より始められたこの工事は、大久保政権下の殖産興業としての道路開鑿としては非常に大がかりな工事であった。三島通庸はこの隧道の開通式を天皇行幸時に合わせて行なった。この新道は栗子新道と呼ばれていたが、天皇が通過した翌明治一五年二月「万世大路」と命名された。この隧道を通過して福島県に入り、行在所である福島医学校へ到着し、これをもって「山形秋田及北海道御巡幸」は終わり、福島から東京までは「還幸路」となる。福島からの帰路は再び奥州街道を南下して帰京するわけであるが、この途中、安積開墾の中心となっている桑野村開成山へは再度の行幸となった。また県が行幸を請願していた猪苗代湖疏水及び若松地方へは左大臣有栖川宮熾仁親王・参議大隈重信らによる代巡が行なわれた。

福島県内の往路（八月七日〜八月一〇日）・帰路（一〇月三日〜一〇月七日）における代巡、派遣視察は八件に及ぶ。
①八月八日　桑野村・大蔵壇原久留米開墾社へ
　侍従荻昌吉
②八月八日　二本松製糸会社へ
　左大臣熾仁親王、参議大隈重信
③八月一〇日　半田銀山へ
　二品能久親王、参議大隈重信
④一〇月四日〜七日　猪苗代湖疏水及若松地方へ
　左大臣熾仁親王、参議大隈重信
⑤一〇月四日　福島裁判所へ
　二品能久親王、参議大木喬任
⑥一〇月六日　岩瀬郡六軒原宮内省開墾地へ
　二品能久親王、参議大木喬任
⑦一〇月六日　白河製糸会社へ
　二品能久親王、参議大木喬任
⑧一〇月六日　白河南湖公園へ
　侍従東園基愛

八件の代巡は、明治九年行幸済の地域としては多い。宮城県の場合は二件でうち一件は野蒜の築港工事であるが、野蒜へは明治九年にも代巡が行なわれている。岩手県は四件で仙台裁判所盛岡支庁そのほか官庁を有栖川宮が巡視した他、病院、勧業場、盛岡公園などがある。青森県は六件と比較的多い。これは八戸が新たに往路に加えられたことと、明治九年の時は西半分が入っていなかったことによる。八戸の鮫港（有栖川宮・大隈）の他に青森の師範学校や県立病院（有栖川宮）及び十三湖疏鑿工事視察（大隈）や弘前の各学校の巡視（有栖川宮）など件数が多くなった。[3]

このような代巡の中では、福島県の猪苗代湖疏水及び若松地方に対する左大臣有栖川宮熾仁を名代とする代巡はきわめて大規模なものであった。この代巡については本稿の目的のひとつであり、後で詳細に記すことにする。さて、ここで若干余談となるが、天皇行幸の直前に原敬が友人とともに東北・北海道の視察旅行を行なっている。この行程はほとんど行幸経路と一致している。まるで行幸予定地を点検して歩いたかのようである。その様子は原敬の「海内周遊日記」[4]に詳しく記してある。原敬のたどった道を重ね合わせてみると大変興味深いのであるが、原の場合、ちょうど天皇一行と逆コースをとっている。これは行幸が当初山形・秋田・北海道の順で考えられていたことに見合うのである。原の旅行は五月二三日に始まり、最初に千葉県を廻り銚子から利根川を上って茨城県津の宮に入り、那珂港から那珂川を遡って水戸、そこから棚倉街道をとって福島県に入っている。棚倉へは六月九日、以後原の歩いた道は行幸予定地（代巡も含め）を忠実になぞっているようで、一致しなかった土地を掲げた方が早いくらいである。たとえば、山形県と福島県を結ぶ栗子新道であるが、原は往路に郡山から熱海を通り若松に出るという、ちょうど有栖川宮の猪苗代湖疏水及び若松地方代巡の道筋を通って若松から桧原峠を越えて米沢に向かったため、栗子新道を通ることはなかった。また秋田県の八郎潟では、やはり代巡の舟川港へ行ったため海寄りの道を通って能代に出たので、陸側を通った行幸の道筋からは離れたことになる。帰路は盛岡から遠野を経て釜石に出て太平洋の海岸寄りに浜街道を通って仙台に出て、それより相馬に入って福島に出ている。つまりは明治九年行幸済のため通過のみとされた岩手・宮城の中央部には足を踏み入れず、福島県に入って再び行幸と同様の地域を視察して帰ったのである。

「山形秋田及北海道御巡幸」が太政官より公布されたのは六月一一日であり、この日原敬はちょうど福島県桑野村開成山に来て県開拓課立岩一郎より安積開墾の概況を聴取している。行幸予定地の情報は公布以前に得ていたのであろう。原敬が行幸の一行と交差するのは青森県八戸である。原は八月二三日八戸に入ったが、行幸一行の到着前日とあって旅館は「県官警吏の投宿する者頗る多く其の雑沓言はん方なき」状況で、知人の家に投宿した。そして翌八月二四日は鮫港へ視察に行っているが、この日は左大臣有栖川宮熾仁、参議大隈重信らが鮫港に代巡視察の日であった。原の日記ではこのことに触れられていないので時間的にずれていたのかも知れない。鮫港視察の後八戸の市街に戻り、「聖駕の巡臨を祝して衆庶の万歳を唱ふるの実況を見」(5)ている。東京に戻ったのは一〇月一一日で、実に四ヶ月と一〇日にわたる大旅行であった。

三　行幸予算

明治一四（一八八一）年の行幸は六大行幸中最も大規模で、日数、人員ともに最大であった。このため予算もまた厖大なものとなった。特に最終目的地である北海道へ船で渡るための航海費用は大きい。

「御巡幸会計掛」作成の「御巡幸費予算増減比較表」(6)によると、明治一一年の「北陸東海巡幸」が三四万四一六円余、明治一三年の「山梨三重及京都巡幸」が一七万九一〇九円余に対し明治一四年には三六万円の予算が計上されている。

東北地方は明治九年に行幸があり、そのときの決算報告によれば、一一万六九九一円余の支出となっている。(7)一四年は九年行幸時にはずされた日本海側の山形・秋田両県と北海道が主目的地であるが、往路は太平洋側の各県（福島・宮城・岩手・青森）を北上しており、九年行幸時とほぼ同様の場所を通過している。前回すでに行幸済の各県の県庁、その他各施設等は、原則として臨幸はなく通過のみということになっているが一部追加や再臨幸もあり、また通過とはいっても天皇の行在所や休憩所では物品の天覧や官吏・事業主からの聴取などもあるので、九年行幸済の各

表2　明治14年行幸予算　(単位：円)

帝室費	84,060.000	警視庁	1,559.564
太政官	8,094.900	会計係	8,311.000
外務省	93.500	運搬掛	4,573.000
内務省　内務	4,944.250	使府県使	32,330.500
内務省　農商務	453.052	艦船汽車費	34,329.691
内務省　駅逓局	2,555.550	恩賜費	31,591.500
大蔵省	2,184.517	祭典費	386.000
陸軍省	184.245	修築費	72,539.000
近衛局	18,443.908	予備	5,717.189
文部省	256.667		
工部省	229.400	合　計	360,000.000
司法省	222.200		
宮内省	46,759.867		
海軍省	180.500		

出典：公文録「明治14年巡幸雑記5」より作成．各省毎の費目の分類は省略し，各省の合計金額のみを数表化した．

県にとっては再度の行幸という認識が強かった。したがって一四年行幸は「山形秋田及北海道」とはいえ、東北全県及北海道ということもできる。このような性格の行幸であるから、経費もまた大きくならざるを得ない。それでも政府は当初非常に抑えた予算にしている。

　はじめに計上された予算は三六万円である（**表2参照**）。先発調査の報告から、宿泊施設が十分に準備できないとして、当初四二〇人程度を予定していた人員を三五〇人に減員している。そして三六万円の予算書に対して、さらに一万円の減額を求め、三五万円を正式の予算とした。しかし各省庁のどこをどう削るかということがむずかしく、各省庁がそれぞれ予算の枠以下で収め、残金を出すようにとの達が出された。

　その間の事情を資料から追ってみよう。七月二三日に「御巡幸費予算増減比較表」が、その予算内容を説明した「御巡幸予算比較表緒言」(8)と共に提出された。この「緒言」によって、明治一四年行幸予算の特徴を見てみる。

　まず今回の予算は「里数ノ延長日数ノ超過及土地ノ景況物価ノ騰貴等ヲ酌量シテ調査算定」され、その際「御都合ヲ以テ供奉員若干ヲ被減」、その結果「各庁ハ勿論帝室費ノ如キモ非常ノ節減ヲ被加タルモノ」となった。また北海道への航海費などは「天気模様ノ如何ニ因ルモノナレバ、本費ノ外尚ホ予想外ノ費用ヲ要スルモ亦タ図リ難キモノ」であるため予算以上に実費がオーバーしてしまう恐れがあることにも触れている。こうした恐れもあってか、運搬費については、「物価ノ騰貴セルニモ不拘、通シ人夫ノ賃銭十三年ハ一里六銭ナリシモ本年ハ三銭六厘ノ廉価ヲ以テ更

□タルニヨリ、大ニ其額ヲ減ジ里数日数ノ延長セル割合ニハ増加ヲ要セザルモノ」と、賃金を抑制して予算を減らしている。また予備費においては北海道への航海のため「予想外ノ費用ヲ生ズルモ慮リ」、一方「野蒜若松ヘ御代覧巡回旅費ノ増加并茶代其他」暑気による発病なども考えて多めの予備費を計上したと説明している。

右に見たように予算を抑えるために供奉人員の削減（宿泊施設の不充分さが原因ではあったが結果的に予算削減の一助となった）、通し人夫の賃金の抑制などがあったが、一方で北海道への航海が、過去の行幸費を大幅に上廻る予算を必要としたことが指摘できる。また予備費を多めに設定せざるを得なかったことも、航海による予想外の支出を考慮していたことによる。さらに野蒜（宮城県）や若松（福島県）への代巡旅費の増加について特に記されていることも注目しておかなければならない。

このように「緒言」で説明された「予算表」は合計金額三六万円であったが、各省へは三五万円で「諸費一切取賄候様致可」と指令された[9]。

御指令（案）

上申ノ趣ハ金三拾五万円可下渡候條、右ヲ以テ諸費一切取賄候様可致且収入金差継払ノ儀聞届候事

明治十四年七月廿三日

そして予算金額を一万円減額としたことについて、科目の更正が難しいので残金を出すようにとの注意が、七月二五日、会計掛から各省庁の御巡幸掛に達せられた[10]。

御巡幸費予算帳別冊上程候処朱書之通御指令相成、当掛請求高ノ内金壱万円被減候ニ付テハ各科目ニ就キ三捨五（万）円迄ニ節減ヲ加ヘ更正可致筈ニ候得共、本費予算之義ハ何レモ痛ク節省ヲ加ヘタルモノニ付此際科目毎ノ

減額ハ難取計、依テ決算残金ヲ以テ右減額壱万円ノ方へ引当置候条、右ノ御心得ヲ以テ各庁共実際仕払方ニ臨ミ格別御注意残金出来候様御配慮可有之、此段及御廻達候也

十四年七月廿五日

御巡幸会計掛

橋本大蔵少書記官

太政官外各庁御巡幸御用掛　御中

きびしい財政状況の中で各省庁に節減を呼びかけ、抑えた予算からさらに一万円を削減するという予定で行なわれた行幸であったが、実際には予算を大幅に上まわって約四六万円の出費となった。三六万円の予算請求に対して三五万円の予算が決定されたが、決算は四五万九五九二円一銭八厘である。これでは予算はまるであってなきが如きものである。では決算の内容をみてみよう。

明治一五（一八八二）年八月八日に提出された「御巡幸費精算科目仕訳書」は次のとおりである。[11]

十四年度

御巡幸費決算之儀別紙伺定之趣ニ基キ、今般決算帳編成会計検査院へ差出候間為御心得右決算帳高并本費科目仕訳書共相添此段及御回達候也

明治十五年八月八日

御巡幸会計掛

大蔵少書記官　橋本安治

太政官

内務省
海軍省
宮内省
御巡幸費精算科目仕訳書
一、金四拾五万九千五百九拾弐円壱銭八厘
内金七百三拾五円七拾六銭九厘　太政官未決算高
内訳（ただし内訳部分は一覧表に作成し直し表3とした）

第二節　福島県内の行幸

一　地元からの請願

「山形秋田及北海道御巡幸」が往還共に陸路をとることに決したため、福島県内は往路・帰路二度の通過となった。このため県内では明治九年の東北行幸の際道筋からはずれた地域人民から県に対し多数の請願が寄せられた。また県としても、県の重要施策・施設への行幸を県

表3　明治14年行幸決算内訳　（単位：円）

需用費	22,091.895	迅鯨艦	7,293.838
内膳費	8,878.259	日進艦	5,464.363
御厩費	10,035.608	玄武丸	1,250.000
運搬費	29,935.636	函館丸	1,747.518
雑給	78,794.714	矯龍丸	1,546.347
庁費	6,276.071	弘明丸	180.000
兵器費	90.720	浪花丸	153.700
馬匹費	4,882.462	汽車雇上料	416.000
患者費	5.146	御休泊所賜金	29,936.423
諸賄料	4,423.269	奨励慰恵賜金	10,199.850
北海道借馬費	1,881.670	特別賜金	30,754.988
供奉等外以上別段手当	3,167.500	幣帛料	70.000
荷造費	473.720	神饌料	9.000
橋船費	1,980.595	祭粢料	170.750
御警衛費	29,930.334	営繕費	77,678.696
宿割費	2,017.900	道路橋梁費	34,495.375
扶桑艦	11,123.105	野営演習費補助	26,700.000
金剛艦	12,353.796	雑　費	3,182.770

出典：「御巡幸費清算科目仕訳書」の内訳部分より作成．

令名で請願した。

これらの請願書を提出順に列記してみる。(12)

①六月二七日

「御臨幸之儀ニ付請願」

若松士族　町野主人　他一九名

福島県令山吉盛典宛

六月二八日付添書　北会津郡長大野義幹

②六月二八日

（表題なし）御通輦ニ就テハ乍恐御休息被遊度奉願上……

安積郡福原村々民百二十名惣代　薄井伝蔵　他七名

安積郡長丹野英清宛

同日付添書　安積郡長丹野英清

福島県令山吉盛典宛

③七月五日

「県庁臨御願」

福島県令山吉盛典

御巡幸御用掛宛

④七月五日

「岩瀬郡字六軒原宮内省所轄地開墾地天覧願」

福島県令山吉盛典
御巡幸御用掛宛

⑤七月五日
「御巡幸ニ付猪苗代湖疏水工場并開墾地御通輦被為在度願」
福島県令山吉盛典
御巡幸御用掛宛

⑥七月五日
「猪苗代湖疏水工場　天覧御路次若松御廻輦願」
福島県令山吉盛典
御巡幸御用掛宛

⑦七月五日
「御通輦願」
宇多郡中小前惣代人　島田雄助　他四名
戸長惣代　木幡誓清　他一名
福島県令山吉盛典宛

⑧七月（日付なし）
（表題なし）今回御還幸ノ途次浜街道御通輦被為候様……惣代トシテ謹テ願書ヲ呈候……
楢葉郡戸長惣代　大原為七
標葉郡戸長惣代　根本　好
福島県令山吉盛典宛

⑨七月（日付なし）

（表題なし）浜街道筋ノ御通輦ヲ仰願天日ヲ咫ニ迎拝シ奉リ度旨人民挙テ奉仰願候……

菊多・磐前・磐城郡村々物代　西牧喜八　他一四名

同郡村々戸長惣代　遠藤政直

福島県令山吉盛典宛

⑩七月一九日

「聖上御巡幸之儀ニ付請願」

行方郡人民惣代　門馬高長　他一名

戸長惣代　大田隆昌　他二名

福島県令山吉盛典宛

⑪七月二一日

「開墾地叡覧願」

久留米開墾社々長　森尾茂助

安積郡荒井村戸長　伊藤新野右ェ門

福島県令山吉盛典宛

⑫八月六日

（表題なし）猪苗代湖疏水天覧願

農商務権大書記官　奈良原繁

参議大隈重信宛

右の諸請願のうち，③から⑥までの四通は、県令山吉盛典から政府の御巡幸御用掛へ一括して提出された。③は、新築なった県庁へ、改めて「臨御」を請願したものである。④は岩瀬郡六軒原の宮内省開墾地への行幸請願で、これに対しては、還幸時の一〇月六日、北白川宮能久、参議大木喬任、宮内大輔杉孫七郎らが派遣された。⑤⑥は、猪苗代湖疏水工事の進捗状況と、疏水に沿った国営安積開墾地の一部である対面原、広谷原への行幸及び明治九年行幸では見送られた若松地方への行幸を願う請願である。①の若松士族らの請願は、⑥の若松地方行幸請願書にその内容が反映されていると考えられる。結果は左大臣有栖川宮熾仁、参議大隈重信らによる代巡となった。この件については当論文の主要なテーマともなっているので、別に詳しく触れる。

七月五日から一九日までに県に寄せられた浜通り沿い各郡からの請願⑦から⑩までは、七月二八日に県令山吉盛典より一括して政府の御巡幸御用掛に提出された。結局浜街道への行幸はなしということで、請願は却下された。県内行幸先については次項で触れるので、ここで却下された浜通り各郡からの請願の一部と、却下までの経過を史料で見ておきたい。

行方郡より提出された⑩七月一九日付「聖上御巡幸之儀ニ付請願」は福島県教育会編『明治天皇御巡幸録』に紹介されているので、ここでは、郡民の心情をよく代弁しているかと思われる楢葉郡・標葉郡の戸長惣代より出された請願⑧を紹介しておこう。(13)

今般

聖上　北地　御巡幸ノ儀被仰出、山形秋田両県ヨリ北海道迄御回輦相成候段客月十一日付号外ヲ以テ御布告ノ趣奉謹承候。還御之御途線者当陸前浜街道ニモ可被為成哉ト伸首鶴望罷在候処、今聞ク処ニ拠レバ再ビ秋田山形両県ヲ経本県（福島ヨリ国道線）ヨリ直ニ御還御ニ相成ベク哉ノ由伝承仕、当地方ノ人民失望ニ不堪候。該地方ハ曩日（則明治九年）御巡幸被為在又御通輦ニテ再度鳳駕ヲ拝スルコトヲ得ルノ沿道人民ハ実ニ一大幸福ト被存候。

然ルニ当浜街道ノ如キ未ダ御通輦ノ挙ナキハ地方ノ不幸人民ノ遺憾無極、日夜仰望罷在候儀ニ付、仰ギ望ムラクハ今回御還幸ノ途次浜街道御通輦被為成候様（楢葉標葉）両郡人民切願只管此事ニ御坐候。最早時期切迫衆庶銘々ヨリ願書ヲ呈スルノ暇無之故ニ私共両郡村民一同ノ請願アル所ヲ各村戸長ヨリ依頼ニ付物代トシテ謹デ願書ヲ呈候条、希クハ天恩普愛ノ御詮議ヲ以テ懇願ノ趣御採納モ候ハヾ、我等人民生前ノ本懐地方ノ幸福無窮候条、右ノ情実汲量セラレ願意貫徹候様被成下度、敢テ僭越ヲ省ミズ此段奉請願候也

明治十四年七月

楢葉郡戸長惣代
同郡小浜村外三ヶ村戸長
大原為七
楢葉郡戸長惣代
同郡夫沢村外一ヶ村戸長
根本　好

福島県令　山吉盛典殿

右のような天皇行幸を望む請願書四通（⑦⑧⑨⑩）は七月二八日に県令山吉盛典より一括して政府の御巡幸御用掛に提出された。(14)

治下磐城国陸前浜街道筋各郡人民ヨリ今般山形秋田県及北海道御巡幸被仰出御路次本県下通御被為在候ニ付、御帰路ニハ該地方通御親シク庶民ノ情況被為問度別紙之通願出候、素ヨリ御採納ノ程ハ難量候ヘ共人民ノ鳳駕ヲ仰望スルノ衷情難黙止、及上申候条宜敷御取計被下度此段奉願候也

明治十四年七月二十八日

福島県令　山吉盛典

御巡幸御用掛　御中

これらの請願に対して政府は、すでに日程が決まっているという理由で、八月五日に却下の指令を出し、浜街道への行幸は明治九年と同様今回も見送られることとなった(15)。

書面陸前浜街道筋
御通輦之儀各郡人民請願之趣者至極尤之儀ニ相聞候得共、既ニ御道筋御休泊割等御確定之儀ニテ、今更御変換難相成ニ付其趣ヲ以テ篤ク諭達可有之候事

以上にみるように地元から提出された請願書は、一部村民からのものは郡長の添書きを付して県に（宛先は県令）、または一村全体の請願は主に戸長が署名人となって県に提出し、県令から政府の担当官（御巡幸御用掛）へ上申するという手続きをとっている。またそれら請願書は、路線調査のため先発した宮内大輔杉孫七郎や内務権大書記官西村捨三に手渡され、場合によっては、杉や西村の意見を添えて大臣・参議に回覧され決定される。②の福原村々民の請願についてはその後どのような処理がなされたか、文書がなく不明である。あるいは県として政府に上申しなかったのかもしれない。

地元からの請願は当該県の県令を通して政府に上申されるのが一般的であるが、一方では有力な政府内人脈を通じて行幸への尽力を頼むこともある。佐々木高行の日記の中には、秋田県の川尻組頭取川村永之助からの、行幸実現のため佐々木の口添えを依頼した書簡があるし、八戸の渡辺村男から、行幸実現への尽力に対する礼状も届いている(16)。

また⑫の奈良原繁の請願のように、供奉の大臣・参議宛に提出するものもある。奈良原の場合は、彼が農商務省の官僚であったので、県令を通す必要はなかったのかもしれない。

また行幸請願ではないが、行幸中の大臣・参議などに、地域の実情などを訴える建白書が提出されることもある。

二　福島県内の視察

福島県内の行幸は往路（八月七日から一〇日まで）と帰路（一〇月三日から七日まで）の計七泊八日である。すでに明治九年に行幸されているので原則として通過のみということではあったが、数カ所再度の行幸及び代巡が実施された。

1　往　路

八月七日県境を越えて白坂（戸上弥作宅小休）、白河（熊谷伝蔵宅お昼）、太田川（渡辺庫太宅小休）、矢吹（佐久間光之助宅小休）、鏡石（古川良平宅小休）を経て、最初の行在所である須賀川の岩瀬郡役所に入る。郡役所では産馬会社（社長景山正博）が三春駒九頭を天覧に供し、社長による「上書」を提出した。明治九年にはこの産馬会社に行幸している。

翌八月八日は、朝、行在所で農商務権大書記官奈良原繁（安積疏水掛）を呼んで猪苗代湖疏水工事の状況について下問があった。このあと出発し、笹川（河原吉兵衛宅小休）、郡山（宗形弥兵衛宅お昼）となった。ここから桑野村の開墾地へ侍従荻昌吉を派遣して視察させ、久留米開墾所製の紺絣三反を買い上げた。桑野村は国営安積開墾の中心地であり、同村内の開成館は明治九年に行在所となっている。帰路の一〇月五日には再びこの開成館（明治一一年から郡役所）をお昼休所とした。なお、行幸前に各行幸予定地の宿駅の調査表（「軍事政表」）を提出しなければならないのであるが、郡山村の調査表である「郡山駅軍事政表」[17]によれば、当時の郡山村の概要は戸数一〇七三戸、人口男二一七六六人、女二七七五人。職業は大工五〇人、鍛工三〇人、農一六一二人、商二〇七五人とあるから、商業人口の多さが目につく。そして人々の暮らしについては「貧富相半ス、概シテ富ニ属ス」とある。「職業」や「貧富及家屋ノ結構・飲水」といった庶民の生活に関する項目があり、最後に「宿泊人馬糧食藁秣・産物・市街景況・駅路・川」など、多人数の宿泊や移動に必要な条件についての細かい調査結果が報告されている。

郡山を出たあとは、横森（伊藤久治宅前広場野立休憩）、高倉（斉藤大三郎宅小休）、本宮（鴫原与惣右衛門宅小休）、南杉田（熊耳武左衛門宅小休）、そしてこの日の行在所二本松の安達郡役所に入る。ここから二本松城跡地内の二本松製糸会社に参議大隈重信、内閣大書記官金井之恭らを派遣して視察させた。ここも明治九年時行幸先となったところである。

八月九日は、松川（添田朔助宅小休）、清水（高橋増兵衛宅小休）を経て午前一一時一五分頃、福島の行在所となる医学校に到着した。この日は大変暑い日で北白川宮能久親王は阿武隈川に遊び、鮎を獲ったことや、供奉員が信夫山に遊んだことなどの記録があるが[18]、天皇は何をしていたのだろうか。

夜には県令山吉盛典を召して「酒饌を賜」った。つまり宴会があったわけだが、午前一一時過ぎに医学校に入って夜までずっとここで休まれていたのだろうか。

2　県庁行幸はあったか

県庁臨御願

というのも、県令山吉盛典から一括提出された請願書の中に、新築なった県庁舎へ是非「臨御」されたいというものがあった。しかし他の請願に対しては回答があるのに、この「県庁臨御願」[19]に対しては、「評議中」という連絡以外に明白な諾否の回答文書が見当たらない。

本県庁ハ置県以来陸軍省所轄旧福島城内ナル建物借請ケ仮庁ニ相充居リ候処、素ヨリ狭隘ノ古屋ニシテ各課係ノ配置ニモ差支属僚執務ノ不便啻ナラザル処、一昨十二年中旧福島城地ハ西白河郡ナル旧白河城趾ト交換之上庁舎新営費トシテ金壱万四千円御下付アルニ依リ、同年十二月工ヲ起シ昨十三年十月ヲ以テ落成功ヲ告グ、於此各課係ノ配置初メテ成り、属僚執務ノ便ヲ得タリ。其構造ヤ専ラ質素ヲ旨トシ洋風ニ依ラズ旧様ニ泥マズ彼此参酌一ニ堅牢ヲ主トセリ。抑本県ノ地タル地形尤広闊ニシテ面積大約八百七拾余方里、郡数二十一、町村一千七百七十余、戸数拾五万千三百余、人口八十万八千九百二十余ニシテ其施治ノ策休養之道繁且多ナラザルニ非ズト雖モ、属僚一致篤ク朝旨ヲ奉ジ盛典ヲ助ケ日夜黽勉従事以テ今日ニ至レリ。然ルニ今般秋田山形両県ヲ経北海道へ御巡幸被　仰出候ニ付テハ、当庁地ノ如キ必然聖駕駐蹕ノ御都合ト奉存候間、伏願ハ暫時　御臨幸ノ栄ヲ賜ヒ庁舎ノ構造ヨリ各課属僚執務ノ体裁ヲモ　叡覧被為在候様仕度、此段宜敷御含被下相叶候様被成下度懇願之至ニ堪ズ候

明治十四年七月五日　　福島県令　山吉盛典

御巡幸御用掛　御中

右の請願に対して、七月一六日、宮内大輔杉孫七郎からの山吉宛回答書は、一括して提出された県令からの請願書四通のうち猪苗代湖疏水工場・開墾地・若松地方及び六軒原宮内省開墾地についてはそれぞれ代巡などの内意があるとした。一方、「御県庁へ親臨之儀ハ去月二十九日付ヲ以御巡幸御用掛ヨリ御達中候通御通輦ノミノ地方ハ県庁已下へ臨御不被為在筈ニ有之候得共、尚評議中ニ有之候間追テ何分之義可申入候」(20)として、明治九年行幸済の県庁は通過のみという原則を示しながら、可能性に含みを持たせた回答をしている。しかしその後この件に関して新たな回答があったのかどうか、また実際に県庁へ天皇の「臨御」はあったのかどうか、残念ながらその結果を示す文書も記録も見当たらない。

ところが八月八日付の県庁文書に、県令山吉盛典より「各課署係」宛に「大急」と欄外に記された一通の達があった。まさに天皇が福島に到着する前日のことである。それは天皇が県庁に「臨御」された際の各課員の奉迎の手順と心得を記したものである。そしてその後、天皇一行が県外に去った八月一六日付通達では県庁各課員への下賜金の受け取りを指示している。この二通の文書を左に揚げてさらに検討してみよう。(21)

大急
　子第六十五号
　　　　　　　　　　　　　　　　　　各課署係
御巡幸ニ付県庁へ臨御相成候節ハ、左之通可相心得此段相達候事
　明治十四年八月八日
　　　　　　　　　　　　　　　　福島県令　山吉盛典
一、県庁臨御ノ節ハ次官行在所ヨリ御先導、長官ハ県庁門前ニ奉迎直ニ御先導候、玄関ヨリ左へ折レ土木・学務・地理・勧業各課並上局迄御先導シ、而テ二階玉座ニ着御
一、還幸之節ニ庶務・出納各課、謄記・租税・地方税ノ各課掛及警察本署長官御先導ノ上御還幸ノ事
一、庁中御通御ノ節官員ハ其侭立礼シ、通御相成候テ各自椅子ニヨリ事務ヲ執行スベシ

　子第六十六号
　　　　　　　　　　　　　　　　　　各課署係
御巡幸事務ニ関係之県官・警部・巡査エ左之通酒饌料下賜候ニ付、請取方出納課へ可申出此分相達候事

図１　明治14年の福島県庁位置

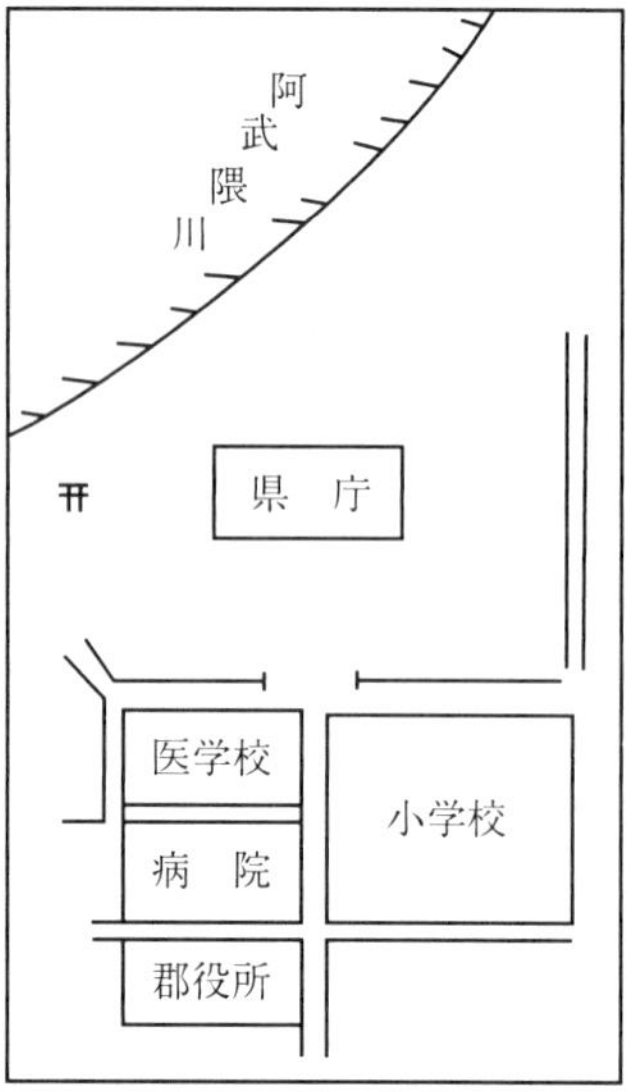

金五拾銭　　判任・準判任
金弐拾五銭　等外・準等外・雇

明治十四年八月十六日

福島県令　山吉盛典

右の文書の「子第六十五号」から推し量ると、天皇は県庁の各課を八月九日の午後に視察したのではないかと思われる。前日に「大急」で県庁内各課員に天皇奉迎の「心得」を達したということは、福島到着直前になって「県庁臨御」を決めたのではないか。既定どおりに通過のみということであれば、何も「大急」で通達を出す必要はない。あるいは「臨御」は文書ではなく口頭での指示であったかも知れない。しかも行在所である医学校と県庁は同じ敷地内にあり、すぐ目の前に位置している。医学校から出かけて県庁内をひと巡りしても、一〇分二〇分で済むと思われる。それを考えれば、目の前の新築県庁舎を全く無視したと考える方に無理があるようにも思える。天皇ではなく、代理の派遣視察の可能性もある。しかしこの点は確かに天皇の「臨御」があったという記録がない以上、私の推測の域を出ない。

次の「子第六十六号」にある県官への下賜金については、当時の新聞記事にもある[22]。県庁への「臨御」に配慮した下賜金か、単なる行幸実務担当県官に対する儀礼上の下賜金かは明白ではないが、一応庁内通達として続きの文書であったのでここに紹介したものである。

翌八月一〇日は福島を出発し、宮城県に入るのであるが、その際半田銀山に北白川宮能久親王、参議大隈重信、内閣大書記官金井之恭、侍従藤波言忠、同北条氏恭らを派遣、視察させた。半田銀山もまた明治九年行幸の地である。

3　帰　路

北海道・青森・秋田・山形を経ての帰路は一〇月三日六時に米沢を出発、山形県側の刈安新道を通り、栗子隧道の開通式に臨んだ。この栗子隧道を抜けると福島県側に入り、中野新道となる。栗子隧道は明治九年に山形県と福島県の両側から工事が進められ、内務省雇オランダ人エスセールが派遣され、また米国製穿孔機も使っての大工事であった。明治一四（一八八二）年八月竣工したが、山形県令三島通庸は天皇行幸にあわせて盛大な開通式を行なった。

図2　天皇と有栖川宮による福島県内視察

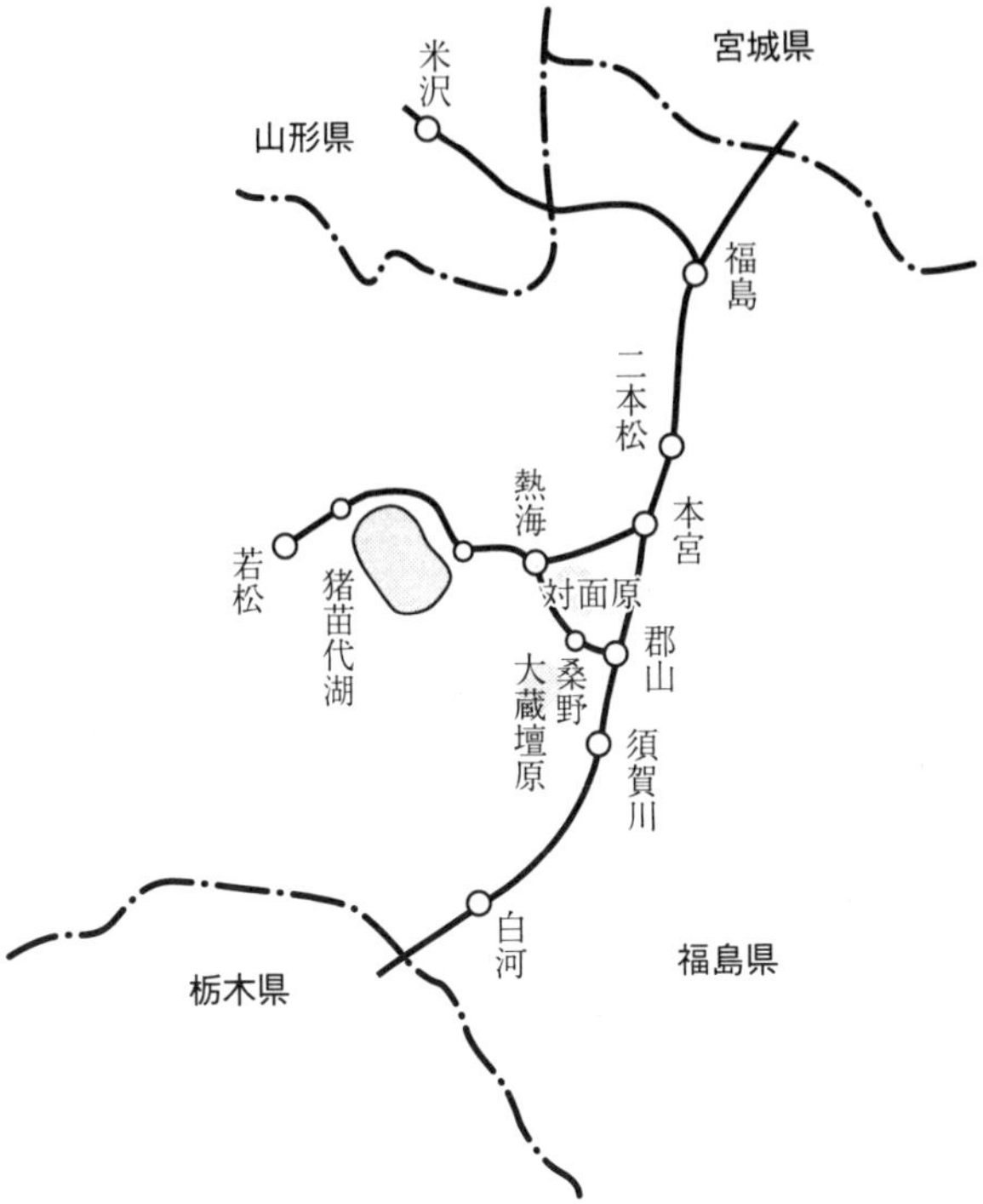

栗子隧道通過後、福島県側の土木課出張所の置かれた中野村の二ッ小屋で休憩した。この米沢から福島に到る新道の開鑿も大久保内務卿時代の殖産興業政策のひとつであった。米沢・福島間を結んだ新道は栗子新道と総称されたが、翌明治一五年二月天皇によって「万世大路」と命名された。

この工事に関係した山形・福島の県官らに対しては両県ともに各百円の下賜金があった。また両県令には錦一巻が下賜された。そして午後七時前に一行は福島の行在所である医学校（往路と同じ）に着いた。ここで県令山吉盛典は新道工事の写真一六枚を天皇に献上した。

栗子新道視察をもって、今回の「山形秋田及北海道御巡幸」の日程は終了となり、一〇月四日以後は還幸路となる。一〇月四日午前七時に行在所を発ち、いよいよ往路を逆にたどって東京へ帰るわけであるが、この帰路にも県内でいくつかの代巡と桑野村開成山への行幸があった。

まず最大の代巡は一〇月四日福島を出発した天皇らと別れて、本宮から会津街道に入り、猪苗代湖疏水を視察して若松地方まで行った左大臣有栖川宮熾仁親王、参議大隈重信ら一行の代巡がある。猪苗代湖疏水は国営安積開墾と並行して進められた、開墾に不可欠の疏水工事であった。この年はちょうど疏水第一着工事が終了し猪苗代湖の水の取水口となる山潟村での通水式があり、七月三一日内務卿松方正義が先発として来県、通水式に参加したところである。この代巡については第四節で詳しく取り上げる。

一方、同じ四日、福島裁判所には北白川宮能久親王、参議大木喬任、侍従太田左門が派遣された。

一〇月五日、天皇一行は郡山に着き、明治九年に行在所とした桑野村開成館（郡役所）に再度の行幸（お昼休憩）を行ない、大蔵壇原に臨んで移住開墾人らを激励した。

桑野村への行幸は、この地の開墾事業に県官として指導的役割を果たした中条政恒が、「聖上ハ御帰途再ビ開成館御昼ノ行在所ニテ大蔵壇原久留米社へ行幸、親シク墾業ヲ見ソナハシタリ。窃カニ伺ヒ奉ルニ這般ノ御巡幸ハ北海道ニテ奥羽各県々ハ已ニ先年御巡幸済ミタルヲ以テ御往復共ニ御途中ノ県々ヨリ諸々天覧ヲ願ヒ出シタルモ一切御採用ナカリシニ、開成山御再臨ノ儀ハ御途中突然真献旨出デサセラル。此ニ限リ特別ニ被為入ハ宜シカルマジト申上タル人モアリシ由ナレドモ、ヨイカラヨイカラトテ終ニ臨御アラセラレタリト」(23)と記している。確かに明治九年行幸済の所は原則通過のみという方針であったから、特別といえば特別である。同様のことは青森県三本木開墾地についてもいえる。これは大久保内務卿時代に着手された東北地方の殖産興業政策のなかでも、特に士族授産の大がかりな実験地でもあり、中条の地元に対するひいき目を考慮してもなお「特別」の地として、その成果（進捗状況）を確認しておく必要があったのであろう。特に天皇が野立をした大蔵壇原では、久留米移住士族の間に分裂の騒ぎがあった時期であり、その解決のためにも天皇の直接の視察と説諭が必要であったのである。その経緯については後で詳述する。桑野行幸のあとこの日は郡山の宗形弥兵衛宅を行在所とした。

一〇月六日は須賀川通過の際、北白川宮能久親王、参議大木喬任、宮内大輔杉孫七郎、侍従東園基愛を六軒原の宮内省開墾地に派遣、農夫らへ奨励金を下賜した。

同日午後三時四〇分白河に着き、同じく北白川宮能久親王、参議大木らを小峰城跡の白河製糸所に派遣し、糸織五反を買上げた。また町の南にある南湖公園（松平定信の造った日本で最初の公園といわれる）に侍従東園基愛を派遣した。この日の行在所は白河町熊谷伝三宅である。

一〇月七日、白河を発って白坂で小休し、県境を越え、夕方には佐久山の行在所に着いている。

福島県内は以上の往路と帰路の二回の通過であったが、今回特筆される場所は、山形行幸との一体のものであるが栗子新道が新しい行幸場所であったこと、二つめは、国営安積開墾との関連で「猪苗代湖疏水及若松地方代巡」が大がかりに行なわれ、一方桑野村開成山（開成館と大蔵壇原）へ再度の行幸があったことがあげられる。

表4-A　下賜金の基準

休泊所　（単位：円）

休泊所	
小休所	10 ～ 15
昼休所	15 ～ 25
1泊	35 ～ 50
午前着昼夜	50 ～ 75
2泊1昼	75 ～ 100
3泊2・3昼	100 ～ 150

官員酒饌料	
勅　任	1.0
奏　任	0.75
院・校長	0.75
判任（郡・区長・同書記）	0.5
教員・医員	0.5 ～ 0.25(見計)
等外・巡査・雇 兵卒・生徒・戸長	0.25

御膳水	
1泊	1.0
昼・小休	0.5

出典：公文録「巡幸雑記10」

4　下賜金

巡幸にあたって功労のあった者、国策への貢献者らへの下賜金は一定の基準に沿って実施された。表4-Aに示した外、学校生徒の優等者、工場の職工への下賜金、行在所その他必要な場

表4－B　下賜金一覧（明治14年）

下賜先	町村名	金額（円）		備考
		往路	復路	
戸上弥作	白坂	20	25	小休
熊谷伝三	白河	40	75	他に白羽二重一疋．小休（昼食）
渡辺庫太	太田川	15	15	小休
佐久間光之助	矢吹	25	15	他に晒一疋．小休
古川良平	久来石	25	15	小休
岩瀬郡役所	須賀川	50	25	他に修繕費200円．泊
河原吉兵衛	笹川	20	15	小休
宗形弥兵衛	郡山	35	50	他に白羽二重一疋．小休（昼食）
伊藤久治	横森	12	12	野立
斉藤大三郎	高倉	15	15	小休
鴫原与惣右衛門	本宮	50	50	他に白羽二重一疋．小休．復路泊
熊耳武左衛門	南杉田	17	15	小休
安達郡役所	二本松	50	25	泊．復路は昼食
添田朔助	松川	25	15	小休
高橋増兵衛	清水町	20	15	小休
福島医学校	福島	75	不明	他に修繕費200円．泊
綱沢久作	瀬ノ上	30		小休
無能寺	桑折	25		小休
樋口宇蔵	藤田	30		小休
土木出張所	二ツ小屋		100	小休．万世大路隧道工事現場
渡辺要七	大滝		35	小休
渡辺勇吉	圓部		35	小休
菅野六郎兵衛	大笹生		20	他に白羽二重一疋．小休
安積郡役所	桑野		50	開成館．小林（昼食）
東本願寺説教所	大蔵壇原		15	久留米開墾地
開墾移住人	桑野		912	1戸当り1円50銭
福島・郡山大火への救恤金		516		

註：供奉官の休泊所や御膳水への手当等は省略した．
出典：福島県教育会『明治天皇御巡幸録』「福島県庁文書」により作成

所の新築修繕に対する銀杯、羽二重、縮緬など、その度合に応じて下賜される。栗子新道工事にあたった県令山吉盛典は山形の三島県令と共に錦一巻を、また猪苗代湖疏水工事担当の奈良原繁も錦一巻を下賜されており、これは国家的事業を遂行した責任者への褒賞である。

また行幸直前の春、郡山・福島に大火があり、この大火災に対する救恤金として計五一六円が下賜された。この内訳は福島四七九円二五銭、郡山三六円七五銭である。額の算定は、消失戸数一戸当り二五銭（福島一七八五戸、郡山八七戸）、小屋掛料支給分一戸当たり一円（福島二六戸、郡山一五戸）、焼死人一人一円（福島七人）で計算してある。(24)

県内行幸中における行在所や小休所等への下賜金を表4-Bに示した。御膳水その他規定の下賜金受納者については県教育会の『明治天皇御巡幸録』（一六四頁）に採録してあるのでここでは省略する。この表にない開墾移住者、疏水工事関係者、代巡等における下賜金等については、それぞれについて記述した項で取上げてゆきたい。

5 行在所

なお天皇の行在所となった場所について触れておく。行幸年表や行幸日程表などで見ると、個人の民家を行在所としたところが多数あるように受け取れる面があるので、明治九年及び明治一四年の福島県における行在所の内容について記しておく。

明治九年の泊行在所は、区会所が三カ所（五泊）、学校一カ所（三泊）、旧本陣一カ所（一泊）で、昼行在所は旧本陣四カ所（うち一カ所は区会所を兼ねる）、区会所一カ所、学校一カ所である。

明治一四年の場合は、往路は泊行在所が、郡役所二カ所、学校一カ所、昼行在所は旧本陣二カ所、学校一カ所、帰路は泊行在所が旧本陣三カ所、学校一カ所、昼行在所は郡役所三カ所である。

この他に途中休憩があるわけであるが、この場合は、学校、寺などの他民間の場合は旧本陣・脇本陣やそれに準ずる旧名主などの家である。つまり行在所、休憩所とも原則的には公的施設とそれに準ずる半官半民的施設（旧本陣など）であり、場合により、たとえば旧本陣が火災にあってしまった場合など、それに準ずる旧家で旅館や通運業、茶屋などを営んでいる家があてられた。たとえば本宮の鴫原与惣右衛宅へは明治九年行幸では昼行在所となったが、ここは旧本陣で、明治九年には区会所も兼ねていた。また笹川では明治九年旧本陣の河原吉兵衛宅が火災のため旅館をしていた平栗藤作宅が休憩所となったが、明治一四年には河原宅が建築なったため、往路の休憩所となった。したがって◯◯宅と一般民家のような記載ではあっても、純粋な民間の家ということはほとんどないといってよい。

多人数（数百人から千人近く）の政府の人員が移動するのであり、ちょうど徳川幕府の参勤交代時の移動をイメージすれば、旧本陣が宿泊に利用されることは理解できることと思う。とはいえ、こうして旧村落支配者の居宅を行在所や休憩所として利用したことは、地域支配者を明治国家の新たな支配秩序の中に再編成していく意味を持ったであろう。

三　地元における警備・奉迎

1　警　備

行幸の道筋、宿駅の景況は「軍事政表」によって報告され、これに基づいて天皇一行の宿泊所、食料の手配、担当官の配置、厩や馬車の用意が指示され、地元の負担は大変なものであった。とくに明治一四年の行幸は、供奉人数を減らしたとはいえ明治九年の時に比べれば大変大がかりなものである。各行幸先への担当県官の派遣と共に、道筋警備もまた多数の警察が組織的に動員され、その規模は当然ながら明治九年時とは比較にならないほどである。

六月二四日、先発官の内務権大書記官より警備関係について「人員配置及ビ心得方等別冊ノ通御心得有之度」[25]との指示があった。

「別冊」は三通あり、ひとつは「御警衛警察官吏人員配置方」、二つめは「御警衛警察官吏并ニ御道筋警察本分署詰警察官吏心得書」、三つめは「御警衛警察官吏配置調書式」である。

一通目の警衛関係の人員配置についてみると、先導警部二名、泊行在所は警部四名以上、巡査三〇名以上、他に予備員。昼行在所は警部三名以上、巡査一五名以上、他に予備員。小休所、野立所は警部二名以上、巡査一〇名以上、他に予備員。道筋警衛は警部巡査適宜、他に予備員と指示されている他立番や昼夜交替の警戒、警備員のうち指揮長を定めることなどが規定されている。

二通目は警察官の心得を示したもので全三八ヵ条に及ぶ。前段（一五ヵ条）は警察官の服装や先導の方法、敬礼、掛官の交替等についての指示、中段（一九ヵ条）は拝観人に対する取締り等について、後段（四ヵ条）は火災その他事件、事故の際の対応を指示している。

内容を少し紹介しておこう。担当警部巡査の服装については、「略服」で雨のときは「合羽」、暑いときは、「帽子日覆」を用いてもよく、足が痛くて靴がはけない者は「草靴」を用い「ズボンノ上へ紺脚半」を着けてもよいとされている。また夜中の警備には「徽章アル提灯」を持つ。

先導の場合、管轄界の交代における下馬あるいは乗馬のままの方法の指示、敬礼の仕方の指示も細かい。たとえば行幸の行列が近づいた際、警備の者は「御旗ノ過タルヲ見テ脱帽シ御輦ノ近ヅクニ及ンデ最敬礼ヲ為スベシ」という具合である。また一般の拝観人に対する取締りは当然ながら、行幸供奉官員についても、「モシ休泊ニ於テ乱酒放歌又ハ猥ナル所為アルヲ認ムルトキハ供奉ノ警保局長ニ密報スベシ」とある。

さて一般拝観人に対してはどのような取締りを行なったか、簡単にみてみよう。「酔狂発狂人等不体裁ノ者アルハ脇道へ退カセ」、「人家二階ヨリ拝見」や雨であっても「傘ヲサシ乍ラ拝礼スル」ことは「不敬」であるから「制止」するが「曠野等ニ筵ヲ敷キ着座」することは「不苦事」とされた。もっとも外国人が通りかかった場合は「道幅狭隘ニシテ儀仗御差支ノ場所ハ回避候様申諭ス」が差支ない場所については「歩行スルモ強テ差止ルニ及バズ」という気遣いをみせている。

また拝観人が「請願等ヲ奉呈セントスル」ときは地方官が受取り、休泊所へ出張中の宮内省庶務課へ差し出すこととされている。そして最後は「出火其他非常ノ事」や「所轄内ノ動静事故」についての警保局長への報告手順などである。

三通目は配置巡査らの氏名一覧を届け出る書式（雛形）である。

以上にみてきた指示に基づいて県独自に「御巡幸御警衛巡査心得」十三ヵ条が作成され、七月三〇日、各警察署に通達された。[26] また還幸時に対応して再び「御還幸御警衛巡査心得」が通達された。還幸時の心得書は、最初の警備巡査の組構成の変更に対応して条文が変更されている外は、ほぼ同文で、最後の二ヵ条が削除されて十一ヵ条になっている。

この「心得」では、県による「御警衛巡査総員ヲ甲乙丙丁ノ四組ニ分チ」、組毎に「上席警部ヲ以テ組長ト」して、門岡千別一等警部を警衛本部長としてその指揮の下に、非常時の通報や犯罪人の捕獲、旅宿の警備などのほか、警衛担当の警察官らの宿泊については「旅篭料銘々相払候而ハ雑沓ニ付食札相渡置候条該宿主へ可相渡候事」とされている。

さて県一等警部門岡千別の総指揮の下での、往路並びに帰路の警備人員の構成は次のとおりである。[27]

●往路の警備（計一〇九名　但し二名不明）

御警衛本部	一等警部	門岡千別
	三等警部	山口源之助
	五等警部	小林三郎
	六等警部	池田彝房
	十等警部	佐原藤太

皇族大臣参議御警衛
有栖川宮　巡査四名（人名略す。以下同じ）
北白川宮　同　二名
大隈参議　同　四名
大木参議　同　四名
甲ノ組　三〇名（警部五、巡査二四、御用掛一）
乙ノ組　三〇名（警部三、巡査二六、御用掛一）
丙ノ組　三〇名（警部三、巡査二四、御用掛一、不明二）

●帰路の警備（計一三一名）
御警衛本部　一等警部　門岡千別
五等警部　小林三郎
六等警部　池田彝房
六等警部　阿部秀正
十等警部　森山君政
有栖川宮御警衛　巡査五名（人名略す。以下同じ）
大隈参議御警衛　同　四名
大木参議御警衛　同　四名
御用途食御警衛　同　三名
一ノ組甲ノ部　一一名（警部一、巡査一〇）
一ノ組乙ノ部　一一名（警部一、巡査一〇）

表5　出張官員の旅篭料

（単位：銭）

		昼	泊
一　等	勅　任	30	50
二　等	奏　任	20	40
三　等	判　任	15	35
	下士官		
四　等	等　外	10	25
	士　卒		
	従　者		
	夫　卒		
乗　馬		実　費	実　費

出典：「今泉文書」により作成.

二ノ組甲ノ部　一一名（警部一、巡査一〇）
二ノ組乙ノ部　一一名（警部一、巡査一〇）
三ノ組甲ノ部　一一名（警部一、巡査一〇）
三ノ組乙ノ部　一一名（警部一、巡査一〇）
四ノ組甲ノ部　一一名（警部一、巡査一〇）
四ノ組乙ノ部　一一名（警部一、巡査一〇）
五ノ組甲ノ部　一一名（警部一、巡査一〇）
五ノ組乙ノ部　一一名（警部一、巡査一〇）

右に掲げたように往路は合計一〇九人の警部巡査が動員され、本部と皇族大臣を除く一般警備は三〇人一組で行なわれた。また帰路は往路より多く一三一人で、一般警備も一から五までの組にそれぞれを甲乙の二部に分けて、各一一名ずつの組織で行なうようになり、よりこまわりのきく機動的な警備体制が敷かれた。

その他、猪苗代湖疏水・若松地方代巡の有栖川宮、大隈参議ら一行の警備体制については、一〇月一日「御代覧事務ニ関係之県官警部巡査及沿道之郡吏戸長人名」(28)が通知された。その文書によれば、警備関係は、三等警部山口源之助を筆頭に警部・巡査・御用掛・雇ら合計四二名が当たり、その他道筋に沿った河沼郡、安達郡、北会津郡、耶麻郡、安積郡の郡書記・雇と各戸長が沿道の奉迎や警備などに動員された。

以上のような警備の警部・巡査その他の官員らの出張先での旅宿利用に際しては、「泊賄券」を発行してこれを持参させ、のちに宿主に対して精算するという方法がとられている。宿泊料金は「旅篭料授受概則」によって規定され、身分毎に**表5**のような差がつけられていた。(29)

2　地域の世話役

沿道警備に当たっては県官のみならず郡役所の書記や各村戸長も動員されたことは先にみたが、沿道の一般奉迎人・拝観人らに対する取締りは戸長に課せられた。その内容は、警察署より戸長役場に通達された「御道筋世話掛取締心得方之事」(30)によって知ることができるので、次にその文書を記しておく。これは警察の警衛心得のうち、奉迎の民衆を対象とする部分を、直に村民と接する地元支配層の戸長らに任務分担させたものである。これによってよりスムーズに沿道民衆の規制が行なわれたことと思われる。

御道筋世話掛取締心得方之事

御道筋世話掛之儀ハ兼テ郡長ヨリ口達候次第モ有之候処、其当日ハ御警衛警察官ヨリ指揮致候儀モ可有之候得共、猶左之通リ心得及念達ニ及置候条、専ラ拝観人ノ雑沓ヲ制シ不都合無之様取締ヲナシ、尤モ拝観人ハ可成穏カニ取扱、粗暴之処置無之様精々注意可致事

一、各所世話掛ハ各受持場ヲ定メ柵欄之外ニ在ヲ御先ノ見ユルニ従ヒ拝見人ノ動揺セザル様注意可致事

一、御通輦之節ハ御旗ノ過ルヲ見テ最敬礼ヲ行フベキ筈ノ処、儀仗ノミヲ眺メ敬礼ヲ行ハザルモノ往々有之候ニ付、礼式ノ仕様等予ジメ篤ト告諭致シ可置候事

一、御行列済マザル内拝観人ハ決シテ其場ヲ動揺セザル様前簾告示シ、又儀仗ノ前後ヲ遮断セザル様注意可致候事

但御前ハ御先駆警部（騎馬両列）ヨリ御跡ハ最後ノ近衛騎兵迄デト相心得可然事

一、冠ムリモノ（同類冠扇子団扇等）ハ御先駆警部通行時ヨリ総テ取ラシムベキ事

一、小高キ場所又ハ二階等ヨリ拝観不相成ニ付御通輦ニ差望マザル内注意制止スベシ。又甲ノ場所ニテ拝見シ乙

ノ場所ニ駆ケ抜ケ拝見スルハ尤モ不敬ニ渉ルヲ以テ精々注意差留ムベシ
一、広野等ニ筵ヲ敷キ座拝スルハ不苦、簾内ヨリ拝見スルハ不相成候事
　但席上ニ於テ座拝スルハ不苦事
一、酔狂人又ハ発狂人等見当リ候節ハ穏カニ取扱脇道ニ退カシメ、又警察官ニ引渡スベキ事
　但沿道最寄ニ発狂人等ノアル所ハ家人ニ於テ一層看護ヲ厳ニシ、其当日外出セシメザル様前以テ諭達取計可置候事
一、行在所及御小休御発着之節ハ別シテ混雑スルヲ以動揺セザル様厚ク注意可致事

3　民衆の奉迎

往路八月五日、福島県令山吉盛典は宇都宮の行在所へ天機伺として参上、翌日は先に帰県して、七日白坂村で県官数十名とともに天皇一行の入県を迎え、これより同行した。福島へは八月九日午前一一時過ぎ到着した。福島は四月の大火で町が焼き払われ、いまだ復興していない状態であった。この日「駅頭に奉迎せしもののうち最も美観なりしは小学女生徒が思ひ思ひに美服を着飾り十分の粧ひを凝して数百人路傍に整列せしにてありし」[31]様子が新聞に報じられているが、こうした学校生徒を動員しての奉迎は各地でみられるものである。いわば奉迎の定番として形式化しており、戦後も同様の状況がみられる。

一方天皇の行幸は逸してしまったものの、有栖川宮熾仁と大隈参議を迎えた若松地方では、拝観人が「市街ニ充満シ」て夜一二時頃になっても大変な賑わいであった[32]。しかしまた若松では、旧若松県が福島県に併合（明治九年）されたことへの不満が多く、代巡を機に若松県復活の建白書が提出されるなど[33]、歓迎とともに、地元民の不満も公にされる結果となった。

第三節　国営安積開墾と行幸

一　先発松方内務卿の視察

国営安積開墾が大久保利通の殖産興業政策に基づいて始められた国家のモデル事業であり、しかも各地の失業士族を入植させるという士族授産政策の実験的意味も有していたため、その経過を点検し、その成果を獲得することが、大久保後の政権にとっても重要な課題であった。

各開墾地には毎年政府の主要閣僚、官僚による視察があり、明治一四年行幸時にも再び視察が行なわれることはほとんど間違いないことであった。その際、視察は開墾各地と、その開墾成功のため実施された大がかりな疏水工事という二つの事業に対して行なわれることになる。

まず安積開墾の中心地である桑野村開成山と隣接する大蔵壇原久留米開墾社への行幸は、行幸立案当初から予定に入っており、郡役所となっていた開成館を行在所とする日程がくまれていた。また猪苗代湖疏水工事については、取入口である山潟村での通水式に内務卿松方正義が参列することになっていた。しかし具体的な実施まではいくつかの段階を経て計画の変更や修正が行なわれてゆく。地元の請願や政府の御巡幸御用掛との交渉などを通し、日程や道筋が修正されてゆくことは決して珍しいことではない。国営安積開墾地への行幸に則しては、第一に桑野村開成館への宿泊行在所の予定が、お昼休憩行在所と変更され、第二に、猪苗代湖疏水工事視察が若松地方も含めて、左大臣有栖川宮熾仁親王を名代として行なわれる代巡となった。そしてこの両方とも、先発官として松方内務卿が視察を済ましている。松方の足跡は、松方自身の記録がないので細かいところまで明らかにするのはむずかしいが、そのおおよその行動を追ってみよう。

猪苗代湖疏水工事は明治一二（一八七九）年に起工式が行なわれ、明治一四年七月二七日第一着工事が終了して、疏水の取入口である山潟村で通水式が行なわれることとなった（安積郡まで開通して桑野村で通水式が行なわれたのは明治一五年一〇月一日）。式の予算は七六九円一〇銭。内務卿松方正義は、この通水式に参列することが、先発官としての最初の任務であった。松方は当初出発は七月二〇日として、東北各県令宛に通知したが(34)、都合で二三日に延期された。松方の随行者については、七月二〇日付電報で福島県に連絡があった。「内務卿一行ハ成川少書記官、並木五等属外ニ従者及ビ車夫トモ十一人合セテ十四人ナリ」(35)というから結構な人数である。先発隊といっても行幸中の宿泊、日程修正、人夫の調達など事務的なことは内務権大書記官西村捨三が主に担当しており、松方の場合は、明治九年における大久保利通の如く、国政の担当者としての立場からの視察を行なっている。

松方一行の予定はその都度電報で連絡されており、その電報内容を追ってゆくと、道筋は大雑把に決まっているだけで、連絡をとりあいながら順次宿泊所の手配をするような次第であった。

七月二五日には随行の成川少書記官からの電報で二七日に白河に泊まり、そこから若松に直行する見込みであると連絡があったが、その後七月二七日白河に到着後、白河に出張していた福島県大書記官中条政恒からの電報によると桑野・熱海を経て若松に入ると通知されている(36)。実際松方は、二五日宇都宮に泊まり、二七日白河泊まりののち、翌日桑野に来て、二九日は中条政恒と立岩一郎（県開拓課）の案内で広谷原と対面原の開墾地を視察した。中条の「安積事業誌」によれば「松方内務卿ハ北巡御先発トシテ途中開成山ニ来ラレタリ。七月廿九日中条君立岩氏ト共ニ之ヲ導キ、広谷対面等ヲ巡視セラル。松方卿事業進歩ノ景況ヲ喜ビ立岩氏ニ向後ノ奮励ヲ希望セラル」(37)とある。

七月二九日熱海に一泊して翌日会津東山温泉に投宿し、翌三一日の通水式に備えた。

一方郡山の開成社（大槻原開墾を推進した郡山の豪商による開墾結社）に対して、安積郡役所より「猪苗代湖疏水工事第一着耶麻郡山潟湾ヨリ当郡長橋村マデ成功シ、三十一日ヲ以テ通水式ヲ執行セラル、ニヨリ戸長掛及ビ開墾社々員出会スベク通知スルコトヲ疏水掛ヨリ依頼ノ趣」(38)が伝えられ、開成社々長阿部茂兵衛は同社員津野喜七と共に三〇日通水式場に向って出発する。そのときの様子を「開成社記録」は次のように記している(39)。

三十日　茂兵衛津野喜七ト通水式場ニ向フ道途、疏水工事ヲ睹ル、先ヅ長橋村一ノ関ノ隧道ヲ過ギ、荻袋疏水橋ヨリ熱海玉川堰沼上ノ瀑布山潟ノ突堤ヲ一見シ三条潟ニ至リ一泊シ、翌日翁沢ニ達シ十六橋ヲ渡リ途ニ奈良原疏水掛長ニ逢ヒ、之レニ随テ通運会社ニ至ル。是時松方内務卿東山ニ游ビ未ダ帰ラズ。茂兵衛等諸官ニ面シ終リ車ヲ回ラシ山潟ニ帰リ休息ス。既ニシテ内務卿式場ニ臨ムト告グ。乃チ去リテ沼上嶺下ノ式場ニ入ルニ、諸職工旗ヲ飜シ目標トシ、場ノ前後日章ノ旗ヲ掲ゲ提灯ヲ飾リ、仮屋内三百人ノ坐ヲ設ク。之レニ与カル者、農商務卿代理、京都府知事、山口県令以下本県官吏村吏開墾社員ナリ。坐定マル。内務卿祝文ヲ朗誦アリ。続テ奈良原権大書記官、中条大書記官、農商務卿代理ノ祝詞アリ。式畢リテ酒ヲ賜フ。場外ニ壇ヲ設ケ餅ヲ敬ス。老幼群衆実ニ熱閙ヲ極ハメタリ

右の開成社の記録によれば、阿部茂兵衛らは三条潟に一泊して翌三一日十六橋近くにある疏水工場で疏水掛長の奈良原繁と一緒になり、彼に随行して通水式会場に向かった。「是時松方内務卿東山ニ游ビ未ダ帰ラズ」とあるので、松方は前日東山温泉に泊まったが、阿部が奈良原に随って会場に着いたとき、松方の姿はまだ見えなかった、ということであろう。そこでいったん「車ヲ回ラシ山潟ニ帰リ休息」し、内務卿到着の報告があって会場に入った。

こうして七月三一日松方内務卿を迎えて通水式が行なわれたのである。『安積疏水志』の当日の記述(40)によれば、「同月（七月）三十一日第一着工事已ニ成ル。因テ耶麻郡山潟村ニ於テ通水式ヲ行フ。時ニ山形秋田ノ二県及ビ北海道ニ巡幸アラントス。是ノ日松方内務卿聖駕先発ノ途次臨場、農商務卿代理宮島権大書記官及福島県令代理中条大書

記官等来会ス。松方内務卿立テ左ノ祝詞ヲ述ラル」とあり、松方が疏水工事に致る経過と、第一着工事成功の祝詞を述べた。

松方に続いて、疏水工事を担ってきた奈良原繁（農商務権大書記官）、南一郎平（農商務三等属）による答辞が述べられた。通水式終了後、松方は三一日山潟村に泊まり、八月一日二本松に一泊して福島に入った。八月二日には福島に宿をとっており、宿から山形県へ栗子隧道の点検に中村書記官を派遣するとの電報を打っている[41]。その後松方自身、天皇行幸予定の中野新道二ッ小屋（工事事務所のあった場所）へ行き、新道開鑿状況を検分したものと思われるが、この間の松方の足跡は不明朗で確認できない[42]。八月一二日には仙台に到着、その日すでに仙台に入っていた天皇一行に合流して、まず左大臣有栖川宮に面謁し、翌一三日朝行在所へ参上した。おそらくここで、福島県内の猪苗代湖疏水、安積開墾地、中野新道等の視察の結果を復命したものと思われる。

二　桑野村行在所の変更と開墾地視察

1　桑野村行在所変更の経緯

明治一四年六月一一日「山形秋田及北海道御巡幸」の公布と同時に、福島県にもすぐさま電報での内達があり、県では翌日より道路点検のため各地へ県官を派遣することになった。福島県は往還二度通過するが、その帰路には郡山に駐まる予定であったらしく、六月一三日、開成社は県一等属立岩一郎より「聖上秋田山形両県ヨリ還幸ノ際郡山へ駐駅地叡覧アルベシ」[43]と告げられている。郡山・桑野周辺への行幸では開成社が奉迎準備の大半を担っていたことから、明治九年行幸時と同様今回も奉迎準備のための県からの内示と考えていいだろう。

政府要人による桑野村とその周辺の安積開墾地や疏水工事への視察は毎年のように行なわれているが、行幸前年の明治一三年中の主な視察をみると、三月に佐々木高行（桑野村）、四月に内務大書記官（桑野村から山潟村）、五月に侍従高辻修長（桑野、郡山）、一〇月に内務少輔品川弥二郎（疏水視察）、一一月に宮内大輔杉孫七郎（桑野村）が来ている。一一月の杉の視察は「此度大輔ノ巡覧ハ専ラ皇族大臣ノ開墾所ヲ踏査セラル、ガ為ナリト」[44]とある。翌明治一四年行幸時の視察を予定しての言辞であろうか。

さて、いよいよ明治一四年行幸の公布により、最初に行幸沿道先発調査にあたった杉孫七郎は、六月一四日出京、一七日には福島県に入った。杉は翌一八日には山形県へ向かった。杉による調査のあとは、引き続き西村内務権大書記官によって、具体的な実務の打合せが行なわれた。六月二四日、西村は県に対して警衛に関する人員、配置、心得などについて、「御警衛警察官吏人員配置方」「御警衛警察官吏并ニ御道筋警察本分署詰警察官吏心得書」「御警衛警察官吏人員配置調書式」の三通の指示を行なった。

また六月二六日には行幸経路についても政府からの連絡（電報）が入り、先発の西村権大書記官との間で日程や休泊所について協議が行なわれた。八月七日から一〇日までの往路については問題はなかったが、帰路における桑野村開墾地と猪苗代湖疏水及び若松地方への行幸については、地元の要望との調整に時間がかかり決定が遅れた。

まず桑野村開墾地への行幸の件からみてみよう。政府は当初帰路の一〇月六日桑野村にある安積郡役所（開成館）への泊まりを予定していた。ここは明治九年行幸の際に行在所となったところである。この時は桑野村への泊まり行在の予定はなかったものを、地元の強い要望と大久保内務卿の意を受けた先発官北代正臣の決断で行在所に決定したという事情があった（第一章参照）。今回は状況が逆転した。福島県令山吉盛典は九月七日、先発官西村内務権大書記官に「御還幸之節桑野村御泊輦御操替之義ニ付伺」を提出、行在所を桑野から郡山へ変更することを要請した。この「伺書」には西村の「陳述書」が添えられて、御巡幸御用掛に提出された。福島県側は、政府の宿泊日程通達の直後の調査時より、桑野村への泊まりは困難とみていた。県御巡幸掛（小池友謙、増子永人ら）の桑野村調査の報告は六月二八日付で上局（県令、大書記官）あてに提出されている。しかし県が御巡幸御用掛の先発官西村捨三に変更願の「伺書」を正式に提出したのは九月七日である。

県御巡幸掛の調査報告では、現在の郡役所は県開拓課詰所となって混雑しており、近くに旅館も少なく「供奉并ニ人夫等千人以上之人数ヲ泊セントセバ」郡役所内の官員らを「一時ナリトモ移転セザレバ行ハザル義ニ付」「郡山駅ニ御更定相成候様願度、右可然御先計ヒ等ノ者へ談判」されるよう協議してもらいたいというものであった。(45)

西村の「陳述書」は、この小池ら県御巡幸掛の報告内容を説明して山吉県令の「伺書」の検討を促した。九月七日の山吉の「伺書」及び西村の「陳述書」提出まで、両者の間でどのような協議があったかはわからない。しかし宮内省先発官による帰路の「休泊所調」が九月七日に作成・提出されているので、この「休泊所調」の提出に合わせて同じ日に「伺書」を出すことになったのであろう。

宮内省先発官による帰路の「休泊所調」（休泊予定家屋に対する現況調査と修繕の指示）(46)は、米沢から福島へ入り奥州街道を南下する途中の休泊予定の行在所について修繕等の指示が順々になされて白河の行在所で終わっている。その間にある郡山については、①「郡山駅御宿泊調　農学校」、②「桑野村御小休之調　開成館」、③「桑野村御泊之調　開成館」と、二ヵ所三通りのそれぞれの場合の家屋修繕（御座之間、御湯殿、褄など）(47)の指示が行なわれている。これは政府当初予定の開成館泊行在所と、福島県の要望による郡山農学校泊行在所・お昼開成館という二案を「休泊所調」に併記して、いずれに決定した場合にも対応できるようにしたものである。この「休泊所調」の最終部分には「郡山駅桑野村両処ノ内孰へ御泊相成候歟、御確定之上取捨可然……」とある。つまり、宮内省先発官も福島県の事情を聴取して、両案併記をとり、この「休泊所調」と県令の行在所変更についての「伺書」及西村先発官の「陳述書」の三通が同じ九月七日に出されたのである。

まず福島県令山吉による桑野村開成館の泊行在所を変更する「伺書」を左に掲げる。(48)

御還幸之節桑野村御泊輦御操替之義ニ付伺

御還幸ニ付本県下　御泊輦御日割之内予テ安積郡桑野村ニ御治定相成候ニ付精々取調候処、今般供奉官全員ニ可充家屋充分不至到底御人数ヲ分割致シ隣駅郡山ニ割合候外無之都合ニ候得共、左候テハ諸事上下之不便ヲ来シ却テ恐入候次第ニ付、依テ夫々相評郡山駅江御泊輦相成候得バ、一駅ニ於テ百事便宜ヲ得且　行在所之義ハ同駅学校ニ相定候得バ至テ高燥之土地ニ有之眺望モ桑野村先年　御泊輦之場所ニ可比結構ニ付、同村　御泊輦ヲ郡山駅ニ御操替相成候様仕度、尚口頭ヲ以陳述致置候義等宜ク御承知御取計相成度此段相伺候也

明治十四年九月七日　　福島県令　山吉盛典　印

御巡幸御用掛

御先発官

内務権大書記官　西村捨三殿

右の山吉の伺書に対し西村は、「御帰路福島県下　行在所并供奉宿泊の儀ニ付左ニ致陳述候」として次のように述べている。

（前略）

桑野村　行在所之義ニ付山吉県令ヨリ別紙之通照会有之候ニ付、夫々為取調候処、該村ノ儀ハ民屋稀少全ク旅宿ニ充ツベキ家屋ハ五六軒ニ過ギズ、其他ハ狭隘ナル土民ノ家屋ノミ、（中略）桑野村ヘ十分宿泊ヲ設クルニハ郡吏ヲ始メ近傍居住ノ土民中或ハ一時不為立退テハ難相成向モ可有之、且該村ニハ素ヨリ夜具食器不足ニ付右借用運搬等相掛リ候処、該費支弁ノ道無之諸般ノ都合不宜相見候

このように桑野村に行在所を設けるには郡吏や近隣の住民を一時よそに移さなければならぬうえ、夜具食器等を用意するための費用を支弁する道もないという現況を説明、そうした不便をあえて行なうよりは、「郡山駅（学校ヲ以

行在所トナス見込）江御昼泊、夫ヨリ桑野村御通覧被為在候様仕度」ことを進言した。そしてすでに桑野村泊に決定していることでもあることから、「御確定ノ今日ニ至リ御変更相成候ハ不容易御儀ニ候得共、実際御弁利ト相成候儀ニ付、前後ノ事情御酌量可然御僉議相成度」と、決定変更の再協議を強く願っている。

右にみてきた、山吉の「伺書」と西村の「陳述書」は、そのころ秋田県を視察中の行幸本隊に届けられ、再協議された。県から秋田県に派遣されていた一等警部門岡千別からは、九月一四日、次のような電報が届いた(49)（電文カタカナ）。

桑野御泊ヲ郡山ニ替ルコトハ今晩確答アル筈　サダメテ先発官見込通リナラン　御代覧人名其ノ他諸事定マラズ
委細久保田ヨリ

この夜、門岡千別の連絡通り、秋田県下の行在所（一四日の行在所は一日市村・現八郎潟）では御巡幸御用掛と大臣・参議らの間で協議が行なわれ、「桑野村ノ儀ハ素ヨリ新開ノ小村、且新墾之家屋モ年数相立破壊不少」という状況であり、「御休泊割」を改正すること。また桑野村でのお昼も人家が少くて供奉官を収容できないので、「桑野村ニテ弁当被下候者当日供奉ノ輩ニ限リ」その他は「直ニ郡山ニ投宿候」ようにとの説明があり、その場で変更が決定した。そしてこの変更は左大臣有栖川宮と大隈・大木両参議の三人の署名で、在京の三条実美太政大臣に報告され、各省・各県へも通達された(50)。

右の決定は出張中の門岡千別から直ちに福島県へ電報で知らされた。九月一五日午後五時発の秋田県久保田（現秋田市）からの門岡の電報は次のようなものであった(51)。

桑野御昼、郡山御泊宗形弥兵衛、須賀川御昼、白河御泊熊谷伝三、行在所ノ達アリ。御代覧ハ、有栖川宮大隈参

議、五日福島立、本宮御昼、熱海御泊、関都御昼、若松御泊、七日若松御立、郡山泊ト、昨夜大隈参議、旅館ニテ内決ス。諸事宮城ノ振ニテ宜シ、騎兵ハ行カザルナラン、御代覧ノ事、未定多シ、是ヨリ帰県シテ宜カ、返事待ツ

こうして県の要請した桑野村開成館への泊行在所変更の件は、目論見通り桑野から郡山に変更され、桑野村開成館はお昼休憩となり、泊まりは郡山となった。しかし県の望んだ農学校ではなく、往路に小休所（お昼）となった宗形弥兵衛宅（旅館・川崎屋）とすることとなった。そして農学校は、騎兵隊が使用することになったのである。この事情については説明がないのであるが、農学校を行在所用に修繕するよりも、すでに往路に使用した宗形弥兵衛宅を再び使うという、単純な合理的考えからかと思われるが、詳細は不明である。

なお、猪苗代湖疏水・若松地方代巡についてもこの日同時に協議され、日程なども決定されているが、これについては別項で触れる。

2　桑野村開墾地行幸

桑野村への行幸は前述のような経緯をとって、帰路における開成館（安積郡役所）でのお昼休憩と決定した。

このころ桑野村に隣接する大蔵壇原久留米開墾社では内紛が生じていた。久留米開墾社は、久留米士族による入植開墾結社であり、安積開墾全体の中でも規模が大きく、また早い時期（明治一一年から）に大蔵壇原と対面原に入植しており、他の士族入植開墾に比しても重要な位置にあった。内紛は明治一三（一八八〇）年暮れ、社員井上敬之助の不正な借金に対する処分問題をめぐり、社内が二派に分かれて対立、社の運営に不満を持つ人々がこれをきっかけに分離を主張し抗争を始めたものである。県もその調停に手を焼き、ついに二派に分離、大蔵壇原の本社（代表森尾茂助）と対抗して対面原に分社（代表太田茂）を設置して、互いに暴力的対立に至るほどの深刻な状況となっていた。(52)

久留米開墾社の主要メンバーである森尾・太田らは明治四年の尊攘過激派による反乱計画「久留米藩難事件」に連座した者である。西南戦争の時、政府軍に協力することを条件に釈放されて安積開墾地へ入植した。旧久留米藩士入植にあたってはこうした複雑な政治的背景が存在していた[53]。したがって新政府の威信をかけてこの分離問題を解決しなければならない事情があった。行幸日程に当初から桑野村開墾地が入っているのも、この問題の解決に政府の介入、それも最高権威者である天皇の介入を必要としていたからであろう。

こうした険悪な状況下で天皇行幸が実施されることとなり、七月二一日、久留米開墾社の森尾茂助は開墾地への行幸請願書「開墾地叡覧願」を山吉県令に提出した[54]。請願書は「抑某等夙ニ　聖旨奉戴シ千里ノ遠キヲ致シ本県開拓ノ成規ヲ守リ聊カ爰ニ計画スル所アリ矣然レ共開拓ハ実ニ危難ニシテ某等ガ身ヲ泥塗ニ委スルモ亦易キニアラザル」というような開墾の苦労も天皇の行幸を迎えることができれば、「身ヲ泥塗ニ委スルノ微志モ愈奮起シ危難ノ事モ却テ確実大成ヲ奏セントス」として「特別ノ御詮議」をもって行幸実現を「懇願」している。

同じころ先発官松方内務卿は七月二三日に東京を出発して二七日に白河に到着し、県大書記官の中条政恒が出迎えた。松方は中条と開拓課の立岩一郎の案内で、二九日に対面原と広谷原（高知開墾社）の開墾地を視察し、これより若松に向かった。そして三一日に猪苗代湖疏水の山潟取入口の通水式に参列した。

一方行幸本隊は八月八日須賀川行在所を出発して笹川村を通り郡山に到着、宗形弥兵衛宅で小休、お昼を摂った。この際、侍従荻昌吉を桑野村と大蔵壇原に派遣して視察させ、久留米開墾社製の紺絣三反を買上げ、一〇円の下賜金を与えた。帰路は、一〇月五日再び郡山の宗形弥兵衛宅へ着くとひと休みののち桑野村へ向かった。お昼行在所となった開成館で昼食を摂り、各開墾社社長一一名を召いて謁見した。

「開成社記録」はこの日のことを次のように記している[55]。

（一〇月）五日　天皇陛下蹕ヲ駅内ニ駐メ、午下桑野ニ幸シ諸開墾社ヲ召サル。（阿部）茂兵衛、（鴫原）弥作、（橋本）清左衛門、（津野）喜七身ニ礼服ヲ着ケ開成館ニ至ル。大木参議言ヲ伝ヘテ曰ク、起業以来引続事務担当追々開墾ノ実功ヲ奏シ神妙ノ至リナリ。尚ホ倍々勉励スベシト口諭セラル。各開墾社員代々褒詞ヲ蒙リ、畢リテ龍駕直チニ大蔵壇原久留米開墾社ニ臨マセラレ、少焉アリテ郡山ニ還幸ス

開成館よりすこし南へ行くと、大蔵壇原に本願寺久留米説教所（明治一三年設置）がある。天皇はここに臨み野立小休所とした。ここでは久留米開墾社の生産した野菜などが天覧に供され、同開墾社員たちに一五円が下賜された。このとき「久留米開墾社は本社と分離開墾社が双方より別々に出品して天覧に供したので、天皇は不審に思われて事情を御下問になり、内訌の結果であることを申し上げたところ『分離を回復し和親一和するよう』との勅諭を賜った。」という。(56) 天皇の「諭達」は参議大木喬任より口達されたものである。この大木参議の口達については、開成館での桑野村開墾を進めた開成社の代表四名に対するものと、大蔵壇原久留米開墾社他遠方より入植した各士族入植者に対するものと二つあったわけである。この口達案が「公文録」中にあるので次にそれを紹介しておこう。(57)

桑野村開墾社総代四名へ御口達（案）

起業以来引続事務担当追々開墾ノ実功ヲ奏シ候段神妙ノ事ニ候尚勉励致スベシ

同村移住者へ御口達（案）

郷土ヲ離レ此地ニ移住シ開墾ニ従事候段神妙ノ事ニ候尚勉励致スベシ

十月五日大木参議ヨリ口達

最初の「桑野村開墾社総代四名へ」の口達が開成社の代表四名に対するものであることは「開成社記録」と一致す

るので間違いない。二番目の「同村移住者へ」なされた口達は内容からして久留米開墾社を対象としてだけでなく全ての入植士族への口達とも受け取れる。これに対し久留米開墾社分離派は一一月になって「受書」を県令に提出し、「本年十月龍駕東巡ノ際恐多クモ叡慮ヲ垂レサセラレ、其次第大木参議ヨリ伝ヘラレタリ。今閣下懇々御説諭ノ旨社中一同ヘ相示シ候処孰レモ感載恐懼依テ協同其素志ヲ達シ愈々墾業ノ実効ヲ奏セント決心仕候」と、天皇の諭達を受けて開墾事業に励む決意を示した。一方本社側も一二月に「申出書」を県令に提出し、分離派の復旧に五ヵ条の条件をつけ、県の仲介と説諭があって翌年一月には、分離派が「今般聖慮ニ基キ復旧更ニ方法相立開墾ノ実効可相立決心」をしたという「社中盟約書」を提出し、何とか久留米開墾社の分裂を回復、統一への道が開けたのである。(58)

さて、一開墾社の内紛による分裂騒動に直接天皇が出張して説諭（口達ではあるが）する、といった事態に、この時期国営安積開墾事業が危機に直面していたことが指摘できる。

このように天皇の勅諭をもって久留米開墾社分裂の危機を乗り切ろうとしたのは、何よりもこの安積開墾事業が新政府の殖産興業政策実施上のモデル事業であったことである。大久保の敷いた士族授産による殖産興業という路線のなかで、全国の失業士族に職を与え、加えて東北開発の構想の中にこれを位置づけ、一石二鳥の成果を期待して始めた国策である。途中で挫折し、はたまた不平士族の紛議が生ずれば、新政府の面目はつぶれ、これまでの維新の成果は水泡に帰す。その上、このころ活発となってきた自由民権派の運動と入植士族たちの不平が反政府的運動へと傾斜して合流するようなことがあれば、再び新政府の危機を迎えることになる。すでに北海道開拓使官有物払下げ問題をめぐって、政府批判の世論が高まってきているときでもあった。国営安積開墾には高知、鳥取など自由民権派の一部が政府の勧誘で入植した原野もあり、開墾地内の運営には非常に神経を使い、しばしば政府高官の巡視が行なわれている。開墾地内での紛議はいつ政府の基盤を揺がす事件に発展するかも知れない。したがって天皇の権威をもって人民を慰撫し、事業を貫徹させることが政府にとって重要な政治的危機打開の方策でもあった。また逆にそのような方法で危機を打開することは、天皇の権威の創出と定着に効果があったであろう。国営安積開墾の成否は、政府の政策と指導力を問われる問題でもあったのである。

桑野村及び大蔵壇原開墾地への行幸では、天皇の「賞詞」「勅諭」の口達があったほか、開墾移住人に対して農具料の下賜があった。

3　移住人への農具料下賜

大蔵壇原本願寺久留米説教所での野立休憩の際、安積開墾のために入植移住してきた人々へ農具料として、一戸当たり一円五〇銭、合計九一二円が下賜された。

この下賜金は、八月九日往路の福島行在所において、県令山吉盛典より出された請願「福島県下安積郡安達郡之内開拓各社及ビ移住人等之儀ニ付願」(59)に対するものであった。山吉は各開墾社の現状を簡単に説明した報告書とともに、これら開墾社の苦労と努力に対し賞詞と奨励金を求めた。こうした県令の気配りもまた、安積開墾事業の困難を打開するためにとられたひとつの方策であったろう。開墾地内の事情、とくに久留米開墾社分離問題は、松方内務卿、奈良原農商務権大書記官（安積疏水掛）と県との意志疎通を欠き、県の分離反対の方針は、途中からの奈良原の分離容認への転換によって分離が決行され、県としてはその指導力に大きな危機感を抱いていた(60)。こうした現状を打開し、開墾事業を統一的に進展させるためには、天皇の直接の賞詞、勅諭のみならず、開墾の苦労に報いる天皇の思召しとしての奨励金も必要であったのであろう。

山吉県令から提出された請願を次に紹介しておく。

福島県下安積郡安達郡之内開拓各社及ビ移住人等之儀ニ付願

（各開墾社代表及び開墾の由来説明文は略す）

前記各社移住人之内久留米、鳥取、高知、岡山等之如キハ遠ク故山ヲ離レ挙家陸奥之原野ニ来テ開墾就産之方法ヲ講究シ、悠久之労苦ニ従事スルノ精神ニ於テ間然無之、随テ本県下四藩々士族等亦一層之奮励ヲ致シ、近来開墾移住ヲ希図スル者陸続不絶ニ至レリ。抑士族授産之義ハ政府厚ク御旨意モ被為在候折柄、各地之士族等盛旨ヲ体シ就産之事ヲ図リ且方今之急務タル殖産之道ニモ相叶ヒ候得バ、今般
御巡幸ニ際リ幸ニ本県下安積郡
通御被為在候ニ付テハ開墾所之実況
叡覧且移住人ノ内前記重立候者被為召、士之就産且国之殖産タルノ事ヲ御奨励被成下多少之御賞与金等下賜候様仕度、左候ハヾ実ニ各社之面目亦事業ニ於テモ一層之精神ヲ副ヘ勉励ニ可相至ト奉存候、此段及上申候。以上
明治十四年八月九日　　　　　　　　　　　　福島県令　山吉盛典
太政官御巡幸御用掛　御中

山吉の請願に対しては九月三〇日、御巡幸御用掛より「福島県下桑野村開成社始旧藩士族移住開墾場へ臨御」されたときに「合計六百〇八戸ノ者共後来ノ将励ハ勿論当地ノ勧奨ニ互リ候義モ不少義」ということで「金九百拾弐円但壱戸ニ付金壱円五拾銭」(61)を下賜することが提案され、大臣、参議らの承認を受けた。そして、一〇月五日帰路における桑野村（開成館）と大蔵壇原への行幸に際して農具料九一二円が下賜されたのである。このとき山吉県令は猪苗代湖疏水、若松地方代巡の有栖川宮一行の案内役として本宮から熱海へ向かっていたため、桑野にはいなかった。農具料下賜の件は、郡山、桑野行在所担当県官であった開拓課の一等属立岩一郎が受け取り、一〇月七日に県令へ「開墾有志之面々」に対し九一二円が下賜され「天恩ヲ感戴」(62)した旨の報告があった。この下賜金は同月一〇日立岩によって各開墾社代表に手渡された（表6参照）。

下賜金の配分に関して、県庁文書にある各移住人の受取書と金額に若干差が見られる。表6の「8」の「棚倉開墾社」が三六円から三五円に、「10」の「岡山県移住」が一五円から一二円に減っている。また下賜金配分書「農具料

表6　移住人農具料下賜金分配内訳

（単位：円）

移住人（開墾社総代へ）	金額Ⓐ	金額Ⓑ
1.　開成社　25戸	37.50	同　額
2.　久留米開墾社　79戸	118.50	〃
3.　久留米開墾社分離　56戸	84	〃
4.　鳥取開墾社　80戸	120	〃
5.　高知開墾社　80戸	120	〃
6.　高知協力組　40戸	60	〃
7.　二本松開墾社　50戸	75	〃
8.　棚倉開墾社　24戸	36	35
9.　安積郡桑野村移住人　149戸	223.50	同　額
10.　岡山県移住　10戸	15	12
11.　安達郡二本松士族安積郡開墾所移住11戸	16.50	同　額
12.　白川郡棚倉士族安積郡開墾所移住4戸	6	〃
13.　安積郡安子島分春日戸佐介		1.50
14.　元鹿児島県士族　臼井矢七郎		1.50

註：1～12までの移住人と金額Ⓐは，公文録「巡幸雑記11」にある「農具料被下目的」から採った．これに対し13,14を加えた移住人と金額Ⓑは福島県庁文書中にあるそれぞれ移住人の「受書」による．14以外は全て10月10日に配分された．

被下目的」にない「13」、「14」の春日戸佐介（若松士族）と臼井矢七郎（鹿児島士族）にも配分されている。実質戸数に合わせて県開拓課が配分したものと思われるが、合計金額が県庁文書の受取書では一円不足となる。受取書に漏れがあったのかも知れない。

以上みてきたように、一〇月五日の桑野村への行幸は、久留米開墾社分離問題の解決と各開墾移住人への開墾督励（天皇からの賞詞と下賜金）という二つのことが行なわれており、ここに行幸目的が、国営安積開墾の成功という一点にあることが理解される。それは一方で同じ時期に有栖川宮熾仁による猪苗代湖疏水路の巡視を、代巡という形で実施したことにも表れている。つまりこの行幸において、一〇月五日から天皇一行と有栖川宮一行の二手に分かれて安積開墾の全容を視察したことになるのである。では天皇一行と別れた有栖川宮らの代巡はどのように行なわれたかを次にみていきたい。

第四節　猪苗代湖疏水及若松地方代巡について

一　疏水・若松行幸請願

猪苗代湖疏水と若松地方への行幸は二件として数えられるものである。しかし両者は深い関連を持って一体的に捉えられるのも事実である。

猪苗代湖疏水は国営安積開墾と密接不可分の関係にあり、開墾事業を進めるために必要な水の確保のために計画実施されたものである。しかし、猪苗代湖の水を安積地方に東注するためには、反対側に位置する若松側の水問題、すなわち日橋川から若松側に流れる水の安定的確保を保障することが必要であり、そのために設計されたのが、猪苗代湖から日橋川へ流れ出る水量の計算とそれに基づく十六橋水門の設置であった。これが内務省土木局長工師ファン・ドールン（オランダ人）によってなされた。現在も十六橋水門脇にファン・ドールンの銅像が建っている。

当初この水問題をめぐって若松側人民の反対が起こったものの、北会津郡長であった大野義幹と山吉県令による説諭等によって反対人民の説得に成功して工事が進められたという経緯があった。こうした疏水工事着手までの経過からしても若松と疏水工事が無関係ではありえない。

しかし行幸に関していえば、若松地方への巡視が疏水路と一体的に行なわれたとはいえ、性格的には別個のものである。若松の場合、むしろ旧会津藩士族への配慮であったろう。会津藩士族は戊辰戦争に敗北したのち青森県斗南へ移封されたが、斗南での生活は立ちゆかず、多くの人が若松へ戻ってきていた。これら士族の就産をはかること、つまり若松において士族授産政策の具体的実施が急務とされていた。また明治九年東北行幸の際には若松は見送られていたこともあり、若松への行幸を望む声が高まっていた。

明治一四年六月二七日、「山形秋田及北海道御巡幸」の報に接した若松から行幸の請願書が県令山吉盛典あてに提出された。北会津郡若松の各町住民からのもので、士族町野主水、渋谷源蔵などの士族・平民・戸長ら計二〇名の連名による「御臨幸之儀ニ付請願」[63]である。ここで請願書は、仙台、長岡その他への行幸をあげて、「然ルニ若松ノ人民ニ至リテハ奥羽越ノ間ニ狭ル僻地ニ住シ十四年ノ今日ニ至ル迄　御臨幸ノ隆挙ニ遇ハザルハ明治ノ昭代遺憾ナキヲ得ズ」と、若松へ行幸のないことを「遺憾」としつつ、もし今回若松へ「御臨幸アラセラルレバ一視同仁ノ徳沢ヲ永ク後世ニ感戴シ若松人民ノ幸福是レヨリ甚シキモノナシ」と訴えている。この請願書には北会津郡長大野義幹の「御臨幸請願之儀ニ付添申」[64]が添えられ、請願が許可されることが強く要請された。

これら若松地方からの要請の主旨は、行幸地調査にやってきた先発官である内務権大書記官西村捨三への県令からの請願書提出の際、疏水路行幸と共に出された若松地方への行幸を願う請願書に反映された。

七月五日、すでにみたように、山吉県令は、①県庁、②六軒原宮内省開墾地、③猪苗代湖疏水工場と開墾地、④若松、の四件の行幸請願書を一括して提出している。ここでみるのは③と④の請願書である。まずは二通の請願書を次ぎに紹介しておこう[65]。

御巡幸ニ付猪苗代湖疏水工場并開墾地御通輦被為在度願

治下猪苗代湖疏水第一着手之部不日通水式執行可相成処、抑該業ハ士族移植開墾所灌漑之一大事業ニシテ、其筋出張官ニ於テモ百般之工風ヲ凝シ、数年之辛苦ニ依リ全功期近キニ際シ、今般幸ニ山形秋田県々及北海道　御巡幸被　仰出御路次福島県下通御被為在候ニ付還御之節前記疏水工場及開墾所移住民農事現場　叡覧被為在度、絵図面相添此段奉願候。以上

明治十四年七月五日
福島県令　山吉盛典

御巡幸御用掛　御中

猪苗代湖疏水工場　天覧御路次若松御廻輦願

治下若松地方之儀ハ福島ヲ距ル西二十余里峯巒圍繞道路嶮悪、為メニ運搬通商之便ヲ得ズ、殊ニ窮乏士族之多キ他ノ比類ニ非ズ。今専ラ便路ヲ商議シ稟申之末官費壱万五千円下付セラレ、先以四塞之地漸次道路開鑿之功ヲ奏スベク、士族ノ如キモ亦就産之方按ハ既ニ主務省ニ稟請之次第ニテ、便路随テ開鑿セバ自カラ該地物産ヲ増殖シ士族就産之方向ニ於テモ弥以相立可申、此義盛典朝暮焦慮罷在候処ニ有之、今般幸ニ山形秋田県々及北海道御巡幸被仰出、御路次福島県下通御猪苗代湖疏水事業ヨリ開墾所等　天覧相願候ニ付テハ、若松表之義ハ猪苗代湖近郡ニシテ十六橋工場ヲ隔ル二里余之場合ニ有之候条、特旨ヲ以テ御廻輦若松士民之現況被為問度、実ニ該地士民之鸞輿ヲ仰今日ヲ始トス、宜敷御聞届被下度絵図面相添此段奉願候。以上

明治十四年七月五日
福島県令　山吉盛典

御巡幸御用掛　御中

追而絵図面之儀ハ本日及進達候猪苗代湖疏水工場并開墾地　御通輦願書へ相添候図面ト同様ニ候間右願書図面ヲ以テ　御閲覧相成度添申仕候。以上

右の二つの請願書に見るように、「猪苗代湖疏水工場并開墾地」を第一として、これに伴ってその行路を延長して若松へ廻してほしいというのが第二の「若松御廻輦」ということになる。

福島県としては、疏水・開墾地・若松をひとつのコースとして天皇による行幸を望んだ。しかし、この三件については国営安積開墾の中心地である桑野村（大槻原・大蔵壇原）への行幸だけが直接天皇の行幸地となり、疏水路とそ

の周辺の開墾地（対面原・広谷原）及び若松地方は、左大臣有栖川宮熾仁親王を名代とする一行七〇人による代巡となった。猪苗代湖疏水及び若松地方行幸請願が代巡と決定した過程は、次項でみてゆくこととする。県令の請願に対して代巡の決定がなされたが、その詳細は未定のまま、七月三〇日天皇一行は東京を出発した。そして福島県内通過の八月六日、疏水工事の責任者である農商務権大書記官奈良原繁が、供奉の参議大隈重信にあてて「疏水天覧願」(66)を提出し、さらに八月八日須賀川行在所出発の朝天皇に疏水工事の進捗状況などを上奏した。大隈への請願書は長文にわたり、「農商務権大書記官奈良原繁再拝頓首シテ参議大隈公ノ閣下ニ白ス」で始まり、明治九年東北行幸以降大久保内務卿の士族授産・移住開墾政策が開始され「水利アレバ必ズ移植シ水利ナキハ必ズ流散ス、故ニ墾耕ノ本ハ水利ニ起リ」という原理で、明治一二年疏水工事に着手したこと、又その疏水路の概要や工事の現況が説明されている。そして「本省ヨリ工場ノ　天覧ヲ上請スル所アリシモ裁可ノイカンヲ窺フニ由ナク、従テ　還幸ノ路次本宮駅ヨリ直ニ桑野ニ通輦アラセラルルノ由ヲ以テスレバ工場ノ一部モ天覧ニ入ル所ナシ」「謹デ以為ク、往年大久保卿ハ閣下ト共ニ計画シテ此事業ヲ創剏セリ。大久保卿若シ今日此ニ存セバ必ズ　天覧ヲ上請ス可シ」トシテ大隈に対し「切ニ閣下ニ哀願スル所ハ……鑾輅ヲ枉ケラレ天覧ノ栄ヲ賜フノ上請アラン事ヲ」願っている。そしてもし天皇の行幸が実現すれば、聖旨はさらに貫徹して「水利開墾ノ事業是ヨリ発輝延テ以テ殖産ノ事業ヲシテ各所ニ勃興セシムルハ日ヲ期シテ竢ツ可キノミ」となり、「此事業ノ光栄ノミナラズ直ニ陸羽間ノ大幸ナリ」として、改めて天皇が直接疏水路を巡視されるよう大隈参議から上請することを建言した。

二　代巡決定までの経緯

県令山吉の請願にみたように、福島県としては、天皇の直接の行幸を望んでいた。浜街道筋については、県令も行幸は無理と承知の上で一応国に住民の請願を取り次ぐという気持ちが県令の添書に読みとれるが、「疏水・開墾地・

若松」に関しては、県令自らの請願書であり、何とか行幸を実現したいという意気込みであったと思われる。このうちすでにみたように開墾地は国としても当初予定に桑野村泊まりを組み込んでいたように、開墾地に行幸し、開墾状況を視察激励することは行幸目的に合致したものであったのである。これは桑野村が手狭であるという当地の理由により、泊まりからお昼休憩へと変更されはしたが、天皇自身の行幸ということに変わりはなかった。一方疏水工事の工程を視察することは、疏水が開墾と一体不可分のものであったことから行幸の可能性は高かったものの、このときの疏水工事の進捗状況は第一着工事が終了し、取入口（上戸）である山潟村での通水式が行なわれるという時期であった。疏水が一部の工程を除いて桑野・郡山まで通じ、完成を祝う通水式が行なわれたのは翌明治一五年の一〇月である。また今回の山潟取入口の通水式には内務卿松方正義の参列が決まっており、それは天皇一行が東京を出発する七月三〇日の翌日、三一日の予定であった。したがって松方は通水式に間に合うように先発官として出発したわけである。したがって、山形・福島両県を結ぶ刈安・中野新道（のち「万世大路」）の栗子隧道開通式が天皇の山形行幸にちょうどあわせたようなわけにはいかなかった。

山潟口通水式がすでに終わったあとの疏水路工事状況視察ということであれば、直接天皇が行幸する意味は薄くなる。しかし疏水工事の完成は国営安積開墾の成功のためには、天皇行幸に準じた国の督励を必要とし、そうした姿勢を目に見える形で示す必要があったわけである。では山吉県令からの請願書提出以後の対応を、先発松方正義の動きと並行してみてみよう。まず経過をわかりやすく知るために順を追って列記してみる。

七月五日　山吉県令、四通の御巡幸御用掛あて請願書を、先発官・内務権大書記官西村捨三に提出。

「県庁臨御願」

「岩瀬郡字六軒原宮内省所轄地開墾地天覧願」

「御巡幸ニ付猪苗代湖疏水工場并開墾地御通輦被為在度願」

「猪苗代湖疏水工場　天覧御路次若松御廻輦願」

七月五日　西村内務権大書記官は右の山吉県令請願書に添書をつけて御巡幸御用掛に回す。この中で代巡という方法もあることを提案し協議を促す。
七月一二日　御巡幸御用掛より「福島県下岩代国若松地方猪苗代疏水御巡覧ノ儀」についての伺が提出される。
七月一四日　右の件について、内閣書記官より大臣・参議に回覧されたが、宮内大輔杉孫七郎の内奏があり「御代巡」と決す。

右にみるように五日に請願書が提出されて一四日には代巡と決定が下されたわけである。ではそれぞれの内容について史料で確認しておく。まず西村内務権大書記官の山吉県令請願に対する添書をみてみるが、県庁と六軒原に対する陳述はここでは省略し、疏水と若松地方に関する部分を紹介する。(67)

（前略）
猪苗代湖疏鑿并ニ若松地方ニ御歴覧ノ儀ハ御順路ヨリ十数里外ノ地方ニ付、迚モ御聴許可相成儀ニ無之候。然猪苗代疏水ハ政府起業上最大関係ノ功事、若松地方ハ去ル九年并ニ今回之御巡幸ニテ、旧奥羽七州中特ニ磐城（岩代の誤りか―引用者）ノ一州而已親シク鳳輦ヲ奉迎セザルハ僻隅山間ノ地勢トハ乍申、該地士民不幸ノ極ニ有之、就中旧会津所領頑陋士族ノ淵叢トモ可申場所柄ニ付、何卒昨十三年山梨県等　御巡幸ノ際信州飯田地方人民悃願ノ至情モ有之品川内務少輔等御代巡相成候先規モ有之、此際供奉皇族大臣参議等ノ内ニテ御巡回相成候ハヾ、奥羽一般王化ニ浴シ福島県下尓《ママ》後ノ施治上ニモ幾分関係官民之幸福不通之ト存候条、宜敷御詮議相成度此段申進候也

明治十四年七月五日
御先発
西村内務権大書記官

御巡幸御用掛　御中

追テ何分ノ義ハ御詮議ノ上直チニ県令ヘ御達相成候儀ト存候、且疏水場并若松地方往返休泊里程付絵図面相添指出候、尤近年道路終築総テ馬車通行出来ノ趣ニ付　御代巡之儀ニ御決相成候ハヾ馬車ニテ御往来ノ方可然ト存候也

御巡幸御用掛

右にみるように西村捨三によれば「猪苗代疏水ハ政府起業上最大関係ノ功事」であること、また「会津所領頑陋士族ノ淵叢」である若松の「王化」のためにも代巡されることが適当との意見を附しているのである。(68)

これを受けて御巡幸御用掛より十二日に提出された伺書は次のとおりである。

明治十四年七月十二日

福島県下岩代国若松地方猪苗代疏水御巡覧ノ儀

福島県上申今般山形秋田両県及北海道　御巡幸被　仰出候ニ付テハ、岩代国若松及猪苗代疏水地へ聖駕ヲ被為枉度旨右若松（旧会津）ハ陸国ノ偏偶ニ位シ四囲山岳ヲ饒ラシ殆ンド壷底ニ在ルガ如シ。故ニ人民開明ノ智力ニ乏シク且前年ノ　御東巡ニ漏レ候ヲ深ク慨歎罷在、又猪苗代疏水ノ儀ハ政府巨万ノ資財ヲ抛チ多年ノ星霜ヲ費シ追々竣功ノ場合ニ至リテハ、水利縦横為メニ幾多ノ水田ヲ得べキ一大盛業ニ付、此際実地御巡覧ノ儀切ニ相願候趣ニ有之、謹デ案ズルニ該地方ハ山間僻陬人民ハ固陋頑愚、殊ニ戊辰ノ役一時修羅ノ街トナリ実ニ不可言ノ惨状ヲ極メ、之ガ為メニ自然開明ノ域ニ至リ兼或ハ天日ノ偏ネカラザルガ如キ思想モ有之哉ノ趣、然ルニ同県下本宮辺ヨリハ僅ニ十余里ヲ隔テ候ノミニ候得バ二三ノ日子ヲ消モ乍恐御帰途清涼ノ時御軽装ヲ以テ該地方御巡覧被為在候ハヾ、一ハ人民ノ渇望ニ対ヘ一ハ他日ノ施政上裨益不少事ト存候ニ付此段相伺候也

追テ福島県庁ノ儀モ御帰途臨御被為在可然哉

以上の西村権大書記官の添書及び、御巡幸御用掛による伺にあるように、猪苗代湖疏水は「巨万ノ資財」を投じた事業で、完成すれば多くの水田耕作が可能となること、また、戊辰戦争で修羅場となった若松へ行幸すれば、「一ハ人民ノ渇望ニ対ヘ、一ハ他日ノ施政上裨益不少」との判断があった。こうした意見をふまえて七月一四日、「福島県下岩代国若松地方猪苗代湖疏水御巡覧ノ事」が大臣・参議の間で協議され、決定された。ただし、宮内大輔杉孫七郎の内奏もあって、この件は代巡となった。

以上の決定は七月一六日、杉孫七郎より福島県令山吉盛典へ、請願四通への回答として通知された(69)。

この回答書では、「猪苗代湖疏水工場并開墾地御通覧及若松御回輦之義、右ハ皇族大臣之内へ為御名代巡廻可被仰付　御内意ニ有之候」とあり、他に岩瀬郡六軒原宮内省開墾地は「御申出之通」、県庁へは原則では臨御しないこととなっているが、「尚評議中」であるとされている。こうして猪苗代湖疏水と若松地方については、七月一六日、皇族大臣による代巡という方針が県に通知されたのであった。

こののち、県御巡幸掛から代巡の時期等についての問合わせがあり、七月二一日、杉孫七郎よりの電報で、代巡は還幸時に行なわれることが知らされた。しかし、具体的な日程や人員についての決定は行幸後半の九月下旬となった。

こうして「代巡」ということだけは行幸出発前に決定していたのであるが、八月六日奈良原繁はなお天皇の直接の行幸を願って大隈重信に「疏水天覧願」を提出した。しかし、この奈良原の「願」に対する回答は、すでに山吉県令に対し代巡決定を回答しているので、その旨を奈良原に「口達」するというものであった(70)。

三　代巡道筋と人員の決定

猪苗代湖疏水及若松地方へは天皇の名代として皇族・大臣を派遣することがすでに決定していたが、その人名や道筋については未定であった。天皇一行が秋田県下行幸中の九月一四日、桑野村行在所変更の件と一緒に評議され、名代を左大臣有栖川宮と参議大隈重信とすることと、道筋の概略が決定され、このことは翌一五日、出張中の門岡県一等警部の電報によって県に通知された(71)。

さて少し時間が前に戻るが、六月二九日、行幸予定の沿道町村については、人口・施設・交通・自然など町村の現況についての調査票「軍事政表」の提出を、近衛都督（陸軍中将嘉彰親王）から要請されていた。これに応じて県は七月四日沿道各町村の軍事政表作成を郡役所に申付けた。この調査請求に対し、行幸予定路に入っていない耶麻郡長五十嵐力から「……御巡幸ニ付沿道町村駅等之軍事政表調整之儀ニ付……御達之趣承知仕候処、右ハ御巡幸沿道之町村駅ニ限リ候儀ト愚考致候得共、右調方当郡役所へ御達相成候上ハ当地方へ御巡幸相成儀ハ当然ト被存候、果シテ然ラバ何処ノ路線ヲ沿道ト相心得可然哉……」「……諸事手配向モ有之候条至急御明示相成度……」(72)というように、軍事政表を提出せよというからには、当然当地方にも行幸されると考えてよいのだろうからその道筋は何処になるのか、といった伺書が七月一三日県に出された。これに対して県御巡幸事務掛では「……軍事政表調整之義過般北会津耶麻之両郡へモ御達相成、之ガ為メ耶麻郡ニ於テハ大ニ疑惑ヲ生ジ」てしまったが、この地方への行幸については「未ダ全ク御治定不相成、然ニ公ケノ御達相成候ハ不都合之次第ニ付、前両郡へノ御達ハ取消(73)」すことにし、改めて耶麻と北会津の両郡には次のような達が出された(74)。

本年七月戊庶第七百六拾壱号達取消候処、今般御巡幸ニ付テハ皇族大臣ノ内御名代若松迄御巡覧被仰付ル哉モ難

計ニ付、　沿道村々戸長ニ於テ前達之旨此ニヨリ予メ注意取調置候様内達可然、　此旨内達候事

長官

耶麻　北会津郡長宛　親展

皇族・大臣による代巡と内決したのが、七月一四日であるから、耶麻郡長からの伺書がその前日の一三日に提出されたことは、かなり微妙な時期であった。公に発表されるまでは見込みで公文書を出すのは不都合であるため、耶麻郡長の伺に対しては急拠前の達を取消し「御名代若松迄御巡覧」の見込みがあるので「予メ注意取調置」くことを「内達」として「親展」で出し直したわけである。

杉孫七郎から県への代巡内決の通知は七月一六日にあったが、皇族・大臣は誰か、また日程はいつになるのか等は未定のまま行幸が始まった。そして秋田県下行幸中の九月一五日、有栖川宮と大隈による代巡と日程の概略が決定したわけである。

県はこれにより急ぎ準備に入り、代巡行程中の休泊所と県の担当掛官を決定した。当初予定は一〇月五日本宮より若松地方へ入ることになっていたが、一〇月一日の最終調整で一日早く、一〇月四日となった。また最終日の七日は、当初郡山泊となっていたが、出発が早まったこともあり、郡山へはお昼休憩となり、午後須賀川・矢吹を経て白河泊となった。

これらの日程調整には、県令山吉盛典自身山形県下行幸中の天皇一行の下に赴いている。九月二九日午後、山形の行在所に有栖川宮を訪れた(75)。このとき杉孫七郎も共に有栖川宮を訪れており、ここで猪苗代湖疏水・若松地方代巡についての具体的な人員や日程の調整が行なわれた。福島県側から、代巡人員、若松での物品陳列、小学校・裁判所への代覧、郡長らの面謁、馬車の使用、その他八ヵ条の伺が出され、人員のみがなお検討中という外は、すべて県側の伺が了承された(76)。随行者全員の人名が通達されたのは一〇月三日である。

山吉県令は翌九月三〇日には天皇に面謁した。[77] これより県令は天皇に随行して福島県に入ることとなる。

さて、代巡の道筋、宿泊、視察先もほぼ決定したため、沿道となる安達、北会津、河沼、耶麻、安積の各郡役所へ「御代覧御小休御泊所」が一〇月一日に通達され、[78] 代巡随行者の宿割もこれによって行なわれた。しかし、随行者人員は、この段階ではまだ見込みで、最終的には福島に入県してから確定するということであった。したがって、かなり差し迫った日程のなかで準備されたのである。実際こうした状況をうかがわせる内容が「福島県庁文書」の記録の中に読みとれる。

「十月一日夜中」と記された文書に、深沢四等属、遠藤五等属、前田六等属、沼沢七等属、八重野三等属、増子一等属が出席して、「遠藤五等属、前田六等属、沼沢七等属山形行在所ヨリ帰県問合ノ積ニ夫々手配方取計タル書面之通」とある。[79] この三名が山吉とともに山形に同行し、代巡の最終決定をもって先に帰県して、在県の増子ら巡幸掛と協議して沿道各郡への指示等にあたった。

さて、山吉県令は天皇一行に従って栗子隧道を経て福島県に帰った。そして福島の行在所（医学校）での最終調整がなされ、代巡の有栖川宮一行を先導するのは山吉県令が行ない、還幸の天皇一行の先導役は新任の大書記官小野修一郎と決まった。[80]

一〇月三日福島行在所で小野修一郎は有栖川宮に面謁している。そしてこの一〇月三日、代巡人員と名簿が発表された。[81]

先導役は県令山吉盛典であるが、疏水工事の責任者である奈良原繁が疏水路の案内説明役として随行している。その他に個別に従者や車夫などがおり、総勢は七〇人となった。

猪苗代湖疏水若松地方代巡人名（従者、車夫は略す）

左大臣熾仁親王、原田陸軍騎兵大尉、中村陸軍工兵中尉、向井開拓四等属

大隈参議、八尾太政官一等属、太政官御用掛准判任峯源次郎

北条侍従、川田宮内五等属、三沢雑掌、小林仕人
金井内閣大書記官、川村太政官一等属、田辺内務権大書記官、金松内務一等属、五島四等駅逓官
先導役山吉盛典、疏水路説明のため随行奈良原繁、南一郎平、新渡戸七郎

またこの代巡時の警備には警部、巡査四二名と沿道の郡吏及び戸長があたり、また必要に応じて人夫を招集した(82)。なお、帰路における郡山・桑野村への行幸及び代覧のために県が準備に要した費用はおよそ一五〇〇円であった。開拓課が御巡幸掛に請求した金額内訳をみると、郡山行在所湯殿新築に二〇〇円、同行在所騎兵馬立に四三〇円、桑野村行在所修繕に八〇〇円、対面原・広谷原の代覧時の野立に一〇〇円で合計一五〇〇円となっている(83)。

四　代巡行程と視察内容

左大臣有栖川宮らによる猪苗代湖疏水及び若松地方代巡は、福島から奥州街道を南下して、清水、松川、二本松、杉田（小休）を経て本宮で昼食、これより会津街道へ入り、岩根を経て熱海となる。熱海からいよいよ疏水路の視察をして若松の町に入るわけである。

では、代巡による視察個所や状況を確認してゆくが、まず代巡状況を記録した史料についてみておく。すでに何度も紹介している福島県教育会による『明治天皇御巡幸録』中に「御代巡状況」と題して日記風に記述してあるのが最もわかり易いが、これは昭和一一年に同『巡幸録』発行のため福島県庁文書や各種行幸記録を参考に整理したものである。直接代巡を記録した史料としては有栖川宮熾仁の日記が日本史籍協会編『熾仁親王日記』として刊行されており、その中に代巡中の日録も含まれている。また随行者の太政官御用掛峯源次郎（大隈参議の従者）による『東北従遊私録』がある。いずれも代巡中の部分は前記『明治天皇御巡幸録』に抄録されている。

この他未公刊の記録として、郡山市歴史資料館所蔵の「中条文書」のなかに「左大臣熾仁親王若松地方御代巡略記」

（以下「御代巡略記」と称す）がある。ただしこの文書は清書されたものではなく、記録の下書きかと思われる。乱筆でくずし字、訂正や欄外記述も多く、また筆者の署名もない。果たして誰が書いたものかも確定できない。代巡の日々の記録という体裁なので、随行した県官もしくは太政官の書記の記録かと思われる。原稿用紙は太政官のものである。これが「中条文書」中にあった、つまり中条政恒が持っていたので、単純に考えれば中条が書いたということになるが、この時期中条はすでに福島県大書記官を免官、太政官少書記官に転任上京しており、代巡には随行していない。そこで考えられることは、①誰か随行者の覚書きを見せてもらった中条が筆写したか、②あるいは誰か随行者の覚書きを下敷にして、現地の歴史、地理に詳しい中条が、報告書作成の草稿として書いたさいの下書きか、③さらにまた、誰かの報告書草稿に中条が加筆訂正したものであるのか、以上三通りの可能性が推測できる。

「御代巡略記」は、日記風に一〇月四日から九日栃木県小山行在所で天皇一行と合流するまでのことを記録しているが、『熾仁親王日記』と違って、風景の説明や視察場所である疏水・開墾等の来歴・現況内容の説明に相応の紙数を費やしている。たとえば疏水路などその規模を数字を挙げて記述しているので、これは現地でのメモ書きだけでは不可能で、その後に説明文を加えて記録したということがわかる。わたしの推測では、②誰か随行者の覚書きを下敷きに中条政恒が説明を加筆、報告書の草稿とした可能性が大きいと思われる。

では次に代巡行程に沿って、前記史料に基づいて視察状況をみていこう。『熾仁親王日記』と「御代巡略記」では時間の記録など少々異なるが、ここでは『熾仁親王日記』の時間を基本的に用いる。

第一日目の一〇月四日は、午前六時二〇分に福島を発ち、本宮で昼食を済ませて会津街道に入り、岩根で休んで熱海へは午後三時に到着した。この日は特に視察などはなく、宿泊所である阿部治郎右衛門宅に入る。青森県三本木開拓の指導者新渡戸伝の孫で疏水工事に携わっていた農商務七等属新渡戸七郎が有栖川宮に謁見した。一方大隈参議は疏水橋（疏水を通すため五百川にかけられた眼鏡橋で、文献や史料等には、疏水橋あるいは眼鏡橋の名称で記述されている）や隧道等を検分した。

一〇月五日午前六時五分熱海を出発、途中玉川堰を視て中山駅を過ぎ、安子島村滝口[84]で野立休憩となる。『東北従遊私録』では「過中山駅、憩瀧口、水自隧口噴出、為瀑、是即猪苗代湖之水」とあり、また「御代巡略記」には、ここは「沼上峠ノ中腹ニシテ則竇道ノ吐口ナリ、直下百八十尺、一大奇観ト云フベシ」と記録されている。

それより沼上峠を経て耶麻郡山潟村の関源二宅で小休。庭先で奈良原繁と南一郎平が疏水工事の図面を拡げて説明した。

正午関都村に着き、六角久平宅で昼食をとる。この地より北条侍従を勅使として土津神社へ派遣した[85]。一方六角久平は自ら経営する牧場のアラビア種の馬四頭を代覧に供した。

午後は金田村を通り長瀬川を渡って堅田を経て三ツ和村の渡辺源十郎宅で小休、日橋川を渡ったところで翁沢村の疏水仮事務所（農務局工場）と十六橋を視察した。十六橋は猪苗代湖から日橋川に流れ出るところで、水量を調節する水門が設置された橋であり、オランダ人長工師ファン・ドールン設計によるものである。これより八幡村横山山三郎宅で小休し、四時二〇分若松に到着した。

この日若松へ入る前、滝沢町で一大事件が起こった。この間は馬車で通行中であっ

表7　猪苗代湖疏水・若松地方代巡日程

10月4日	本　宮	お　昼	大内利吉宅
	岩　根	小　休	伊藤八郎宅
	熱　海	泊	阿部治郎右衛門宅
10月5日	滝　口	野　立	
	山　潟	小　休	関源二宅
	関　都	お　昼	六角久平宅
	三ツ和	小　休	渡辺源十郎宅
	翁　沢	小　休	農務局工場
	八　幡	小　休	横山山三郎宅
	若　松	泊	山田屋菊次郎宅
10月6日	同	お　昼	同
	八　幡	小　休	横山山三郎宅
	三ツ和	小　休	渡辺源十郎宅
	山　潟	小　休	関源二宅
	熱　海	泊	阿部治郎右衛門宅
10月7日	眼鏡橋	野　立	
	対面原	野　立	
	広谷原	野　立	
	桑　野	小　休	安積郡役所(開成館)
	郡　山	お　昼	宗形弥兵衛宅
	須賀川	小　休	大白木屋
	矢　吹	小　休	佐久間光之助宅
	白　河	泊	熊谷伝三宅

出典：福島県教育会『明治天皇御巡幸録』より作成.

たのだが、有栖川宮が乗った馬車の牽馬が突如疾走し、馬車が転覆してしまったのである。馭者が負傷したが、有栖川宮は無事であった。山吉県令はすぐさま有栖川宮に「進退伺」を出したが、「其義不及」ということで、代巡はそのまま続行された。この件の顛末については次項で触れる。

さて、代巡一行は、これより若松の宿泊所となる山田菊次郎宅に四時二〇分到着、小休ののち五時に宿を出て福島裁判所若松支庁、若松小学校、物産陳列場を巡視した。この日若松市街は奉迎ムードが高まり、夜一二時頃まで人々が市街にあふれてお祭りのような騒ぎであった。

その夜は大隈参議とともに会津五郡の郡長や漆器会社、士族就産会社である椎松社の代表らが招かれて祝宴となり、士族就産問題などが話題となった。椎松社（発起人小室重明、秋山清八）には五〇円が下賜された。

若松では、この代巡にあわせて準備された三つの建白書が出されている。どのように処理されたかは定かではないが、参考のため列記しておく。

①旧会津藩公債処分之儀ニ付哀願

九月三〇日付　北会津郡高久村々民松川正平より北会津郡長大野義幹を通して提出、県庁では一〇月三日に採用不能との説諭をなすこととした模様(86)

②若松地方ノ民情ヲ具申シ置県ノ令アラン儀

一〇月五日付　北会津郡面川村平民加藤正記提出

③上「若松県復活ノ儀」

一〇月五日付　大沼郡高田村平民郡太郎より大隈参議あて提出(87)

翌一〇月六日は夜来の雨のあとで曇天であった。この日は午前中若松城趾や東山温泉をまわる予定であったが、中止した。若松地方各郡の帯勲者（野村勝、高山忠房、高橋孫四郎、佐々木又四郎、辰野四郎、鈴木三郎、石井善之進、猪俣源吉、向井安吉、高橋文蔵）が県令に誘導されて有栖川宮に面謁した。帯勲者の面謁についてはすでに九月二九日、大沼、耶麻、河沼、北会津の各郡役所に対して県令より「今般　御代覧ニ付帯勲者之面々拝謁并奉拝等ニ罷出候者勲章佩用方左之通心得候様」として「勲章佩用心得」[88]が指示されていた。

また大隈参議は金井、田辺ら随員とともに東山温泉を訪れた。

若松市中の休泊所に対しては有志一同による新設・補修によるものということで「市中手当——若松御泊所有志者一同へ」として一括して百円が下賜された。

この日若松の宿泊所で早めの昼食を済ませ、午前一一時五分に出発、往路をたどり、八幡村、三ッ和村、山潟村で小休し、五時四五分熱海に着いた。宿泊は往路と同じ阿部治郎右衛門宅である。奈良原繁は対面原でとれた西瓜等を献上し、疏水利用による農業生産の概略などについて説明した。

一〇月七日、この日も曇。午前六時五分熱海発、これより郡山に向かう。『熾仁親王日記』には「疏水築工之内石造架樋（疏水橋—引用者）、夫ヨリ二本松士族、棚倉、同士州・因州士族、久留米士族等ノ開墾場巡覧、安積郡役所小休、郡山昼休、須賀川小休、矢吹小休、白川駅へ午後五時十五分着泊之事」とある。

対面原では、二本松士族安部正安の開墾地内に野立の休憩となった。この原野には岡山、棚倉、久留米士族も入植している。

次に広谷原に至り同じく野立休憩となり、高知、鳥取士族の開墾地を視察した。ここでは実際に男女の農作業をする姿を視察した。そして桑野村開成山の郡役所（開成館）へ入って小休となった。

熱海から郡山へ向かう途中の道は悪路で苦労した様子が「御代巡略記」に伺える。「安子ヶ島ヨリ当地ニ至ルノ間（新開ノ国道ナルニ）昨夜ノ降雨深泥ヲナシ車輪ヲ埋メテ不往、故ニ県令ノ従者数十人ノ人夫ヲ出シ車ヲ押サシム」とある。こうして郡山の宗形弥兵衛宅に到着、お昼となったが、ここまで随行してきた奈良原繁、南一郎平、新渡戸七郎には昼食が供された。また随員一同に祝酒がふるまわれた。午後郡山を出発、須賀川、矢吹で小休し、白河の宿泊所である熊谷伝三宅に五時一五分に到着した。代巡一行を案内した県令山吉盛典にはこの夜酒肴を与え労をねぎらっ

表8　有栖川宮代巡中の下賜金　（単位：円）

大内利吉（本宮）	5	お昼休憩
伊藤八郎（岩根）	5	小休
阿部治郎右衛門（熱海）	25	泊（往還2度）
関源二（山潟）	15	小休（往還2度）
六角久平（関都）	10	お昼休憩
渡辺源十郎（三ツ和）	15	小休（往還2度）
横山山三郎（八幡）	15	小休（往還2度）
疏水工事掛員（熱海）	50	酒肴料
若松市中手当	100	休泊等一括
若松小教員	1.50	酒肴料
若松裁判所	不明	（成規の酒肴料とある）
稚松社（若松士族就産会社）	50	発起人小室重明
土津神社	25	幣帛料
安積郡役所（桑野・開成館）	不明	小休
宗形弥兵衛（郡山）	7	お昼休憩
大白木屋（須賀川）	3	小休
佐久間光之助（矢吹）	5	小休
熊谷伝三（白河）	20	宿泊

出典：『明治天皇御巡幸録』「御代巡略記」「福島県庁文書」により作成.

た。

代巡の任務を終えた有栖川宮、大隈ら一行は翌一〇月八日、小雨の中を午前六時一〇分白河を発ち栃木県に入る。佐久山での小休時には那須開墾社矢板武、印南丈作らが面謁、この日は喜連川泊、九日氏家、宇都宮を経て四時小山へ到着、天皇のいる行在所へ参上して猪苗代湖疏水及び若松地方代巡の景況を上奏した。

以上をもって代巡行程はすべて終わり、一〇日、天皇らの行幸本隊と共に小山を出発、幸手に一泊し、一一日午後三時東京に還幸した。

なお代巡中の下賜金は表8のとおりである。疏水工事掛員には五〇円の酒肴料が下賜されているが、行幸終了後の一二月、あらためて疏水工事関係者に対しての賞与が、工事への功労の意を含めて下賜された。

明治一四年一一月二十六日、御巡幸御用掛より「福島県下安積郡開墾事業猪苗代疏水ノ儀ハ頗ル大工事ニシテ、其負担者ノ刻苦勉励実ニ不容易儀ニ有之、然ル処多年ノ辛労遂ニ其功ヲ奏シ今般左大臣殿　御代巡実地御覧相成候処、山形福島両県下栗子新道事業ニモ不相劣程ノ儀ニ付テハ右新道工事担任ノ者へ御賞与ノ例ニ依リ左之通下賜然ルベキヤ」(89)との伺いが、西村内務権大書記官の添書を付して提出された。それは奈良原繁へは縮緬二匹、南一郎平以下の掛官にはそれぞれに七五円から五円までの合計三九五円の賞与を下賜されるようにというものであった。これに対して政府は一二月二日「猪苗代疏水工事担当ノ官吏御賞与ノ儀」は「至極尤ノ儀」として、その賞与金は請求より増額し、奈良原に綿一巻、南一郎平以下には八〇円から七円まで合計四九七円の賞与金を下賜することに決定した。(90) その内訳は表9に示した。

表9　疏水工事掛員への賞与　(単位：円)

氏　名		金額（　）内は提案額
奈良原繁	農商務権大書記官	綿一巻（縮緬2匹）
南一郎平	同　二等属	80（75）
伊藤鉄五郎	同　五等属	40（30）
大橋　靖	同	40（30）
森本義俱	陸軍省十五等出仕	20（15）
羽根田延光	農商務六等属	40（30）
伊藤良介	同　八等属	30（25）
渋谷吉蔵	同	30（25）
伊藤直記	同　九等属	30（25）
新渡戸七郎	同　六等属	40（30）
大田　茂	同	25（20）
村岡　彰	同　十等属	20（15）
稲田秀実	同　八等属	40（30）
磯田勇次	同	20（15）
磯長得三	同　雇	20（15）
大江　保	福島県九等属	15（10）
丹生希正	農商務省御用掛	7（5）

註：『安積疏水志』では大田20円，磯長25円と逆に記載されている．
出典：公文録「巡幸雑記11」より作成．

五　有栖川宮馬車転覆事件

一〇月五日、有栖川宮、大隈参議ら代巡一行が若松へ向かう途中の滝沢町で、突然馬が疾走して、有栖川宮の乗った馬車が転覆した。

まずそのときの模様を各種史料が伝えるところからみていこう。

①『熾仁親王日記』

若松瀧沢町ニ於テ乗用之馬車牽馬逸走、為メニ転覆、身体怪我ナシ、馭者馬丁負傷、馭者ハ二十分間気絶スト雖モ醒覚セリ、右異変ニ依リ県令進退ヲ伺フ、不及其儀之旨申達之事。

②峯源次郎『東北従遊私録』

下沓掛坂、致所謂若松越、稍登而乃下、古松老柏、欝乎蒼蒼、車就卑走、不可停止、恐順境難爾、憩瀧沢坂、晡前入若松而躔。

③「左大臣熾仁親王若松地方御代巡略記」

八幡村横山山三郎方御小憩、同所ヨリ馬車ニ召サレ若松市街瀧沢町ニ至ル。馬驟テ駒走ス。電信柱ニ当テ止ム。此際後軸折ル。車輦破ル。公落下テ異常無シ。駅者転倒気絶セシム、忽チニシテ蘇生ス。（中略）山吉盛典憤然トシテ顔色無キガ如シ。是ヨリ人車ヲ以テ……山田菊次郎方ニ着セラル。

④立岩一郎「分草実録」(90)

山吉県令ハ御代覧ノ案内、小野書記官ニハ御還幸ノ御先導タリ。然ニ宮ニハ若松滝沢新道ニ於テ御扱ノ為メ県庁ヨリ出ス所ノ馬車ヲ召サレシニ、馳スル僅ニ二三十間ナラズシテ馬逸シ車覆リ、御負傷ハナカリシカ共、御者ハ悶絶セリ。依テ山吉県令ハ伺ヲ経ズ御案内先ヨリ上京陳謝セラレタリトゾ。

右四点の史料が有栖川宮の馬車転覆当時の状況をよく伝えている。①と②は現場にいた当人と随行者の日記である。③は前項で説明したように、中条政恒が随行者の覚書を下敷きに記録したものと思われるので、還幸直後に記述されたもの。④は県官立岩一郎の記録であるが、立岩は当時県開拓課勤務、県御巡幸掛として主に桑野村開成館担当であった。したがってやはり現場に居合せたわけではない。立岩は中条が県大書記官から太政官に転任となって以後、山吉の県政に批判的であったが、一一月四日県官を罷免された。「分草実録」はその直後に、自ら関わった県政（安積開墾）の概略を書き留めると共に、県令山吉を批判した文書であるから、これも代巡のことは、他の随行県官からの伝聞を下に記述したものであり、この事件を山吉の失政のひとつという観点で記録している。

さて、この事件は県令の大失態であり、山吉は直後に有栖川宮に対して進退伺を行なったが、有栖川宮は、日記にあるとおり「不及其儀」として、一切責任を問わず、代巡は予定通り続行された。山吉県令は、そのまま有栖川宮の代巡の案内を最後まで務め、一月七日最後の宿泊地である白河の熊谷伝三宅で、有栖川宮より代巡案内の労をねぎらう酒肴を賜った。「御代巡略記」には「山吉県令此地（白河―引用者）マデ奉送ス。故ニ酒肴ヲ玉ヒテ数日ノ労ヲ庶ス。大隈参議、川村正平之ニ倍ス」とある。有栖川宮一行は翌朝栃木に向かったが、任務を終えた山吉県令は帰庁せずにそのまま急いで上京し、太政大臣三条実美に「進退伺」を提出した。山吉県令の提出した「進退伺」は二通ある。一通はもちろんのことながら、有栖川宮馬車転覆に至った責任についてであり、もう一通は、この「進退伺」を早急に提出するため無断で上京したことに対しての「進退伺」である。

左に二通の「進退伺」を掲げる。(91)

①「進退伺」

今般若松地方為　御代巡有栖川宮御下向県庁所用之馬車被為召候処、御途中若松市中ニ於テ俄然御馬車驚走遂ニ御落車之処幸ニ尊体御無事ニハ候得共、一時御行列之御体裁ヲ乱シ候段卑意拙者不注意ヨリ相起候儀ト深ク奉恐入候。其為メ上京謹慎罷在候条相当之御処分相成度、此段奉伺候。以上

明治十四年十月十三日

福島県令　山吉盛典

太政大臣　三条実美殿

②「進退伺」

別紙伺之旨趣ニ付テハ御許可ヲ待出京可仕筈之処、御成規ヲ犯シ候段奉恐入候、依之進退之儀如何相心得可然哉、此段奉伺候。以上

明治十四年十月十三日

福島県令　山吉盛典

太政大臣　三条実美殿

右二通の山吉「進退伺」のうち、①馬車転覆事件については、直後に有栖川宮に対して「進退伺」を出し「不及其儀」と申渡されていたので、今回あらためて議論されることもなく、翌日の一〇月一四日には「其儀ニ及バザル旨」通知された。[92]

問題は②無断出京についての「進退伺」である。県令らの出京については政府の許可が必要であったから、当然山吉の出京は違法行為となる。同一四日、内務省へ「内務卿へ御照会（案）」が山吉の「進退伺」を附して廻された。つまり、この二通の「進退伺」のうち「許可ヲ得ズ出京候ハ成規ニ背キ候儀ニ付其省意見」[93]を申出よというものである。しかしこの無断出京に関する内務省照会に対する意見は、翌一一月半ばまで持ち越された。それはちょうどこのとき、「明治一四年政変」が進行中であったからである。この政変の結果、一〇月二一日「太政官改正」があり、新しい内務卿山田顕義が就任した（大蔵卿松方正義、農商務卿西郷従道）。こうして山吉の無断出京に対する内務卿意見は、一一月一五日になってようやく山田新内務卿より三条太政大臣に提出された。[94]

福島県令山吉盛典進退伺差出候ニ付御下問之趣致承知候。右当省之達ニ違背シ上京候ハ不都合之至ニ候ヘドモ、此件不問ニ措カレ可然、依テ別紙返進此段上答候也

明治十四年一一月一五日

内務卿　山田顕義

太政大臣　三条実美殿

右の山田内務卿意見に基づき、翌一一月一六日、「内務卿意見ノ通不問ニ措カルベキ」ことが大臣・参議に了承され、本人へは一八日次のような決定が通知されることとなった。[95]

本人へ通牒案
別紙進退伺出ノ趣ハ御沙汰ニ及バレザル旨、命ニ依リ此段及通牒候也
明治十四年十一月十八日

以上、この事件に関しての山吉県令の処分問題についての経過をみてきた。結果として、山吉の責任はすべて不問ということで決着がついたのである。この時期は政府内において、まさに「明治一四年政変」の進行のまっただ中にあり、政府官僚の関心がこのような地方の事件に関わっていられない状況にあったということもできる。「一四年政変」の経過を、この山吉進退問題の経緯と重ねてみると、山吉がこの政変劇をまぢかに見聞したであろうことがよくわかる。

山吉県令は福島県行幸終了と同時に、つまり山吉自身が先導役を果たした有栖川宮一行が猪苗代湖疏水及び若松地方代巡を終了して県境を越えるや、まっすぐ東京へ向かったので、多分行幸一行の帰京した一〇月一一日より一足先に東京に着いたものと思われる。

行幸中、東京在留の政府要人の間では、国会開設と北海道開拓使官有物払下問題に絡んで、大隈参議排除の策謀が着々と進められていた。行幸先発の任にあたった内務卿松方正義は、行幸本隊に先んじて一〇月三日に帰京し、一〇月六日には京都に滞在静養中の右大臣岩倉具視も帰京した。そして、一〇月九日「是の日、（三条）実美、（伊藤）博文、（山田）顕義等（岩倉）具視の邸に会して、博文が提示せる国会開設準備の勅諭案其の他を密議す。具視又、還幸を俟ちて直に協議すべき事項、遂行すべき条目を書して意見を徴す。其の条目七、曰く、千住駅に於て車駕を奉迎し、行宮に於て目下朝野の形態を言上すべき事。曰く、還幸の後三大臣直に談合し、諸事一決して宸断を仰ぐ事。曰く、大隈参議免黜処分順序の事。曰く、国会開設勅諭の件は某年を期して断行すべく、宸断を経て直に宣布すべき事。曰く、内閣及び元老院章程を改正し、同じく宸断を経て施行すべき事。曰く、参議院《ママ》設置如何の事。曰く、開拓使官有

物払下処分の事を速やかに決定し、公衆をして安堵せしむる事是なり」[96]という段取りとなり、一〇月一一日還幸直後に三条実美、有栖川宮熾仁、岩倉具視、山県有朋、伊藤博文、黒田清隆、西郷従道、井上馨、山田顕義の九人による「鳩首密議」によって奏議文を御前会議に上奏し、ついで参議大隈重信の罷免を決定した。開拓使官有物払下げに批判的であった有栖川宮も、薩長による政権の占有に危惧を示した天皇も結局伊藤らに押し切られる形で、大隈罷免の閣内クーデターは決着した。

そして翌一〇月一二日には、明治二三（一八九〇）年を期して国会を開設するとの勅諭が出された。大隈は辞表を提出、また大隈に近いと思われていた政府内の人々も次々に免官となった。山吉が二通の「進退伺」を出したのはまさにこのとき、一〇月一三日だったのである。

右にみたように「一四年政変」の決定的時期に重なったため、すでに結論の出ていた馬車転覆事件についてはすぐに免責の処理がなされたが、「無断出京」の件については論議が約一ヵ月遅れた。是は大隈追放後の閣内人事が決定するまで、政府内で論議が不可能な状況にあったということである。そして一〇月二一日新内閣が発足し、この下で山吉「進退伺」が論議されたわけであるが、当の山吉は内閣改造一週間後の一〇月二八日に帰県している。東京から福島まで速くても三〜四日はかかるので、二四・五日には東京を出ている。したがって、内閣改造後の数日のうちに、おそらく山吉は新内務卿山田顕義もしくはその配下の内務省役人と会って、大隈追放による政情の変化と新体制による政府の福島県に対する政策上の諸問題（県会における自由党の伸長、安積開墾における久留米内紛問題など開墾政策上の一定の混乱など）について、その対策を指示されるところがあったのではないかと考えられる。山吉は無断出京に対する「進退伺」の結論を聞く前に帰県しており、また帰県直後に県官の大量更迭につながる県幹部の罷免を断行した。山吉帰県後の一〇月二八日から一一月一五日までに三五名の県官が罷免されている。このことは「一四年政変」が背景になければ考えられないことである。この件について詳しくは第三章「明治一四年政変と地方政治」で触れる。ともあれ、山吉県令は、県官罷免の更迭と県令の免責が取引きされた可能性も考えられるが裏づけるものはない。

免、大量辞任劇が一段落した一一月一六日に今回限りの免責が決定され、一八日本人に通知されたのであった。

しかしこののち約二ヵ月後、明治一五年一月には福島県令は山吉盛典から三島通庸に交替させられ（山吉は大審院へ）、三島県令の下で再び県官の大異動が実行されたのは皮肉である。一四年行幸途中で中条政恒と交替した大書記官小野修一郎も、三島の下にいることはできず一五年二月に免官、転任となった。こうして山吉県政から三島県政への転換、すなわち「一四年政変の地方的展開」をもたらした一連の県政の混乱の裏に、一四年行幸時の有栖川宮馬車転覆事件が微妙にからんでいたのである。

この時すべてを免責された山吉県令であったが、大審院判事時代の明治一五年、福島県では三島による自由党弾圧（福島事件）が起こり、山吉はまるで追討ちをかけられるように過去（明治一三年）の官林木払下事件の責任を問われ、名古屋控訴裁判所へ左遷されて、明治一七年には非職となって公職を離れた。

第五節　明治一四年行幸の意義

明治一四年の「山形秋田及北海道御巡幸」の決定から実施に至る概要をみて、その具体的な実施の過程を福島県内行幸を通して明らかにした。その中心的課題を安積開墾地に求めたため、中野新道行幸にはほとんど触れられなかったのは残念でもあるが、安積開墾地を対象とすることが、最も明確に明治一四年行幸の意味を捉えることができると思われた。それは明治九年の東北行幸と切り離しがたく連結しているからである。したがって、大久保利通の敷いた殖産興業路線の発展過程がここに典型的に見出せるということ、さらに明治一四年から一五年にかけての地方における政治的な変容の過程もまたここに集中的に見出せるのである。

明治一四年行幸の実態を、まずは福島県における「事実」を明らかにすることで認識する。その結果、この行幸は大久保利通の殖産興業政策の検証と確認作業であったということに第一の意義が指摘できる。

そしてまた、同じ時期、国会開設と開拓使官有物払下問題がもたらした政治的危機に際し、行幸のために天皇、左大臣有栖川宮、参議大隈重信が中央を離れていたということが、在京の伊藤博文らのクーデターを容易にしたという意味において、はからずも行幸は「明治一四年政変」を無血クーデターとして成功させる条件を準備したという第二の意義が指摘できる。

そして第三に、この明治一四年の行幸と政変が一地方である福島県政にも強大な影響をもたらし、県政の大転換＝「一四年政変の地方的展開」を引き起こしたことが指摘できるのである。おそらく一四年政変は他の府県に対しても少なからぬ影響を与えていたであろうと思われる。

こうして、明治九年、明治一四年の二度の福島県行幸が国営安積開墾の展開過程と深く結合し、それ故に福島県は国家の政治的転換の反映を直接的に受けていったことが、この章を通して明らかにできたと考える。

また左大臣有栖川宮熾仁の代巡の実態を明らかにできたことにより、殖産興業政策の行幸に占める意義が一層明らかになったと思う。

〔註〕

（1）日本史籍協会編『熾仁親王日記　三』東京大学出版会、一九七六年復刻版、四六一頁。

（2）東京大学史料編纂所編『保古飛呂比　佐々木高行日記　十』東京大学出版会、三六六〜三七〇頁。

（3）明治九年行幸の宮城・岩手・青森における代巡先は次のとおり。

宮城県　野蒜築港工事（左大臣有栖川宮熾仁）、玉造郡共立種畜場（侍従片岡利和）

岩手県　仙台裁判所盛岡支庁（左大臣有栖川宮熾仁）、県庁・中学校・医学校（二品北白川宮能久）、付属病院・勧業場

（侍従太田左門）、盛岡招魂社・盛岡公園（侍従西四辻公業）、外山村牧畜場（侍従荻昌吉）

青森県　八戸鮫港（左大臣有栖川宮熾仁）、県立師範学校・専門学校・公立中学校・県立病院（左大臣有栖川宮熾仁）、青森十三湖疏さく工事（参議大隈重信）、下北郡開墾・牧畜及中小学校（二品北白川宮能久）、県立専門医学校・女子師範学校・青森師範学校弘前分校・中津軽郡公立中学校・東奥義塾（左大臣有栖川宮熾仁）、旧藩馬場（侍従米田虎男）

（4）『原敬日記』第六巻、福村出版、一九六七年。
（5）同、七五頁。
（6）公文録「明治十四年巡幸雑記　五」（国立公文書館所蔵）
（7）公文録「大蔵省之部　全」
（8）公文録「明治十四年巡幸雑記　五」
（9）同
（10）同
（11）同
（12）公文録及び福島県庁文書（福島県歴史資料館所蔵）
（13）公文録「明治十四年巡幸雑記　十四」
（14）同
（15）同
（16）『保古飛呂比　佐々木高行日記　十』三三七、三六六頁。
（17）今泉文書「郡山駅軍事政表」（郡山市歴史資料館所蔵）
（18）児玉源之丞『扈蹕日乗』。川田剛『随鑾紀程』（いずれも福島県教育会『明治天皇御巡幸録』に収録）
（19）公文録「明治十四年巡幸雑記　三」。福島県庁文書「明治十四年御巡幸書類」
ただし、公文録に記録されている文書（本文に紹介）と福島県庁文書の控（又は案文）とでは一部表現が異なる。

(20) 福島県庁文書「明治十四年御巡幸書類」

(21) 福島県庁文書「庁中達」

(22)『郵便報知新聞』明治一四年八月一七日付「御巡幸日誌」第十一報に、「……此夕行在所に於て供奉の皇族勅任官及び山吉県令へ御倍食を仰付られ其他は酒肴料として奏任官（一人）へ金七十五銭、判任官一同（百五十人）へ金七十五円、等外吏一同（二百四十六人）へ金六十一円五十銭、雇吏員一同（四十九人）へ金十二円廿五銭を下賜せられたり」とある。『東京横浜毎日新聞』掲載の「御巡幸路の記」にも同様の記録があるが略す。

(23)「安積事業誌　巻之九」（郡山市立中央図書館所蔵）

(24) 公文録「明治十四年巡幸雑記　十三」
大火災への救恤金は八月九日白石行在所において決定された。

福島の火災は四月二十五日に起きた大火災で火元の銭湯「みどり湯」二階堂甚兵衛方にちなみ「甚兵衛火事」と呼ばれている。『福島市史　近代1』を参照。

(25) 福島県庁文書「明治十四年各郡署達　記録掛」

(26) 福島県庁文書「諸達留」

(27) 同
往路の警備人員は「達十八号」より、帰路の警備人員は「達二十三号」による。往路の「丙ノ組」は「〆三十人」とあるが、二八人分の氏名しか載っていないので、不明二人とした。

(28) 福島県庁文書「明治十四年御巡幸書類」

(29) 今泉文書

(30) 同

(31)『郵便報知新聞』明治一四年八月一七日付「御巡幸日誌」第十一報

(32) 中条文書の中の「左大臣熾仁親王若松地方御代巡略記」（郡山市歴史資料館所蔵）

(33)『明治建白書集成』第六巻、筑摩書房、五〇六頁。
「若松地方ノ民情ヲ具申シ置県ノ令アラン儀」(平民加藤正記)
「上　若松県復活ノ儀」(平民郡太郎)
(34)福島県庁文書「明治十四年御巡幸書類」
松方より各沿道県令への通達
本官来ル二十日発途　御巡幸沿道ヲ経兼テ輦路分巡回之筈ニ候条此段及通達候也
明治十四年七月十四日
内務卿松方正義
埼玉県大書記官　吉田清英殿
茨城県令　人見寧殿
栃木県令　藤川為親殿
福島県令　山吉盛典殿
宮城県令　松平正直殿
岩手県令　島惟精殿
青森県令　山田秀典殿
秋田県令　石田英吉殿
山形県令　三島通庸殿
(35)同
(36)同
・七月二五日付電報
内務卿随行成川少書記官より県令宛
「明後廿七日白河宿泊リ夫ヨリ直ク会津へ行ク見込」

・七月二七日付電報

白河出張大書記官中条より県令宛

「内務卿八今日当地ニ着廿八日桑野廿九日熱海三十日通水式三十一日若松一日熱海二日福島三日二ツ小屋見分福島へ帰泊ノ凡見込明晩桑野ヨリ確報スベシ」電報原文はカタカナで、訳文は電文に添えられた文書を引用した。電文では宿泊地と日程がはっきりしない面があるが、三一日の通水式に参列する前夜は東山温泉（現会津若松市）に泊まっている。

(37)「安積事業誌　巻之十一」

(38)御代田豊編「開成社記録」『郡山市史』第九巻、四九〇頁、七月二九日付

(39)同、七月三十日付

(40)織田完之編『安積疏水志』一九〇五年。

(41)『山形県史』資料編二「道路関係書類四・栗子新道工事始末第二回記」

栗子隧道工事は明治一〇年代殖産興業政策の一大事業である。山形県側刈安新道と福島県側中野新道が栗子隧道（トンネル）によって結ばれ、栗子新道となった。明治一四年一〇月三日天皇行幸時に開通式を施行し、翌年「万世大路」と命名された。

(42)『熾仁親王日記　三』

(43)「開成社記録」『郡山市史』第九巻、四九〇頁。

(44)同、四八四頁。

(45)福島県庁文書「明治十四年御巡幸書類」

(46)福島県庁文書「明治十四年御巡幸事務綴」

(47)郡山農学校は、明治一二年一一月より郡山学校（現金透小学校）の二階を仮校舎として開設された。開校式は明治一二年六月に行なわれ、明治一六年四月に桑野村開成館に移転、明治一九年廃校となった。

(48)公文録「明治十四年巡幸雑記　一二」。山吉県令の「伺書」及び西村権大書記官の「陳述書」は一対の文書として提出された。「陳述書」の追伸文には、疏水・若松地方代巡の道筋等についての報告がある。

(49) 福島県庁文書「明治十四年御巡幸書類」
(50) 公文録「明治十四年巡幸雑記　二、九」
(51) 福島県庁文書「明治十四年御巡幸書類」
(52) 久留米開墾社の歴史については左の文献を参照されたい。
久留米開墾百年史編集委員会『久留米開墾百年の歩み』一九七八年。森尾良一『久留米開墾誌』一九七七年。
(53) 分裂した本社の代表森尾・分社の代表太田の二名は共に「久留米藩難事件」では禁獄七年の刑を受けている。なお「久留米藩難事件」と入植の関係については拙稿「士族授産の政治的側面について――国営安積開墾における久留米及び高知士族入植の事情――」『福島大学行政社会論集』第八巻第一号、一九九五年九月参照。
(54) 福島県庁文書「明治十四年御巡幸書類」
(55) 「開成社記録」『郡山市史』第九巻、四九一頁。
(56) 『久留米開墾誌』一五一頁。
(57) 公文録「明治十四年巡幸雑記　十二」
『久留米開墾百年の歩み』にも同様の記述があり、天皇の勅諭は大木参議より伝えられたとある。
(58) 『久留米開墾百年の歩み』九九頁。
(59) 公文録「明治十四年巡幸雑記　十二」
(60) 県令山吉は明治一四年一月に辞表を提出したという情報もあり（『近事評論』二九八号、明治十四年一月十八日）、また、二月には開墾事業について、入植士族に問題が多く、入植許可に当たっては厳正な審査を要望するといった内容の「内申」を松方内務卿に送っている。
(61) 公文録「明治十四年巡幸雑記　十二」
(62) 福島県庁文書「明治十四年御巡幸事務綴」
「明治十四年十月七日立岩開拓課」より「令」あて文書。
(63) 福島県庁文書「明治十四年御巡幸書類」

この請願書の筆頭署名者町野主人は明治一五年会津帝政党の結成に参加した人物である。福島県教育会『明治天皇御巡幸録』にはこの請願書提出者名が、町野主人外二二名（氏名略）となっているが、福島県庁文書には、町野を含め二〇名の署名だけである。左にその氏名を記録しておく（住所は略す）。

町野主人（士族）、渋谷源三（士族）、佐藤泰次（平民）、芳賀長蔵（平民）、長尾源治（平民）、藤井漣（平民）、有泉寿彦（士族）、福西伊兵衛（平民）、相沢重詮（士族）、鈴木幸蔵（平民）、宮崎喜蔵（平民）、川田耕吉郎（士族）、斎藤八四郎（平民）、藤田孫吉（平民）、弓田長教（戸長）、榊原光政（戸長）、西田新平（戸長）、倉田作十郎（戸長）、倉田与一郎（戸長）、山内辰五郎（戸長）

(64) 同
(65) 公文録「明治十四年巡幸雑記　三」
(66) 同
(67) 同
(68) 同
(69) 福島県庁文書「明治十四年御巡幸書類」
(70) 公文録「明治十四年巡幸雑記　三」

奈良原への回答文についての文書は次のとおり。

明治十四年八月七日　　御巡幸御用掛

大臣・参議

農商務権大書記官奈良原繁建言猪苗代疏水　御巡覧相願度儀致審按候処、曩ニ福島県令上申之趣モ有之、杉宮内大輔ヲ以テ内奏致候ニ付旁　還幸ノ節大臣参議御代覧相成可然哉御決裁ノ上ハ其旨御口達相成可然、依テ為御参照先般伺済猪苗代疏水御巡覧ノ儀相添此段相伺候也

なお、この時期宮城県の野蒜についても同県令から再三行幸請願がなされ、西村権大書記官は、野蒜築港が福島県の猪苗代湖疏水と同様の政府起業であり、「彼此同一之事情彼ヲ拒ミ此ヲ容ル等前後不権衡之施措ニ相成候テハ如何ト心痛」

して「双方共皇族大臣方ニテ御代巡之議御詮議御決定」されるべしと述べている（「巡幸雑記三」の七月一〇日付西村による御巡幸御用掛あて陳述書）。結果いずれも「代巡」と決定した。

(71) 福島県庁文書「明治十四年御巡幸書類」

(72) 同

(73) 同

(74) 同

(75) 『熾仁親王日記三』四九五頁。

(76) 公文録「明治十四年巡幸雑記　九」

(77) 『明治天皇紀』第五巻、吉川弘文館、五一六頁。

(78) 福島県庁文書「明治十四年御巡幸書類」

(79) 同

一〇月一日夜福島県御巡幸掛六名による協議内容には、①桑野村行幸の際のお弁当の手配について、②郡山駅及桑野村への供奉について、③大蔵壇原行幸について、④移住人を桑野村に召出すことについて、⑤代巡時の小休場所改正についてがあり、この⑤についてさらに「御代巡御道筋手配順序ノ事」という書面に一〇月四日から七日までの休泊場所の説明が記述され、最後に「一、御代覧随行官員人数ハ福島御着輦ノ上御確定御達ノ筈ニ付其節急□ヲ改向ニテ報知可致候得者左記之通」として「御代覧人員」有栖川宮以下随行者等二十数名が記載されているが、車夫などは未定とされており、「右ハ凡ノ見込ニ有之内右ノ人員ヨリ多分増加相致ニ付……」、「代覧一行之宿」や県官、随行官員、車夫などの宿を計一二軒容易しておくことが指示されている。最後に⑥代巡先での馬の用意の件、がある。

(80) 小野修一郎は明治一四年八月六日付で中条政恒に替わって秋田県から転任してきた。正確な着任日は不明だが、八月中には福島県に着ているようである。小野については「福島県大書記官小野修一郎について」（本書第四章）を参照。なお、原敬「海内周遊日記」（『原敬日記』第六巻）によれば、小野は秋田県少書記官時代、秋田県内の交詢社社員と共に原敬との会合に参加している。

(81) 福島県教育会『明治天皇御巡幸録』、福島県庁文書、中条文書等に人名の記録がある。
(82) 福島県庁文書「明治十四年御巡幸書類」
警部は、三等警部山口源之助ら計五名。巡査は、一等巡査森山忠孝ら計三〇名。他に御用掛・雇が七名で合計四二名。
(83) 福島県庁文書「明治十四年御巡幸書類」
(84)「滝口」又は「滝ノ口」として代巡関係記録に記されている。「若松御代覧沿道地図」（福島県立図書館所蔵『福島県中野新道御通輦沿道地図』の「附」としてついている）にはこの地点の野立場所を「安子ヶ島地内字滝口」と記されているが、安子ヶ島村に滝口の字はない。『明治天皇御巡幸録』では、「猪苗代湖の水を田子沼に引き、三百三十間の隧渠を開鑿して落とすところ、隧口から噴出する水は瀑となり」と記され、また「御代巡略記」も「竇道ノ吐口」としている。また『熾仁親王日記』は「野立滝ノ口ハ疏水工事ノ一ツ也。隧穴ノ間数三百三拾間、壮観也」との説明がある。これらの表現から、沼上隧道を通って落ちてくる水が滝のようであるため、これを見わたす地点を仮に「滝口」と呼んだものと思われる。『安積疏水志　巻之二』にあるこの地点の説明を見ると、「沼上隧道」は「長三百二十五間二分五厘高六尺幅三尺五寸勾配一間六分三厘一秒時間流送水積尺立法二百個ナリ」「五百川合流」地点で「猪苗代湖ノ水ハ大瀑布トナリテ沼上嶺ノ隧道ヲ下リ五百川ノ源ニ落チ」るとある。このように滝のように水が流れ落ちる場所ということで「滝口」又は「滝ノ口」という通称が用いられていたと思われる。現在沼上発電所となっている。カバーの絵参照。
(85) この神社は会津藩主保科正之をまつっている。中条文書「御代巡略記」よれば、派遣されたのは侍従北条氏恭の外五島孝継四等駅逓官、川村正平太政官一等属、三沢為質雑掌、小林精一仕人である。幣帛料二五円下賜。
(86) 福島県庁文書「明治十四年御巡幸書類」
(87)『明治建白書集成』第六巻
このころ若松県復活の要求がおきており、②③の建白書はその反映である。
(88) 福島県庁文書「明治十四年御巡幸書類」
(89) 公文録「明治十四年巡幸雑記　十一」
(90)『郡山市史』第九巻収録

(91) 公文録「明治十四年　府県」
(92) 同
(93) 同
(94) 同
(95) 同
(96) 『明治天皇紀』第五巻、五三三〜五三四頁。

第Ⅱ部

明治一四年政変と福島県政

第三章　明治一四年政変と地方政治——福島県における開明派官僚の終焉——

はじめに

本章は、執筆の時期からいえば、第二章の明治一四年行幸研究の前にある。当初の研究計画からは、明治九（一八七六）年の東北行幸について研究[1]、引きつづき一四年行幸を研究する予定であった。そのための前提として、明治九年以後一四年に至る福島県内の政治状況について調査を開始したところ、様ざまな疑問が湧いてきた。そこで、この政治状況を明らかにすることなくして、明治一四年行幸に取り組むことは不可能であるとの結論に達した。

では、私の抱いた疑問とは何か。

福島県では、明治政府の殖産興業政策の実践の第一施策として、開墾を広く行なった。それは、県が明治六年より開始した安積郡大槻原の開墾であり、その成果を踏まえ、明治一一年より政府の国営開墾として着手された安積郡、安達郡、岩瀬郡、白河郡に及ぶ広大な諸原野開墾事業（一般に安積開墾と称されている）であった。

これら開墾事業の推進にあたっては、明治五年六月赴任してきた権令安場保和（熊本出身・一〇月県令）が、同年九月、置賜県より中条政恒を県典事に迎え、彼に開墾の一切を担当させることによって、大槻原開墾及び国営安積開墾（安積疏水開鑿を含む）の大事業が成功に導かれたとされている。またこの過程において明治八年一二月安場が愛知県令に転出した後、事実上県政のトップとなった参事山吉盛典（明治一〇年三月権令）は、中条の推進する安積開墾をことごとく妨害したとされている。この「山吉・中条不仲説」は、すべて中条政恒の自伝的書である「安積事業誌」(2)に由来するものである。この「安積事業誌」が第一級の史料として、安積開墾研究を規定してきたのが、これまでの研究状況である。つまり、この「山吉・中条不仲説」は、中条側の一方的な史料によって規定されたもので、山吉側からの史料的検討は皆無であるという弱点を克服されていないのである。したがって「山吉・中条不仲説」の真実はいまだ暗闇の中にあり、その真偽及びその原因について大きな疑問が持たれるのである。これが第一の問題。

第二の問題は何か。この「不仲」といわれた中条政恒が明治一四年八月二日、突如太政官へ転出となった。しかも、約半年後の明治一五年一月二五日山吉盛典もまた、司法省検事として転出した。開墾の最も重要な時期を担ったこの二人の県政のトップ官僚が一四年の天皇行幸に前後して相次いで福島県を去ることとなったのである。「安積事業誌」によれば、中条を嫌った山吉の政府への讒言により、中条は福島県を追われ、山吉もまた政府の意に添わぬ所があり、県令の地位を追われたというのである。しかし、いずれもその根拠は不明朗であり、その推測が科学性を持っているか否か、疑問である。

さて、以上の二つの疑問を追求してゆくうえにおいて、更に二つの問題点を挙げねばならなくなった。これまでの山吉・中条にかかわる評価が安積開墾の展開という視角から捉えられてきたものであったため、県政における他の重要な局面に対する追求が甘かったと言えるのではないか。それは何か。明治政府のこの時期の重要施策は殖産興業がその第一、第二には、地方制度の確立がある。この二つは明治政府が強力な近代国家を建設するうえで欠かせないものであった。この二つの政策が、明治六年岩倉具視、大久保利通ら米欧使節団の帰国後、内務省の設置によって加速されたことは言うまでもない。また自由民権運動が始まり、明治一〇年代には、中央に対する国会開設運動と共に地方において民会の設置が、各地で実施されてくる。こうした流動的情勢のなかで、福島県においては、第一に、民会の発足へ向けての官民の動き、また民権派の県会における活動があり、第二にこれら開墾と地方制度をめぐっての県官僚と民権派の複雑な人的交錯（交流と抗争）があったことである。

先に指摘した二つの問題にこの二点を加えて、端的に言えば、安積開墾事業（殖産興業政策）からの視角と、民会開設・県会活動（地方制度の確立）からの視角とを統合することで、明治一四年に至る福島県政の状況を明らかにしてみたいと考える。そのための方法として、一つの仮説を提示してみる。すなわち、明治一四年から一五年にかけての福島県政治は、明治一四年政変の地方的展開である。少なくとも、その顕著な反映であったと捉えることができるのではないか、ということであり、このことを明らかにできれば、一四年天皇行幸の意義もより的確に把握できるのではないか、というのが私の考えである。

そこで叙述の便宜上、簡単な時期区分を試み、その区分にそって問題点を追求していきたいと考える。

（一）明治六（一八七三）年～一一年五月

大久保利通の内務省創設により、国家の基本的政策である殖産興業政策が強力に展開される。この政策に沿って、地方産業の育成が図られ、福島県では安積開墾が国営事業の第一号として計画されてくる。また地方制度の確立のための模索の時期でもあり、政府の定めた大区小区制の矛盾が明らかになるなかで地方制度の改革が目ざされ、地方においても開明派官僚や民権派の人々によって地方民会開設の動きが活発化してくる。福島県においても、県民会規則が制定され、一一年六月第一回の民会としての県会が開会された。この時期は一言で言うならば、開明派官僚の時代、と呼ぶことも可能であろう。

（二）明治一一（一八七八）年五月～一四年末

明治一一年五月、大久保利通が暗殺される。この前年の西南戦争によって、財政的に逼迫していたことと、大久保の暗殺とによって、殖産興業政策はその経済及び政治上の強力な推進力を失って動揺を来すに至った。また、地方制度の改革が大久保生前の草案によって、大区小区制を廃止、地方三新法の制定へと向かう。

こうした中で、中央においては、大久保没後の権力闘争が隠然と開始され、その最終的決着として、いわゆる明治一四年の政変が起こる。

こうした中央の政治的危機は、当然ながら地方にも波及せずにはいない。ことに福島県では、大久保の強力な支援を背景に、国営安積開墾事業が着手されようとしていたため、西南戦争後の緊縮財政と大久保の死によって極めて大きな影響を受けたと思われる。それは、その事業を推進してきた県官僚に対しても　大きな動揺と危機感を与えた。

また福島県では明治一〇年から一一年にかけて地方民会としての県会を開設したが、三新法の方針のもと、一二年一月には民会を廃して新法に基づく県会が開設された。この県会における民権派議員の活動もまた県政に大きな影響を与えることとなる。この二側面（安積開墾事業と県会問題）からくる種々の問題が、山吉盛典と中条政恒の関係に亀裂を生じ、両者の福島県からの転出という結果を生み出したものであろうと考える。すなわち、この時期は明治維新変革後の小反動としての明治一四年政変に至る権力闘争の時期であり、福島県における一四年の県政の状況は、中央における政変の地方的展開として位置づけられるのではないか。

（三）明治一五（一八八二）年一月〜

明治一四年政変により、政府の方向は、一方で国会開設を約束しつつ、反民権、専制的天皇制政治確立へ向け、制度上の整備が始まる。すなわち、欽定憲法制定への過程を歩み出す。政府の自由民権運動への徹底的弾圧の方針の下で、福島県には三島通庸が県令として赴任、自由民権運動弾圧の幕開けにふさわしい、福島事件を引き起こすに至る。ここに至って、開明派官僚の時代は完全に終息したといえるだろう。

以上の三区分に基づき、本章では、（一）の時期の県政の状況を開墾・民会の二側面から描き、（二）の時期を主な論証の対象として自らの疑問とするところの問題点を追及する。そして、その結果である（三）については、三島赴任事情に限って簡単に触れる。三島県政と福島事件自体については、私の目的とするところではないので多数の先学の研究成果を参照されることを期待する。

なお、史料の引用については、句読点、濁点を適宜書き加えたことをおことわりしておく。

第一節　開明派官僚の時代

一　殖産興業政策の福島における展開

1　開明派官僚とは何か

明治の初期、「開明派」と呼ばれる官僚によって、倒幕後の新しい国づくりが担われた。それは一言でいえば、政治、経済、社会全般にわたる「近代化」にリーダーシップを発揮する一群の官僚たちのことである。ことに明治六（一八七三）年岩倉具視を団長とする米欧使節団の帰国後のいわゆる「大久保独裁」と呼ばれる政権樹立の後は、米欧の資本主義的諸制度を急速に取り入れていった。大久保利通を中心とした明治政府の官僚たちは、資本主義社会の基盤を政治的には専制的な手法で、強力に推進したのであった。大久保は明治一一年五月、不平士族によって暗殺されたが、彼の敷いた路線は基本的には（若干の修正を施されたが）、継承されてゆくこととなった。この近代の基本路線設定の時期が、いわゆる「開明派」と呼ばれる官僚たちの活躍した時期であり、この時期を明治六年からの「大久保政権時代」と明治一一年五月以後明治一四年政変までの「大久保没後政権時代」を含めた時期に設定できるであろう。

「開明派」と呼ばれて近代化を推進した官僚たちの時代には、その時代の気負いを強く印象づけるキーワードがある。それは、「富国強兵」「文明開化」「殖産興業」「開物成務」等の言葉である。これらの言葉は、社会をリードする言葉であり、スローガンであった。官僚たちにとって、これらの言葉は政策の核であり、政治的実践においてこれらの言葉を実体化することが使命であった。具体的には、政治における立憲政体、経済における資本主義、教育における洋学（語学、自然科学）の導入、農業における洋式農法（機械化と大規模化）の導入などを政治が主導していく方法で早急に実現してゆこうとするものである。それらの地方に対する主要な政策として、地方産業の開発と、地方制度の確立が二本の柱として実践されてゆく。また、庶民は、これらの言葉に新しい国家のイメージを与えられ、社会の底辺において、その基礎作りに動員されてゆくのである。

このような官僚主導の政治は中央から地方まで貫徹される。福島県の場合、この時期をリードした開明派官僚として、安場保和、山吉盛典、中条政恒の三人をあげることができる。

2　安積開墾

安積開墾は、明治五（一八七二）年六月二日に赴任した福島県権令安場保和（同年一〇月二八日県令）によって着手された、第一期の県の殖産興業政策実践の一環として行なわれた明治六年三月からの大槻原開墾、及び第二期の明治一一年より開始された士族移住による安積諸原野の国営開墾（一二年着工の安積疏水の開鑿を含む）をいう。

安場保和は、今日においても「開明派官僚」の評価を不動のものとしている人物である。安場は熊本県の士族で胆沢県大参事、大蔵省租税権頭等を経て、明治四年一一月、岩倉具視らの米欧使節団の一員に加わって渡米した。しかし、翌五年五月四日帰朝、六月二日福島県権令となった。安場は、岩倉人脈のなかにあり、岩倉はもちろん大久保からも厚い信任を得ており、福島県に着任するや、政府の方針である殖産興業政策を県政の中核に置いて実行してゆく。安場の「開明派官僚」としての評価は、福島県における殖産興業のみならず、明治八年一二月、愛知県令に転出してからも、殖産及び教育政策に力を注いだことから総合していわれる。安場は殖産政策だけではなく、他方で地方制度の改革案に関しても数多くの建議を提出している人物である。しかし、明治二五年福岡県令時代には選挙干渉を行なうなど、強権的側面も持ち、地方自治の観点からは問題がある。したがって、安場の場合の「開明派官僚」としての本領は、主として殖産興業政策の地方における実践にあったとみてよいと思う。

第一期の大槻原開墾は県の計画と主導によって行なわれた。その一つは、二本松士族による入植開墾であり、他の一つは、郡山村の豪商二五名による開墾結社「開成社」による開墾である。そして、これら士族の入植や、開成社の結成に指導力を発揮したのが、県官僚の中核をなす県令安場保和、参事山吉盛典（置賜県士族）、典事中条政恒（置賜県士族）であった。

3　安場、山吉、中条の開墾への関与

福島県における「開明派官僚」と評価される三官僚の県への赴任時期を見てみる。まず、最も早いのは、山吉盛典で、明治五（一八七二）年四月九日、権参事として赴任。このときの権令は宮原積であった。次に、宮原権令が罷免されて後任としてきたのが安場保和で、明治五年六月二日、権令に任命された。その後、同年九月二〇日中条政恒が典事として置賜県より転入した。この三人の指導者がそろうことで、安積開墾の先駆けとしての大槻原開墾が具体化していったのである。

さて、では、この三人が開墾にかかわるに至る経過を検討してみよう。これまでの研究書によれば、二つの説が併行的に語られていた。一説は、安場が、彼の殖産興業政策により、福島県内の荒蕪地の開墾を計画し、早くより北海道開拓に熱意を持ってこれの建議を繰り返していた置賜県の中条政恒に目をつけ、彼を福島県に呼び、開墾の仕事を命じた、というもの。

田中正能『阿部茂兵衛』(3)では、この中条赴任の事情について、北海道開拓構想が容れられずにいた「不満・不遇の中条を親友の本田親雄が、福島県権令として赴任した安場保和に紹介した。安場はかつて酒田県大参事として在任、中条の仕事とその実績を知っていた。彼は新しく士族授産の案を抱いていたので、北海道開拓の夢を、大槻原で試み

てはと誘った。中条は開拓授産に制肘を加えぬことを条件に欣然、福島県庁勤務を受諾した」とある。

また、坂井甲生「明治初年における国営開墾殖民（21）」[4]においては、「明治政府が窮民授産の制度を設け、開墾殖民事業を創め、国力の充実を図らんが為、開墾局を設け未開地の調査、開墾殖民事業資金の貸与等の諸制度を設けられたるを以て、明治五年十月十日、福島県令安場保和氏は、参事山吉盛典等と図り、管内安積郡大槻原の開墾を以て、政府の開墾殖民奨励の趣旨に奉ずることが出来るものとし、左の禀請書を井上大蔵大輔に提出したのである」。この禀請書[5]に対して租税頭陸奥宗光より、「開墾方法」を取調べのうえ、申立てる様指示があった。このため「安場県令は時の典事中条政恒氏をして、開墾計画を樹てる衝に当たらしめたのである」という。

さらに橋輝政『開成社百年史』[6]は、赴任後の安場は「管内一巡した後、すでに県下産業の一般に通じている山吉盛典参事外庁員と協議を重ね、藩政時代から慣行されている主要農産の振興増進をまず企画した。（中略）安場は県令着任の年明治五年十月、山吉参事、中条典事らと安積郡大槻原一帯を視察して、開墾有望の地を内定、その実施準備費として大蔵大輔の井上馨に資金七千円の貸付けを申請した」と説明している。もっとも、ここでいわれている安場・山吉・中条らと安積郡大槻原一帯を視察して……の点は根拠のない話である。

以上、第一説においては、①安場保和が開墾の着眼者であること。②中条は、安場によって県に招かれ、開拓事業に当たることを任ぜられた。③安場は開墾政策立案に当たり、山吉参事に協議したことの三点があげられる。

では第二説はどのようなものであるのか。その一は、高橋哲夫『安積開拓史』（A）、同『安積野士族開拓誌』（B）にみる次の点である[7]。

高橋氏によれば次の如くになる。

「そのころ、旧米沢藩士で幕末に北海道・樺太の開拓を熱心に主張し、自ら北海道の踏査までやった中条政恒が福島県典事に迎えられた。彼は遠大な北地開発の夢を今この県に実現しようとして、着任早々県令の安場保和を熱心に説き、安積郡大槻原の開墾を計画していた。」（A一一八頁）「安積原野開拓の先鞭をつけたのは安場と中条で、山吉と

中条のコンビで進められることになる。それを献言し具体的施策をとり運んだのはすべて中条政恒であった。」（B三一頁）

また大石嘉一郎編『福島県の百年』[8]では、「現在の郡山市の発展の基礎をきずいた事業の一つとして、安積開拓と安積疏水の開鑿がある。事業は明治十年（一八七七）に政府の施策としておこなわれるようになるが、それより前、地元でそれを推進したのが県官中条政恒（旧米沢士族、一八三二～一九〇〇年）であった。

中条はかねてから北海道開拓の夢をいだいていたが、明治五年（一八七二）福島県典事（課長級の役）に就任するや、不毛の地といわれてきた安積原野の開拓でその夢を実現しようと考え、時の県令安場保和を説得し、県の施策として安積開拓をすすめることを決意させた」となっている。

以上の著書によれば、①県典事として赴任した中条政恒が、県令安場保和を説得して開墾事業を決意させた。②大槻原開墾の計画は中条の着眼によるものである。ここでは引用しなかったが、高橋氏の記述によれば、山吉は開墾には消極的で、中条の積極的な開墾事業をかえって妨害したとされている。これについては第二節で検討する。

さて以上の諸説の矛盾から明らかにすべき問題点を整理してみる。

第一点は、安積郡大槻原の開墾に着目したのは誰であったのかということ、第二点は、中条政恒の赴任はどのような経緯によるものであったかということである。

4　「安積事業誌」と中条赴任の事情

これまでの安積開墾の研究が、主として依拠してきた史料は「安積事業誌」である。これは中条政恒の事跡を記録した自伝的書であるため、中条の功績を過大に記述する傾向の強い書である。しかし開墾の経過について系統的に書かれており、史料的にも価値のあるものである。まず、中条自身の語る福島赴任の事情は次の如くである。[9]

「……中条君ガ北海道奏議ノ事ヲ絶念スルニ及ビ、君ノ知友本田親雄氏、中条君ニ福島県官タルヲ勧ム。曰ク福島県下ニ開拓ノ原野多シト聞ケリ、住テ試ル又可ナラズヤ。君曰、東北地方未ダ開ケズ、北海道ト一間アルノミ、県令果シテ疑ハザルトキハ、余請、小官ト雖モ猶ホ赴カン。本田氏之ヲ福島県令安場ニ介ス。安場氏即チ委任制肘セザルヲ約ス。」　中条の福島県への任官は実弟平賀尚友が反対し、「大兄昨大議（北海道開拓の建議―引用者）ヲ立ツ、而テ行ハレズ、命也、宜ク瓢然田里ニ帰リ以テ其節ヲ全フスベシ」と主張するが、中条は「我ガ志ヲ行フヲ得バ、卑官以テ意トスルニ足ラザルナリ」として明治五（一八七二）年九月福島県典事となったのである。

そして典事任命後も「日々東京出張所ニ出仕シ、県務ニ従フ。十月十日ノ伺書ヲ調成シ、以テ之ヲ大蔵大輔井上馨ヘ呈ス」、つまり中条は東京で「伺書（開墾費御下渡願書）」を作成して政府に提出した。「安積事業誌」の著者は、これを「中条君ノ親製セルモノニシテ、一字一句モ他人ノ意ヲ加ヘザルモノ」といっているが、これには疑問が残る。

中条は「方法取調ノ事ハ県地ニ非ザレバ為シ難キヲ以テ、十一月東京ヲ発シ、福島ニ赴ケリ。時已ニ冬ノ半ナレバ、雪積ミ寒強ク、野外ノ事ハ何事モ為ス能ハズ」といっている。つまり、中条が福島県に着任したのは一一月以降であり、直接安積原野の調査に入ったのは翌明治六年三月である。したがって、たとえ「開墾費御下渡願書」を書いたのが中条であったとしても、その内容は、県から指示されたものと考えるのが自然であろう。そうであれば、安積郡大槻原を開墾適地とする方針は、中条赴任以前にすでに決まっていたと思われる。この点に関しては、「開成社記録」[10]の冒頭に、「……当時宮原某県令タリ、数ヵ月ヲ経テ安場保和之ニ代ル、……適々参事山吉盛典本郡ヲ巡シ、原野処在ニ蜿蟠スルヲ睹テ県令ニ商リ、告文ヲ発シ、開拓ニ志アル者ヲ募ル」とある。ここから考えれば、中条赴任以前に、山吉による安積原野視察があり、この地の開墾方針は決まっていた。

さて、「安積事業誌」の内容を補強するために、たびたび同書中に引用されているのが、中条の部下であった立岩一郎の著「分草実録」[11]である。立岩一郎は山吉、中条と同じ置賜県士族であるが、明治五年一〇月二九日福島県権少属として赴任、一一月五日より福島県十一等出仕となり、明治七年には第三区（飯坂）区長となり、明治八年以後警察掛、判事、警部と治安関係の職務を経て、明治一二年六月安積郡役所へ開拓掛として赴く。以来明治一四年一一月まで、県官として安積開墾にかかわった。彼は中条の最も忠実な部下といわれた。立岩が、明治一四年一一月免官となった直後に記したのが「分草実録」である。それによれば、中条は「本県ニ仕フルニ至テ其志ヲ安積ノ沃野ニ遂ゲ、無資ノ利原ヲ遺サザランコトヲ図リ、議ヲ建ルヤ、当時ノ参事山吉盛典氏ニハ笹木野原開拓ニ意アリ、然カシテ安場氏ニハ開拓ノ起業ヲ欲セザリシカ共、終ニ此議ヲ納レ、墾土ノ議ヲ定メ、原資金トシテ無利子七ケ年置据、金七千円并安石改正、増加高ニ割間金八千八百四十七円七十九銭ノ下金ヲ大蔵省ニ請ヒ裁下ヲ得タリ、於是明治六年三月五日典事中条政恒氏、十三等出仕石井貞廉、同加藤邦憲等ニ命ジ、安積ノ原野ヲ検セシム……」ことになったという。

この立岩一郎の記録では、中条が大槻原開墾を主張し、山吉の笹木野原開墾の意見にかわって採用されたかのように受けとれる。このことが、中条と山吉の「不仲説」の伏線となってしまうのである。しかし、先に述べたように、中条赴任前に大槻原開墾の方針は県側に出来上がっていたとみるのが自然である。中条の典事任命（九月二〇日）から開墾費御下渡願書が提出される（一〇月一〇日）までは約二〇日間しかない。この短い期間に、中条一人の意思で、大槻原開墾の計画を立て、県令安場を説得して開墾費下渡しの願書を書くなど至難のわざである。

また立岩一郎が福島県官となったのは明治五年一〇月二九日である。したがって、「開墾費御下渡願書」が出される一〇月一〇日以前の記述は、立岩自身の見聞ではなく、後の伝聞である。「開成社記録」のいうように、安場の方針の下、山吉が安積原野を視察して、この地の開墾を「県令ニ商リ」、その結果東京の中条をして「願書」を作成させた、ということになろう。以上からすれば、大槻原開墾が中条の着眼であったり、中条による安場の説得によって決定されたものとは考えにくい。

しかし、これだけでは、開墾の着眼、中条赴任の位置が明白になったとはいえない。ここでもう一つの論を紹介する。須々田黎吉氏は「斉藤万吉の思想と学問の形成過程」[12]のなかで次のようにいっている。「……安場の（アメリカから）帰国に際して、岩倉は三条実美に書簡を呈し、安場に東奥の開発を委嘱した。かくて、明治五年五月に帰国した安場は、翌六月福島県権令として赴任することになった。（中略）福島県に赴任してまもない安場は、米沢藩士で北海道開拓の大志を抱き、しばしば同藩に意見を具申して容れられなかった中条政恒を典事として起用し、開拓事業を担当せしめた。」

須々田氏によれば、岩倉の内意によって安場は福島県に赴任し、開拓事業のため中条を起用した、ということになる。ここでは二つの疑問点が残る。①岩倉の内意ははたしてあったのか否か、②安場はいかにして中条を知り得たのか、という点である。①については、史料的に確認できず、諸状況から推測可能な話という以上のことは言えない。もっとも、平野義太郎の作成した安場の「年譜」には、岩倉の内意があって福島県に赴任したとある[13]。②については、先に紹介した田中正能氏の著書においては、「安場は、かつて酒田県大参事として在任、中条の仕事とその実績を知っていた」とあるが、安場は胆沢県を離れるのを良しとせず、ついに酒田県には赴任しなかったため、二カ月後には再び胆沢県大参事に復任するという異例の経歴を持っている。したがって酒田県在任によって中条を知ったという点は疑問となる。安場がなぜ中条を知ったかはこれまでは確認できなかったのである。

安場と中条を結ぶ唯一の史料「天皇陛下奥羽御巡幸奏請之義打合状」[14]によれば、明治五年、中条が置賜県大属として、東京出張所在勤中、天皇の東北行幸の議が持ち上がり、その奏議についての打ち合わせを東北各県が協議して行なおうという趣旨の置賜県側の提案を、福島県側に伝え、説明を行なっていることである。この史料は、「六月」とあるだけで、日付がないが、安場が権令に任命された六月二日直後であろう。このなかで「委細ハ中条政恒口頭ヲ以御詳悉有之度」と述べているので、このとき中条が安場に直接会ったことは間違いない。

さて、安場は福島県赴任前、東京で福島県政に何が必要かを山吉と連絡をとって検討し、六月二五日着県したのであった。ここに改めて、これらの事情を物語る史料がある。これは山吉側の史料が皆無に近い現状のなかで、たまたま「宮島誠一郎文書」中に「山吉事件」なる文書があり、それが山吉盛典の直筆による宮島あての書簡で、その中に、安場、中条赴任に関わる書簡が二通存在したのである。

5　山吉の開墾思想と中条赴任の真相

安場赴任後に始められた安積郡大槻原開墾事業について、当時県官であった八重野範三郎は、「咬菜・安場保和先生伝」(15)で次のように述べている。

「先生赴任の初め参事山吉盛典に、県治上先ず施説を要すべきものを問ふ。山吉対へて曰く、蚕業の奨励と、安積郡大槻原の開墾とは、当面の急務と謂ふべきかと。殖産興業は先生の常に念とせしところなれば、即ち山吉の説を用ひ、旧米沢藩士中条政恒を用ひて県官となし、開墾事業を担任せしめ、明治五年十月其の資金を大蔵省に具申し、翌六年四月開墾方法を同省に提出し其の許可を得たり。」

以上の如く、八重野による安場の伝記では、安場は殖産興業の福島県における実践を目的としつつ、その具体的課題については参事山吉に意見を聞き、これによって大槻原開墾の着手へ動いたということになるのである。そして開墾事業実施にあたり、その任に当たるべき人材として、中条を登用したということがわかるのである。

さて、では今回新たに見つかった重要な史料である山吉盛典のこの件に触れた書簡を見てみよう。これは山吉盛典が、米沢藩時代の上司であり、かつ山吉が信頼してやまぬ宮島誠一郎（このとき左院の少議官）へ宛てた手紙である(16)。手紙の前半は、米沢藩時代の下僚たちの任官を心配している様子が述べられており、後半は福島県が新しい権令を迎えてなすべき開墾事業についての山吉の見解が記されている。

（前半略）

着県以来追々熟慮仕候処、……開墾等之手配一向無之、爾後置県以来も右等之世話無之候様子ニ而、第一安積郡并信達白川之四郡ニ而広莫之荒地有之、開墾行届候ハヾ、五万石余ハ出増可申、当今ハ北海道迄も開墾之際ニ当リ、目前莫大之荒地有之事ニ而ハ、残念之至リ、僕第一之着目ハ、開拓ヲ以専一ニ致候事ニ御坐候。併極而大業ニシテ慢ニ難取掛義、先々発言ハ不致、追々官員中吾志之輩ヘ相談、且ツ実地ニも一見致度夫々苦慮仕居申候。

此ニ一之愚見アリ。此度当県権典事一名同県ヨリ登用致度との評議ニ相成、熟慮仕候処、上与七郎義可然と存申候。同人義ハ御同様ニ差貫置候人物、今以同様ニ御坐候得共、当時、当県官員中業ザものニ乏敷、権令之望ニも、小々位ハ癖物ニ而も押コナシノ出来候人物と之注文也、且聴訟之課長ニ致候義ニ御坐候得共、池田ニ而ハ些ト当方ニ合兼可申、旁前文見込ニ罷在申所候、未ダ決定致候義ニハ無之候。右辺之義ニ付而も評判相手とてハ有之候、随分苦心勝ニ御坐候。御地出立前、御評判仕候。（以下略）

申　六月三日　　盛典拝

吉久様

以上の手紙は、安場が福島県権令に任命された翌日付であることから、安場と山吉の間ですでに何らかの手段により、今後の県政についての往復があったものと思われる。当時政治に熱意ある官僚は、いずれも殖産興業を旨としており、その方針を実現できる地理的条件と有能な人材を得れば水を得た魚の如く活動を開始したのである。山吉は、福島県参事になって以来、安積、信夫、伊達、白河の荒蕪地に目をつけ、ここの開墾を意図していたが、宮原積権令は清岡公張県令退官後の一時的な権令であり、殖産興業策に意欲を持っていなかったようである。そのため山吉は、宮原権令が免官となり、安場が権令として任命されるや、自ら考える荒蕪地の開墾を建議したものと思われる。従来、山吉は福島北部の笹木野原の開墾を主張し、安場は中条の安積開墾の主張を容れたとの一説があったが、この手紙では、筆頭に安積郡があげられており、中条の主張を安場が容れたとする説は否定されることとなる。また、手紙のなかで、「此度当県権典事一名同県ヨリ登用致度との評議ニ相成、熟慮仕候処、上与七郎義可然と存申候」とあるように、中条政恒（上与七郎は中条政恒の米沢時代の姓名、明治五年四月より中条姓となる）を福島県に呼ぶことを提案しているのは山吉自身である。彼は米沢時代の中条政恒を熟知しており、藩政改革において宮島誠一郎（吉久）と意見が合わず、北海道開拓を執拗に政府に上申していた中条の、そうした人柄をよく知り抜いた上で、安場の「少々位ハ癖物ニ而も押コナシノ出来候人物」という注文もあって、中条を福島県に呼びたい意図を宮島に告げているのである。

こうした、安場、山吉の方針に基づいて、明治五（一八七二）年九月二〇日中条は福島県典事に任命されるに至ったのである。以上の書簡からすると、中条赴任に関する八重野の安場伝が最も正確にこの間の事情を記録したということになろう。こうして、安場、山吉、中条という「殖産興業」「開物成務」に意欲を燃やす三官僚によって、明治九年、大槻原開墾はほぼ概観を整え、明治天皇の行幸後は、国営開墾事業のモデル地区として、大久保利通の士族授産の構想に基づき、安積諸原野開墾の中心部を担うに至るのである。

6　大久保利通の政策

山吉盛典の宮島誠一郎にあてた安場赴任に関した書簡は前述のものの外にもう一通ある。それは、六月八日付であるので、前述の書簡の五日後である。書簡は次のとおり。

此度当県令宮原本官被免、右代リ権令安場保和（俗名一平）拝命之内達ニ相成申候。右人ハ兼て先醒之御噺ニも承居候様覚居申候。是迄ハ何勤居申候人ニ御坐候哉。若御懇意之人ニも有之候ハヾ、僕之義夫々御噺置ヒ下度奉希候。宮原免職之義ハ色々意味合有之事と想像仕居候得共、兎角人之争江ハ不構方と相略申候。唯々実ハ老人昔流義ニ而、所セン大業ヲ共ニする人とハ不存寄、是ニハ苦心仕居候事ニ御坐候得ども、安場ハ何辺之人ニ御坐候哉。希ハ御開化ニシテ当所之困循風一洗する之人ニぞ企望スル所ニ御坐候。此度外国人無印鑑ニ而当所ヨリ参候ニ付、無止其御地迄官員差添護送為致只今出立ニ付出庁中忽々略筆仕候。頓首

申

六月八日　　　　　　　　　　　　　　　盛典

少議官公

侍史

（追伸略）

以上、短いので追伸以外は全文を紹介した。この手紙によれば、山吉にとって、宮原から安場への交替は突然のことであったらしく、山吉は安場の人物をほとんど知らない。しかも、六月三日の手紙によれば、開墾問題で、安場との連絡がすでにあった模様であるから、これは書簡による往来で、実際には安場とはまだ面識がないものと受けとられる。山吉は、宮島に対し、①もし安場と懇意であるならば、自分のことを安場に話しておいてほしいこと、②先の宮原権令は昔気質の人で苦労したので、今度赴任してくる安場が「開化」の思想で古いしきたりを一掃してくれることを希望していること、などを記している。これらは前述の書簡と同様、山吉の正直な気持ちを述べたものと思われる。この段階（六月八日）では、まだ安場は東京におり、福島県に着任したのは六月二五日である。[17] 安場は、山吉が希望する以上に、殖産興業に熱意ある大人物であった。安場は赴任するや二本松に製糸業を起こし、大槻原開墾に着手したのであった。

安場は岩倉、大久保らと共にアメリカを視察し、殖産興業策の急務を確信していた。そして、その意思を福島県において実践することとなったのであるが、彼のこうした県政遂行の背景には、岩倉、大久保の強い後楯があったのである。

大久保の殖産論は、その国家論と分かちがたく結合したものであり、それらは「大久保利通文書」において十分に確認されるものである。とくに明治六年五月米欧視察より帰って後、西郷隆盛らの征韓論を破り、内務省を創設して内務卿となってからは、彼の国家観を政治経済の具体的政策として実践するに至った。その方法は、閣内から西郷ら反対派が去った後のことで政策上の強力な政敵がいなくなったこともあり、これより彼が暗殺された明治一一年五月までは、「大久保独裁」「大久保専制」と評される一時期を呈した。「独裁」「専制」と断定するのは必ずしも適切かどうかと思うが、この時期大久保の強力な指導力が確立されたことは違いない。

明治六年の「征韓に関する意見書」「立憲政体構想に関する意見書」[18]は大久保の内外情勢認識をよく示しており、「民主政治」と「君主政治」の長短について語り、そのいずれもその国の「土地風俗人情時勢」に応じて成立したものであるから、そのまま日本に適用することはできず、日本の人民は「久シク封建ノ圧制ニ慣レ」てしまっているので、わが国の政体は「定律国法」をもってし、それは「君民共治ノ制」とし、その基本は国の「独立不羈ノ権」を確立することにあるとした。しかし、当面の策としては君主専制を採用する、というのが大久保の国家論であり、国家の経済的基盤を保障するのが、翌明治七年の「殖産興業に関する建議書」[19]に述べられた「大凡国ノ強弱ハ人民ノ貧富ニ因リ、人民ノ貧富ハ物産ノ多寡ニ係ル」との富国強兵論であったのである。こうした見地から、大久保は地方官僚に有能な人材を登用し、地方を基盤にした殖産興業に力を入れることとなったのである。

そして明治九年東北行幸による東北地方の勧業状況視察ののち、明治一一年三月三条実美に提出された「一般殖産及華士族授産方法」（A）「福島県下岩代国安積郡字対面原及接近諸原野開墾方法」（B）[20]では、安積郡の諸原野開墾を中心とする東北地方南部の開発計画が提案された。

ここで大久保は、「夫レ華士族ヲ通観セバ、其ノ恒産ヲ有スルモノ実ニ千中ノ一二三ニ及バズ。多クハ、徒食放懶ニシテ、居常鬱屈不平ヲ銜ム。禍機ノ陰晦潜匿スル、蓋シ之ヲ淵叢トセン、今ニシテ之ヲ済ハズンバ、他日国家ノ元気ヲ毒シ、其ノ惨毒ノ徴果シテ如何（中略）……此機ヲ愆ラズ、授産ノ方ヲ設ケ、二族ヲ誘ヒ、開産ノ法ヲ厚クシテ農事ヲ改良シ、以テ元気ヲ旺盛ナラシメ、国力ヲ伸張セランコト」（A）を三条に上申し、士族授産による原野開墾を進めようとした。そして開墾適地として東北に目をつけたのである。「……東北地方ノ如キハ、人煙稀疎、従テ所在荒蕪ノ原野散在シ……（中略）……其ノ地ヲ調査致候処、福島県下安積郡対面原近傍諸原野ノ儀ハ、諸般便宜ノ地ニシテ、総テ四方通達ノ位置ヲ占メ、甚ダ開墾好適ノ趣（殊ニ開成山ノ開墾地ニ近接シ同地ノ事業ヲ助成スベキノ便利有之）只一ノ水利欠クモ、右原野ノ最寄猪苗代ノ湖水ヲ疏通スレバ、総テ灌漑ノ見込（略）モ相立候得バ、此ノ地ヲ東北荒蕪地移住開墾第一着手トナシ……」（B）というのが、大久保の具体的な、国営開墾事業第一号としての安積開墾の構想であった。　そしてこの安積開墾事業は、「其一……北上川ヨリ運河ヲ疏鑿シ、港ヲ野蒜ニ開設スベシ……其ノ二新潟港改修……其ノ三越後（清水越ト云フ）上野運路ノ開鑿……其ノ四大谷川運河ノ開鑿……那珂湊ヲ修築……其ノ五阿武隈川ノ改修……其ノ六阿賀川改修……其ノ七印旛沼ヨリ東京へ運路……以上ハ東北諸州水陸運路ノ便利ヲ与フル其ノ大概ヲ挙ル」（A）という、主として東北南部の大開発構想の中における開墾事業であったということ、つまり、単に孤立した一地方としての安積郡の開墾ではない、という点に、当時の国政（殖産興業策）の一環としての位置づけが可能になるのである。

以上のように、大久保に代表される明治政府の殖産興業論の忠実な実行者として福島県の開墾を進めたのが、安場、山吉の二県令とその部下である中条であった。

二　福島県民会の開設

1　地方民会開設への動き

殖産興業と共に、政府の重要なもう一つの政策であった地方制度の確立についてみていこう。

明治八（一八七五）年一月、大久保は大阪会議で木戸孝充、板垣退助との政治的妥協に成功、木戸の主張する民会の開設へ向けて、政府内の政策調整が進められる。同年四月一日立憲政体樹立の詔が発せられ、政府の漸進的立憲主義の方向が決定した。この八年の詔は、のちの民権運動における国会開設要求の建白、上申等で、民権家の主張の枕言葉となる。つまり、民権運動の合法性をこの八年の詔書に求めることで、民権運動の正当性の根拠とし、運動の広範な展開を可能としたが、一方で、天皇制の承認を前提とする体制内的思想から脱却できない側面をも残した。その運動内部にもつ矛盾の克服が、民権運動の激化という形の中でしかできなかったこととなる。そのように、民権運動

の呪縛となった重要な詔書であるので、次にその全文を掲げておく。(21)

立憲政体樹立の詔

朕即位ノ初首トシテ群臣ヲ会シ五事ヲ以テ神明ニ誓ヒ国是ヲ定メ万民保全ノ道ヲ求ム、幸ニ祖宗ノ霊ト群臣ノ力トニ頼リ以テ今日ノ小康ヲ得タリ、顧ニ中興日浅ク内治ノ事当ニ振作更張スベキ者少シトセズ、朕今誓文ノ意拡充シ茲ニ元老院ヲ設ケ以テ立法ノ源ヲ広メ、大審院ヲ置キ以テ審判ノ権ヲ鞏クシ、又地方官ヲ召集シ以テ民情ヲ通シ公益ヲ図リ、漸次ニ国家立憲ノ政体ヲ立テ汝衆庶ト倶ニ其慶ニ頼ント欲ス、汝衆庶或ハ蕉ニ泥ミ故ニ慣ル、事莫ク又或ハ進ムニ軽ク為スニ急ナル事莫ク其レ能朕ガ旨ヲ体シテ翼賛スル所アレ

明治八年四月十四日

右の詔書にあるように「地方官ヲ召集シ以テ民情ヲ通シ公益ヲ図リ、漸次ニ国家立憲ノ政体ヲ立テ汝衆庶ト倶ニ其慶ニ頼ント欲ス」との公約に基づき、六月、第一回の地方官会議が、浅草、東本願寺別院で開かれた。その議題は「第一地方警察議問、第二道路附橋梁議問、第三河港道路修築規則、第四堤防法案、第五地方民会議問」であった。これより早く民会、もしくは民会に準ずる議会を開設している府県は七県、区戸長会は一府二二県と報告されている。(22)

初期の民会は、開明的な県官僚の主導によって開設されたところが多い。その最も早い例としてあげられるのは、明治六年兵庫県の県令神田孝平によって開設された県会が有名である。その他明治九年までの地方民会開設県については、『内務省史』に記載の表を掲

表1　明治9年以前の地方民会

県会のみ	県 愛知県、島根県、石川県、三潴県、磐前県、滋賀県、山口県、豊岡県
区会のみ	筑摩県、高知県、愛媛県、山形県
県区両会	千葉県、新潟県、熊谷県、埼玉県、茨城県、和歌山県、名東県、兵庫県、青森県、山梨県、宮崎県、宮城県、秋田県

出典：『内務省第一回年報』（『内務省史』第1巻より引用）．

げておく（表1）。

2　民会とは何か――地方官会議の議論――

さてこの時期にいわれる「民会」とはどのようなものを指すのであろうか。

まずは、第一回地方官会議における議論から、当時の地方官僚の認識を明らかにしてみたい(23)。

第一回地方官会議は、明治八（一八七五）年六月二〇日より七月一七日まで開設された。このうち地方民会に関連しての審議は、七月八、九日地方民会議問審議、七月一〇日府県会法案、区会法案、府県会法案審議、七月一二日府県会法案審議、七月一三日区会法案審議、七月一五日府県会法案審議、区会法案審議となっている。

では、地方官会議における審議の内容を少し見てみよう。

七月八日冒頭における議長の説明によれば、「近来間々地方官ノ意ヲ以テ、或ハ民会ノ端ヲ開ク者アリト雖モ、未ダ全々国ノ通法アラズ。因テ今此法案ヲ下附セラレタリ。（中略）地方民会ヲ開設シ、其地ノ民費及ビ公益ニ関スル事等、衆議ヲ採テ定ントスル、新タニ議会ノ法ヲ設ケ、公選ノ議員ヲ用フルト、姑ラク区戸長ヲ以テ議員トスルト、孰レカ今日人民ノ適度ニ応ジ、実際ニ益アルベキ哉。其得失如何。」（以下略）との問に始まった。これに答えて、公選議会、官選議会（区戸長をもって議員とする）についてそれぞれ賛否の議論が展開された。

ここでは、公選民会開設論者のうちの明瞭な中島信行の民会観を取り上げてみたい。

○中島信行（神奈川県令）

（前略）諸氏ハ徒ラニ人民ノ地位未ダ公選会議ヲ開クノ度ニ進マザルヲ口実トセリ。若シ真ニ其度ニ進マザルトセンカ、区戸長会モ亦其適度ニ応ゼザル可シ、若区戸長会ハ人民ノ度ニ応ゼリトセンカ、何故ニ公選民会ハ之ニ応ゼザルカ、……又区戸長ハ何如ナル職務ナルカ、即ハチ行政ノ一部ニ属スルノ官吏ナリ。官吏ヲシテ議員タラシム、已ニ議会ノ根理ニ反スル者ナリ。畢竟区戸長会ヲ開クハ、容易ノ業タルヲ以テ、之ヲ可トスルニ過ザルナルベシ。何如ゾ難易ヲ将テ此際ノ見解トナス可ケンヤ。故ニ僕ハ仮令着手ノ初メニ当リ、多少ノ難事アルニモセヨ、断然公選民会ヲ開ク可シトス。……コノ（人民の）智識ヲ進ムルニハ、人民ヲシテ各自ノ権利ヲ重ジ、義務ヲ知ラシムルヲ主要トス。公選民会ニ依ルニ非ズシテ、外ニ何ノ策アリテカ、之ヲ重ジ之ヲ知ラシムベキヤ。（以下略）

中島の主張するところをまとめれば、①公選民会を開けるほどに人民の意識は進歩していないとする説は承認できない。②区戸長は行政官吏であるから、これが議員を兼ねることは議会の原理に反する。③人民の進歩は、公選民会によってその権利義務を認識するのが道である、ということになろう。

次に安場保和の主張するところは、この論稿で取り上げる福島県令の見解がわかるので、全文紹介しておきたい。

○安場保和（福島県令）

此御垂問ニ答フルニハ、先ヅ四月十四日ノ詔書ヲ拝読ス可シ。

聖旨ハ明カニ公選民会ノ正理ヲ挙行セシメント冀望シ給フニ非ズヤ。苟シクモ此正理ニ基ヅキ見レバ、断然公選ノ方法ヲ以テ、人民会議ノ正則ト確定セザル可カラズ。施行ノ実ニ於テ利害ヲ是非スル者ハ、是レ民会問題中ニ拘泥スル所ニシテ、決シテ今日開設ノ体裁上ニ在ラズ。又事実ヲ論ズルナラバ、大綱領ヲ論ゼヨ、圧制ノ慣習ヲ廃シ、民権ノ張伸ヲ望ムハ、是レ即ハチ大綱領ナリ。而シテ諸民ハコノ大綱領ヲ束閣セント欲スルガ故ニ、我輩ハ首トシテ此正理ナル公選ヲ正則トシテ、遵奉セザル可カラズ。将タ地方各所ノ実況ニ於テ、遽カニ此正則ヲ挙行シ難キ程ノ情勢アラバ、区戸長会ニセヨ或ハ官民混同ニセヨ、変則トシテ姑ラク行フベシ。天下一般ノ正則ニ至リテハ、公選ノ外ニ正則アルベキ理ナシ、僕ガ願フ所ハ、コノ正則ヲ、今年ニ於テ選挙人非選挙人ノ制限、会議ノ権限、町村会区会県会ノ分界ヲ草定シテ、之ヲ全州ニ頒布シ、以テ明カニ前途ノ目的ヲ示シ、今年ノ経験ヲ以テ之ヲ来年ニ議セン事ヲ欲スルナリ。

以上が安場の主張である。ここにおいて彼は、①公選民会の開設は明治八年四月の詔書によっても明白である。②また政治の大綱領は圧制の慣習を改め民権を伸ばすことにあるのだから、この「正理」に基づけば、公選が「正則」となる道理である。③しかし難しい情勢にある地方では区長会あるいは官民混同の議会でも「変則」としてしばらくこれを行なう。④今年中に選挙人被選挙人の制限、会議の権限、町村会区会県会の別を決め、全国に頒布し、今年の経験を基に来年これを審議する、というものであった。

安場の主張の中でとくに目立つ点は、②の民権の伸長を民会の一つの目的としている点と、④の地方議会を、町村会→区会→県会という順序で捉えている点である。

この地方官会議では、政府側の最初の提案において、町村会は「一町村ノ戸主概略五十人ニ満タズ、又財産ノ制限ヲ加ヘバ、真ニ選挙者タルベキ者僅々ノミ。是全国一般ニ、町村会ヲ設ル能ハザル所以ナリ」として、町村会については特に審議の対象とはなっていない。最も、町村会については、最終日の七月一七日、次の如き達が出された。

町村会開設ニ関スル達

各地方漸次町村会開設之儀、此度其地方ノ適宜ニ被任候ニ付、右準則追テ御渡可相成候条、此段相達候事。

但已ニ民会開設有之向、追々伺出候分モ有之候処、右者町村会準則制定相成候上、何分之御指令可有之候事。

右之通太政大臣殿ヨリ被相達候ニ付、此段相達候事

明治八年七月十七日

地方官会議議長　木戸孝允

さて、公選民会については他に、岩村高俊（愛媛県権令）が「……立法ノ一部ハコノ民会ニ始リ、遂ニ上進シテ、国議院ニモ及バザル可カラズ、議ハ人民ヨリ起ルヨリ益ナルハナシ」といい、神田孝平（兵庫県令）は「今日ノ実況ニ於テ、区戸長会ハ或ハ適度ナル可ト雖モ、区戸長ハ給料ヲ得テ県庁ニ付属スルノ行政吏ナリ。故ニ区長バカリノ協議ヲ以テ、人民ノ与論トハ見做シ難シ」「官民混同ノ状アルモ、一区ヨリ区戸長一人ヲ出サバ、公選代議人モ亦一人ヲ出サシムルヲ良法」と述べている。また、西毅一（岡山県権参事）は、「日本人民ノ智識未ダ開ケズ、公選民会ヲ設クルノ度ニ達セズト云ヘリ。是レ太タ人民ヲ蔑視シタルノ説ナリ」として、官選主張者に反論している。他に公選民会に賛成する者は、関口隆吉（山形県権令）、岩崎長武（高知県権令）、岡村義昌（三潴県権令）、加藤祖一（秋田県参事）、伊藤謙吉（佐賀県令代理七等出仕）、藤井千尋（奈良県権令）、宮川房之（長崎県令）、新庄厚信（置賜県権令）、塩谷良翰（青森県参事）、鳥山重信（三重県参事）、三吉周亮（鳥取県令）らである。しかしながら民選派は多数を占めることができず、官選の区戸長をもって地方議会を開くという意見が大勢を占めたのであった。

以上の如く、地方官会議における公選民会論者の民会観は、第一に、行政官吏である区戸長は立法府である議会の議員になることはできないという、行政と立法の区分を認識していること、第二には、人民の進歩、民権の伸長は公選民会を開き人民自ら権利、義務を自覚することにあると認識していることに大きな特徴がある。

このように、近代国家が成立するための必然的要件としての立憲政体の樹立の過程の中で、議会が、近世的な形態（村寄合いなど）から近代的なそれへ移行する画期として、立法と行政の分離の明確な認識が生まれていたことを見出すことができる。(24)

3　福島県民会規則制定の概要

福島県民会規則の制定作業は、明治九（一八七六）年の明治天皇東北行幸の直後に開始された。すでに見たように、県令安場保和は、一方で殖産興業の実践として、安積郡大槻原の開墾に着手し、明治九年にはほぼ開墾地の形状はととのって新村桑野村の誕生にまで進んでいた。一方従来の県会、区会の改革を重ね、また前項で見たように明治八年六・七月の地方官会議では、公選民会を主張している。しかしこの年一二月、安場は愛知県令に転出、その後は、参事山吉盛典が県政の二本の柱である安積郡大槻原開墾（殖産興業）と県民会の開設（地方制度の確立）を担うこととなったのである。ここでは県民会開設に至る過程を、これを担当した人々の動きのなかから捉えてみる。

まず、安場転出後県政のトップ官僚となった参事山吉盛典について簡単に述べておく。山吉盛典は置賜県（米沢藩）士族、若松兵部出張所、兵部省七等出仕を経て、明治五年四月九日福島県権参事として福島県に赴任、一〇月九日県参事、明治一〇年一月一七日、機構改革で参事以下廃止となり、大書記官となる。同年三月二日県権令、一一年七月二五日県令となる。

以上のように、安場転出以後山吉が県令に昇進するまで、福島県は県令不在の県となり、長く、山吉が県令代行者であったわけである。したがって、県民会規則制定の時期は、山吉の身分が、参事→大書記官→権令と目まぐるしく変わる時期でもあった。

すでに見たように、県令安場保和によって公選民会の必要性は自覚されていたことから考えても、その直属の配下である参事山吉盛典が、同様な考えをもっていたと考えても不都合ではないと思う。安場転出後、明治九年、天皇の東北行幸が実施され、県政は天皇を迎える準備に忙殺された。しかし、行幸終了後、県は直ちに、県民会開設に向けて調査、県民会規則の起草に取り掛かった。以下『福島県政治史』(25)によれば、

明治九年天皇行幸後「太政官より特遣を請ひたる柿沼氏（柿崎の誤り―引用者）、其の起草の主宰となり、之に県の大属小池友謙（茨城県士族、後ち耶麻郡長）、中属増子永人（茨城県士族）、第一記録掛野口勝一、大須賀次郎（磐前県士族、後ち行・宇郡長に転任）、権中属矢部重高（福島県士族、後ち本県会議長）、十三等出仕桜内協（福島県平民、後ち本県会副議長）、三等警部高松嘉績（福島県士族、後ち本県会議長）等を付し、山吉参事、中条権参事の激励の下に、遂に不完全ながらも同十年四月を以て其の編成するや県下の民衆は、未だ『民会規則』の何ものたるも解知せざりしが、

此の報一度び伝へるに至りて、無意識にも政治的衝動を受けた。」

「同年十一・十二月、此の草案を基礎として数回に及び」、規則の運用を試すべく各区長を集めて、福島市内の常光寺又は到岸寺で集会を開いた。集まった区長は、「東部七郡中四郡（菊多、磐前、磐城、楢葉）代表第二十副区長白井遠平、三郡（標葉、行方、宇多）代表第二十六区長松本茂、白川郡代表第八区長（第一八区の誤り—引用者）近山勝任、田村・石川二郡代表第二十一区長河野広中、東蒲原郡及び会津旧郡代表第十一区会所区長宗村光徳、第十二区長宮本行靖、他に信・達、安積、安達、岩瀬郡の各区長」となっている。また、河野広中、大須賀次郎、野口勝一が、県民会規則の修正委員となって原案に修正を加えた。この修正案を更に、区・町村総代会議において討議、決定し、翌明治一一年一月四日公布した。つまり、九年夏以後二年近くの歳月を費やし、県→区→町村の各段階での討議、修正を経て決定されたのであって、当時としては最大限の民主的ルールを経たといって過言ではあるまいと思う。

さてここに公布前に県下区会所に配った民会規則に付された題辞があるので、以下引用しておく。[26]

民会規則題辞

本県去ル明治六・七年頃ヨリ公ケニ択ミタル議員ニテ開会ニ及ビ居シニ、不測モ、明治八年四月十四日、深遠ノ詔ヲ下シ給ヒ、猶又、同年七月十日、公選民会ノ事ニ就キ、伺書へ夫々御指揮ノ振モ有之、感喜極リナク愈々着実ニイタシ度冀ヒタリシカドモ、去年ハ合県ノ事杯アリテ行届兼タル故、今般更ニ前日ノ会ヲ潤色シ規則ヲ取極メシナリ。惟フニ民会ノ儀ハ、我邦是マデ慣レザル事ニテ、殊更心得方モ深切ナラザレバ其甲斐モアル間敷所、言論思想ノ麁末ニ流レ、挙動進退ノ過激ニ渉ル如キハ、尤モイマシムベキ筈ニテ、言論思想麁末ニ流ルレバ物理ノ真ヲ究ムル能ハズ、挙動進退過激ニ渉レバ独リ裨益ナキノミナラズ、却テ大害ヲ醸スニ至ル。慎テ麁末過激ノ二弊ヲ免レ、協和忠愛、真正ノ実益ヲ求メ、漸次進升シテ終テハ、天皇陛下至仁ノ叡旨ニ対シ奉ルノ心得方コソ肝要ナルベシ。民権家ト称スル中ニハ、間々前述ノ弊ナキ能ハズ、散々事ナル故、今「民会規則」ヲ定ムルニ臨ミテ共ニ浮躁ヲ警メ、誓テ忠厚ヲ旨トシ、管下三国二十一郡七十八万余人ノ為メ、大ニ将来ニ期スル所アラントセリ。凡此会ニ与ルモノ、篤ク其旨ヲ会得シ、公益ヲ謀リ、私論ヲ禁ジ、遂ニ公選議会ノ実旨ヲ貫徹セバ、独リ本県ノ望ヲ慰スルノミナラズ、実ニ国家人民ノ幸福ナリ、于爰謹而要旨ヲ告グ。

明治十年十一月　　　　福島県

以上の題辞の冒頭に「本県去ル明治六・七年頃ヨリ公ケニ択ミタル議員ニテ開会……」とあるのは、磐城における河野広中によって開設された区民会を指すという指摘もあるが、あるいは、田島昇氏の例示している旧福島県内の区会議等を指している可能性もある。(27) 又、「同年七月十日、公選民会ノ事ニ就キ、伺書ヘ夫々御指揮ノ振モ有之、感喜極リナク愈々着実ニイタシ度冀ヒタリシカドモ、去年ハ合県ノ事杯アリテ行届兼タル故、今般更ニ前日ノ会ヲ潤色シ規則ヲ取極メシナリ」とその経過について述べている。「同年七月十日」とあるのは、八年六・七月に開かれた地方官会議で地方民会及び民会規則についての討議があったときのことを指しているのではないだろうか。そしてその後県としてはすぐにも着手したかったところ、九年に三県合併（福島、磐前、若松三県合併は九年八月二一日）のことがあって遅れた、と述べている。

こうして制定された民会規則による第一回福島県会は明治一一年六月一日、福島の西蓮寺を会場にして開かれた。「県会日誌」(28) はこの日の様子を次のように記録している。

六月一日

一、本日開場式ヲ行フニ付、該会議長安部井磐根以下諸員皆礼服ヲ着シ午前第九時議場ニ集ル、県庁ヨリハ掛官員河野六等属小山九等属出席アリ

一、九時三十分山吉権令中条少書記官以下属官数名モ礼服着用参着扣所ニ休息ス

一、十時議長幹事書記議員及参観人各議堂ノ席ニ着ク、権令席ニ臨ム、議長以下諸員及参観人敬礼ス

一、権令ハ諸員ニ向ヒ告諭アリ……（以下略）

こうして一同が式場に揃ったところへ、権令山吉盛典の「祝詞」が、柿崎四等属より朗読された。

祝　詞

国運昌盛人智大ニ進ム、是ニ於テカ公選議会ノ挙アリ、村会ニ区会ニ其議観ルベキモノアリ、今ヤ進ンデ県会ニ及ブ亦盛ンナラズヤ。回顧スレバ昔時ノ政令タルヤ縄ノ如キモノアリ、民権ヲ束縛シ荊ノ如キモノアリ、言路ヲ梗塞シタリキ今ヤ然ラズ、彼ノ縄ノ如ク荊ノ如キモノ掃蕩略尽ク、是其由ル所ヲ思ハザルベカラズ。抑明治八年四月十四日ノ明詔ハ開闢以還ノ因襲ヲ破リ、国家千秋ノ基礎ヲ鞏固ナラシムルモノニ非ズヤ。夫レ既ニ是ノ如クナレバ、県会議員タルモノ、思想言論ハ我県下七十八万余人ノ利害ニ関渉スルモノニテ、其責任タル浅少ニ非ラザルナリ。切ニ望ム、諸員能ク其責任ヲ尽シ、為メニ踈卒過激ヲ戒メ、実益公利ヲ講究セバ、独リ県下人民幸福ノ好菓ハ此県会ヨリ結成スルノミナラズ、能ク天皇陛下至仁ノ詔旨ニ答奉ルモノト謂フベシ。故ニ本日開場ニ於テ謹デ祝詞ヲ述ル是ノ如シ

明治十一年六月一日　　福島県権令　正六位山吉盛典

この初めての県会においては、県提案の「国道線築造ノ件」「消防組設置並費用ノ件」「凶荒予備ノ件」「県会費用割賦ノ件」と、議員提案の「議事堂新築之議案」「警察費割賦方法議案」「民会規則修正増補案」が討議され、六月二六日閉会した。(29)

4　民会規則制定にかかわった人々

（1）草案作成

こうして開設された県民会に関し、『福島県政治史』の著者諸根樟一は、「殊に山吉権令の如きは、誠意以て、県の施政、県民の要望等に留意し明治初政時代とも云ふべき、過去十年の混沌過程の棹尾に於て、曩に『民会規則』を創定し、又此れを施行して、県政の何ものたるかを認識せしめ、且県会を樹立したる其の功は、本県歴代長官中、唯山吉時代を以て之が政治的画期となし、而して本県政治の祖たりと謂ふべきである」(30)として大きなプラス評価を下しているのである。

『福島県史4　近代1』では、民会規則制定に関して「中条少書記官が中心となって作成し、それに県官数名と河野広中の修正朱筆が加えられている」(31)とある。また『福島県政治史』は前述のとおり「太政官より特遣を請ひたる柿沼氏（柿崎の誤り—引用者）其の起草の主宰となり」とある。

では、中条の民会規則へのかかわり方はどのようなものであったろうか。

二本松の民権家平島松尾の『安達憲政史』には、「此の時（九年八月三県合併直後—引用者）、中条書記官は県下区会所行政監視として各区会所を巡視して石川区会所に至ったが、時の石川区長河野広中氏は、これを好機として民会創設の一日も速やかならんことを進言し、書記官亦此の議を容れて、胸襟を披いて実行の方法を凝議し、帰県早々山吉県令を説いて即時断行を促し同十年十二月に至って町村会規則、区会規則、県会規則、が出来上った」(32)とある。

では、『河野磐州伝』(33)によれば、中条と河野の出会いはどのように描かれているであろうか。

「明治九年中、予（河野）が石川に区長たる時に、磐前県及び若松県が福島県に合併せられたので、時の福島県大書記官（この時は権参事—引用者）中条政恒が視察の為石川に来り、町村会及び区会に関する帳簿書類を見具さに其の運用如何を問ふので、予は、代議政治の効果を説き、其の治績の大に見るべきものあり、且つ人民の自由権利を認める以上、理当に代議政治を施さねばならぬ所以を明らかにした」ところ、中条は、河野の説に共鳴し、「民会規則の編成を予に嘱し、予も快く之を諾し、町村会、区会、県会の三段に別け、名づけて三民会と称し、其規則の調査に従事した」という。

ところが翌明治一〇（一八七七）年、西南戦争が起こるに至り、河野は、土佐の板垣が西郷に呼応して立ち、西郷が勝てば「専制武断の政治が行はるるに相違ない」と考え、板垣の意を確認、自重を勧めようと決心し、「三民会規則編製の事業も抛擲し」て土佐に赴こうとし、県庁に行って休暇を請う。このとき中条は留守で、増子一等属が応対、増子は県会を開く計画途中で河野を失うことはできないと主張。押問答の結果、「伊予道後の温泉に宿痾を養ふと云ふ理由で、往復日数を除き一週間の暇を許され、予の手に成った三民会の草案を県に渡し、愈々土佐に向ふ事となった」。こうして河野が石川を発ったのは七月中旬、高知についたのは九月七日という。

そして、河野不在となった県では、「太政官より転任して来た柿沼某（柿崎）を主任とし、磐州が曽て中条の嘱を受けて起草して置いた草案を基礎として、民会規則を創定し」た。また、河野は「民会規則全部修正委員と為り、本案修正の意見を立て、多くは其の採用する所と為った」のである。

以上が『河野磐州伝』に述べられた経緯である。これらの経過を文献、史料からみると、県官の指導性と、区戸長ら村落指導層の協力の実態がみえてくるのであるが、なかでも、台頭しつつあった自由民権運動家が多数協力している様子がわかる。こうした官民協力による民会規則制定の実態を、もう少しわかりやすく整理しておく。

①明治八年、四月の天皇による詔、六・七月の地方官会議を経て、福島県には地方民会開設の機運が高まってきたこと。

②明治九年、天皇東北行幸（福島県下六月）、三県合併による福島県の成立（八月）等があり、地方民会開設の着手が遅れたこと。

③三県合併後、いよいよ民会開設のため、調査に着手。明治九年後半期に、中条政恒権参事が各区会所を視察、調査

して回っている。このとき石川区会所にて、河野広中の区会に賛同、山吉盛典に報告。
④明治一〇年七月頃、河野は三民会の規則草案を県に提出して、土佐に赴く。
⑤河野がいなくなった県では、太政官四等属柿崎家保を県に呼び、柿崎は七月二八日、県四等属として赴任、民会規則制定の主任となる。
⑥柿崎を主任とした県官グループ（小池、増子、野口、大須賀、矢部、桜内、高松）は、河野の草案をもとに中条が起草したと思われる民会規則を検討の上、明治一〇年四月、正式の草案を起草した。
⑦明治一〇年一一・一二月各区長による数度にわたる草案の討議、検閲をなし修正を行なった。このとき、河野広中は大須賀次郎、野口勝一と共に草案修正委員となった。
⑧こうして明治一一年一月四日、「福島県民会規則」は権令山吉盛典によって公布された。
⑨明治一一年一月七日、河野広中は県六等属に任命され、専任民会事務掛となって、各区を巡回し、町村会、区会の運用を指導し、六月の第一回県会に出席、議長を指導した。(34)
⑩河野は第一回県会が終了、その残務処理が済むと、県に辞表を提出、八月五日、免官となる。

（2）作成者たちの人脈

民会規則制定過程とそこに関わった人々はほぼ出そろったことになる。そこで、このなかでも重要な役割を演じた人々の相互の人的関係について述べておきたい。

山吉盛典についてはすでに述べたように、安場保和転出後は県のトップにあったわけであるが、長く県令にはなれなかった。県権令に昇進したのは、民会規則制定作業中の明治一〇年三月二日であり、安場転出後一年三ヵ月が過ぎており、県令になったのは、翌一一年七月二五日である。その間、中条政恒は、ずっと山吉の次に位置し、九年二月一三日権参事、一〇年一月一七日少書記官、一一年九月七日大書記官と順次昇進している。

山吉の権令昇進に関しては、明治一〇年の大久保利通の次の書翰がその事情の一端を示している。(35)

伊藤博文への書翰

……（前略）……福島県之義県令欠員にて、是以度々催促申来猶勘考之上ト存打過居候処、此際之義ニ候得バ外ニ見込之人柄有之候ハヾ早々被命度、差当リ無之候得バ、なまじイニ他ヨリ御居ヘ有之より、当分山吉大書記官を昇級被仰付候而ハイカヾト申来候、種々批評も有之候得共……（中略）……即今外ニ人物有之候得バ宜舗候得共、五十歩百歩之論ニ候得バ、先同人エ相任セ方可然ト愚考候付、別紙之通相伺度若御異存有之候得バ、被示聞度、於御同意ハ御捺印可被下候、早速西京エ仕出電報ヲ以被命候様致度、此旨艸々如此候也

三月一日　　　　　　　　　　　　　　　　　　利通

伊藤殿

右の如く大久保の所見は、安場に匹敵するような人物も見出せず延びのびになっていたので、やむなく、山吉を昇進させようというものであって、おそらく、安場の果断な政策実行力に比べれば、山吉は優柔不断の面があったのかもしれない。しかし、このような山吉の性格が、民会制定における如く、民意に慎重な配慮をした手法を取らしめ、『福島県政治史』の著者をして「誠意以て、県の施政、県民の要望等に留意し」た「本県政の祖」と評価を下されるものとなったのである。

さて、このような山吉の下で、中条は次官として行動し、区・町村段階の下級官吏と接触していた。こうして、自由民権運動家との交流も自然に作られていった。その最も現実的県政上の交流が、河野広中との出会いであった。河野はいうまでもなく、福島自由民権運動の中心人物であり、この当時は石川区長として中条と出会ったのである。中条は河野の運営する区会に感心し、県は彼を民会規則制定の一員として登用したのであった。しかし、河野は全国的

なレベルでの民権家であり、国会開設運動に奔走していた。彼が県官として県政に常時携わるのは無理なことである。こうして山吉は河野に代わって、太政官の柿崎家保を県官として招いたのであった。

柿崎家保は、山吉、中条と同じ置賜県士族、明治五（一八七二）年より正院に出仕し、明治一〇年一月には太政官四等属となっていた。すでに米沢藩以来、山吉の知る人物である。柿崎は山吉に招かれ、明治一〇年七月二八日福島県四等属、翌一一年三等属となって民会創設を担ったが、明治一三年六月県官を辞し、一四年以降は元老院の書記生となっている。このようにして、山吉は、開墾創業に当たっては中条を、民会創設に当たっては柿崎といずれも同郷の下僚を県官に配置したのである。

また、この民会制定作業に修正委員として加わった野口勝一（茨城県士族）はその後三春町戸長となり、この民会規則を住民多数に解りやすく解説した『福島県民会規則略解』の出版を企画、同じ三春町の川又定蔵より権令山吉に「出版之儀伺」を出し、許可を受け、同年五月、これを出版した[36]。

こうした人脈上の特徴は、指導した県官僚の「開明派」と称すべき山吉、中条、柿崎という中心ラインが置賜県士族によって担われ、その重要な協力者に福島自由民権運動の中核的存在である河野広中とそのシンパたる野口勝一などが配されていることである。他にもこの時県の下級官僚に、岡野知荘、平島松尾などもおり、こうした民権運動の思想が多分に県政に影響を与えていた。つまり、福島県民会規則は、開明派官僚と民権派との共同の産物といえるのである。

この時期の民権派は、地方の開発、産業の発展と、地方自治のための民会の確立を、地方における目標としており、結果的に開明派と呼ばれる官僚とその目標を共有できる段階にあった。したがって、民権派はその目的に添う限りにおいて彼ら自身、中下級官僚にもなったのであって、その間に矛盾を生じるようなことはなかった。

5　大久保利通と三新法

福島県において民会規則の制定作業が進行しているころ、政府においては、現行の大区小区制が旧来の村との乖離を埋めることができず、地方制度の手直しを迫られる状況にあった。地方制度の確立による民生の安定を追求していた大久保利通は大区小区制の失敗の反省の上に、新たに地方三新法の制定を考えていた。

明治一一（一八七八）年三月一一日、大久保は三条実美へ「地方之体制等改正之儀上申」を提出し、「近日召集ノ地方官会議ニ附セラレン事」(37)を求めた。

大久保の提出した地方制度改正の基礎案である「御布告案」は修正を加えられて「政府案」として同年四月の地方官会議に提案され、そこで再び修正され、さらに五・六月の元老院において再修正されて、七月二二日、郡区町村編成法、府県会規則、地方税規則の三新法として布告された。

この法律の制定によって、町村は地方公共団体として認められ、戸長は公選となった。反面、郡に官選の郡長がおかれ、町村の監視の役割をもつ官吏としての役割を担った。

地方民会に関しては、府県会のみが規定された。このことについて、下山三郎氏は、政府案の特徴は「大久保案では三種の地方議会（府県会議、郡市会議、町村会議）が予定されていたのにたいして、単に府県会の設置のみを認めている点である。大久保案において、地方議会を設置すべき根拠は住民社会独立の区画においては、その住民共同の公事をおこなうためにその独立の公権をもってすべきである、というものであったが、政府案では、右の根拠に代わるような根拠は示されていない」として、大久保案から政府案への後退を指摘し、政府の府県会設置の意図を、「当時のわが国の社会的分業の発展度合からみれば、一元的中央集権的国家機構のみをもって政治支配をおこなうことは困難なのであり、なんらかの補助的装置が必須となっていたのである。政府はようやく民費を租税化する必要に媒介されて、この補助的装置の必須性に直面し、人民に一定の権利を与えることによって人民の服従を求める、というかたちで補助的装置の問題を実施せざるをえなくなったものであろう」と述べている(38)。

また、大久保案から政府案への修正に関して、奥田晴樹氏は、「町村について行政区画＝機関としての性格を一切認めず、政府の監督権の明文規定さえ欠く純然たる自治権を町村に付与としようという大久保案では、政府が町村を行政的に掌握する制度的保障を欠いているという該期の法制上の問題を何ら解決することにはならない。それ故、大久保案の根本的修正は不可避だったと言える」と述べて、大久保案における法制上の不備を指摘、こうした修正の経過を経て、「戸長の性格が二重化され」「町村自体も公共団体、自治団体と行政区画＝機関という二重性格を帯びるようになった」と述べている。(39)

以上のように大久保の地方制度改正案は、中央集権の強化を進める政府の意図に、より適合的に修正されたのち、明治一一年七月、三新法として公布された。これにより、福島県では、すでに県段階で制定した、県民会規則は廃止となった。したがって、自主的に作られた県民会規則によって開かれた県会は、明治一一年六月一日開会された、ただ一回の県会で、その使命を終えてしまったのである。

その最初で最後の県会の状況はすでに述べたとおりである。県会審議内容については、この稿の目的とするところではないので、詳細は『福島県政治史』及び『明治一一年福島県県会日誌』に譲る。

この三新法公布によって、自らの使命を終えた、ということであろうか、県官となって第一回の県民会規則に基づく県会の開催に従事した民権派の河野広中六等属、野口勝一九等属は公布直後の同年八月、それぞれ辞表を提出、地域に戻って民権運動に邁進する。

第二節　明治一四年政変の地方的展開

一　殖産興業政策の転換と安積開墾

1　大久保暗殺と「済生遺言」

大久保利通は明治一一（一八七八）年五月一四日、参朝の途中紀尾井坂で、石川県士族島田一郎らに暗殺された（現清水谷公園内に碑がある）。島田一郎は、愛国社結成大会にも参加したといわれる人物であるが、民権運動家というよりも、不平士族というほうが適切であろうと思われる[40]。

大久保は暗殺される数時間前、福島県権令山吉盛典に会っていた。山吉は、このとき、地方官会議に出席するため上京しており、五月一四日は帰県の挨拶に大久保を訪問したのであった。そのときの会談の模様を、山吉はのちに「済生遺言」[41]として記録に止め、これを、各省大臣クラスの人々に配布した。それによれば、二人は、安積開墾及びその周辺の東北南部の殖産興業等について懇談している。その中で大久保は「福島県下安積郡ノ開墾タル、実ニ内国開墾ノ第一着手ニシテ、則チ他日ノ標準雛形トモ称スベシ、尤慎重ヲ加エズンバアルベカラズ」と述べ、さらに、辞去しようとする山吉を止めて自らの政策上の展望を次のように語っている。

（前略）抑　皇政維新以来已ニ十ヶ年ノ星霜ヲ経タリト雖、昨年ニ至ルマデハ兵馬騒擾、不肖利通内務卿ノ職ヲ辱フスト雖、未ダ一モ其（職）務ヲ尽ス能ハズ。加之東西奔走海外派出等ニテ職務ノ挙ラザルハ恐縮ニ不堪ト雖、時勢不得已ナリ、今ヤ事漸ク平ケリ。故ニ此際勉メテ維新ノ盛意ヲ貫徹セントス。之ヲ貫徹センニハ、三十年ヲ期スルノ素志ナリ。仮リニ之ヲ三分シ明治元年ヨリ十年ニ至ルヲ第一期トス。兵事多クシテ則創業時間ナリ。十一年ヨリ二十年ニ至ルヲ第二期トス。第二期中ハ尤肝要ナル時間ニシテ、内治ヲ整ヒ、民産ヲ殖スルハ此時ニアリ。利通不肖ト雖十分ニ内務ノ職ヲ尽サン事ヲ決心セリ。二十一年ヨリ三十年ニ至ルヲ第三期トス。三期ノ守成ハ後進賢者ノ継承修飾スルヲ待ツモノナリ。利通ノ素志如此。故ニ第二期中ノ業ハ深ク慎ヲ加ヘ、将来継グ可キノ基ヲ垂ル丶ヲ要ス。湖水疏鑿移民開拓并大隈川通船等ノ事業、充分其必成ヲ期シ、鹵莽失敗シテ民ヲ困シメ、国ヲ害スルノ惨状アラシムベカラズ……（以下略）

以上の史料が示すように、大久保は、殖産政策の成功のためには、「第一着手」である安積開墾事業をぜひ成功させる必要があると考えており、その当該県の山吉権令にとくに自らの政策上の展望を語って強力に推進するよう激励したものと思われる。こうした大久保の強い要請を背景に準備されてきた安積開墾であっただけに、その事業が本格化する直前の大久保の遭難は、大きなショックを与えずにはおかなかった。

このとき中条政恒は、安積開墾、疏水の件を調査するため派遣されていた内務省御用掛奈良原繁を案内して現地を視察、五月一一日よりは奈良原と別れて岩瀬郡鶉峠の地勢を視察し隣村である中地村石井清次宅に宿をとっていた。そして一五日に至り、この山深い地にいた中条の元に、大久保遭難の報が届いたのであった。そのときの模様を「安積事業誌」(42)にみてみよう。

（前略）同（五月）十五日午前一時頃ニモアランカ、在京権令山吉氏ノ随行吏平島正寛早追ニテ中条君ヲ尋子、石井宅ニ着シ、十四日大久保卿紀尾井坂遭難ノ変報ト、政府ヨリ人民動揺ヲ鎮セヨトノ令達ヲ齎シ来テ、中条君ニ呈セリ。中条君愕然且泣テ曰、天奪良相吾事畢ル矣ト。嗚呼事業ノ成績ヲ今日ヨリ視来レバ、開成山以来引続テ実行セラレヌ、大久保卿ノ手ニテ出来シタル観アリシモ、其内部ノ事実ハ、未ダ内閣ヨリ決行ノ裁可ニ至ラズ……（中略）…突然此凶変アリシナレバ、中条君等ノ悲痛落胆甚ダシク、大久保卿ナクテハ到底大事成功ノ見込ナシト思ハレタルモ、尤千万ノ事トス。中条君悲嘆ノ余其夜ハ一眠ダニモセラレズ

以上が、中条が大久保遭難の第一報を聞いた時の様子である。現地で最も中心的な役割を担っていた中条にとって、大久保の後楯が最大の拠り所であったから、その落胆のほどは容易に想像がつく。彼は翌未明、猪苗代湖を舟で戸ノ口の五十嵐某宅に宿をとっていた奈良原繁に、大久保凶変の報を告げる。奈良原は「変ヲ聞クト同時ニ狼狽落胆、直様上京セラレタリ」という。

しかし、政府も、大久保暗殺のショックは大きく[43]、奈良原は上京したものの、なすすべもなく福島に戻った。

さて、事件数日を経て、上京中の山吉盛典が帰県、中条政恒に当日の朝の大久保との会談について話した。この山吉・大久保会談の顛末を聞いた中条は、一計を案じた。それは、この会談内容を記録して残すことにより、宙に浮いた形の安積開墾、疏水計画を、大久保の遺言という名目で各界に印象づけ、計画の決定実施への政治的力となしうると考えたのであった。このような中条の深謀のもとにできたのが「済世遺言」であった。

中条によれば、彼が開墾、疏水計画に消極的とみていた権令山吉への牽制の意を含めて「遺言」の記録を進めたようである。山吉、中条の関係については後であらためて触れることとして、今「済世遺言」の経緯を「安積事業誌」[44]にみると次の如くである。

山吉氏帰県後、同氏ガ前記大久保卿ヲ凶変前ニ訪ヒタル顛末ヲ聞キ、窃ニ以為ク……（中略）……一日従容山吉氏ニ説テ曰ク、大久保公ハ国家柱石ノ名臣ナリ。遭難一時間前ノ咄シハ実ニ同卿ノ遺言ト謂フベシ。願クハ貴君当時ノ応答ヲ詳記シテ、世ニ遺サバ如何ト。山吉氏ハ大久保卿ノ遺言ヲ聞キタル人ナリト世ニ言ハレ、己ノ栄誉

ニ供セントノ思念アリシヲ以テ、喜ンデ之ヲ諾ス、於是中条君ハ更ニ山吉氏ノ咄ヲ詳問シ、且之ヲ草案セシヲ、之ニ基キ、中条君訂正刪整シテ一冊トシ、名ケテ済世遺言ト云

以上のように、中条によれば、「済世遺言」は山吉の話を自分が草稿を書き、また山吉の言にない部分も挿入したという。たとえば、「末文前大久保内務卿　聖上ヲ補佐シ云々以下ハ、山吉氏ノ言ニ非ズト雖トモ（山吉氏之ニ及ビタル実ナシ）、中条君殊更ニ挿入セラル、所ナリ、跋文中吾当誓成其事也」といっている。中条の草稿になるということや、中条が特に挿入した部分等について、中条自身の叙述以外のものはないので、どこまでが真実であるかは確認できないが、草稿の件はともかく、挿入部分については、その文章の特徴や文意からして、中条の言うとおりであったかもしれない。

このようにして出来上がった「済世遺言」は複数清書されて、大臣その他大久保関係者らに送られたのである。では、山吉が各大臣らに「済世遺言」を送ったのはいつ頃であろうか。この時期は推測する以外に手がないのであるが、あとでみる山吉、中条関係を考える上で必要となってくる。

「済世遺言」は、おそらく何度か手を加えられ、現存の如く完成されたのは、「県令山吉盛典」の記名のある文書に見る限り、明治一一年八月である（山吉が権令から県令となったのは同年七月）。大久保没後約三ヵ月後である。そしてこの後に、大書記官中条政恒の「跋」文が添えられている。この跋文の記述が翌一二年四月である。この間約八カ月の落差がある。そして各大臣に配布された「済世遺言」は、この中条の「跋」が添付されたものであるので、山吉は「済世遺言」を書いたものの、約八カ月の間手元に置いていたということになる。[45]

中条は、「安積事業誌」の「済世遺言」作成について語っているところで、遺言の配布は、自分の知らぬうちに、山吉がその腹心の部下と共に行なった、と非難の口調でいっているが、「済世遺言」が、中条の「跋」の書かれる一二年四月まで山吉の手元に置かれており、中条の「跋」が書かれてからこれを添付して送っていることは、決して中

条を出し抜いて秘密裡に配布したとは考えにくいのである。この点は、山吉の安積事業妨害説とも関連するので、次項で再び詳しく述べることとする。ここでは一応、史料上、「済世遺言」の各大臣への配布は、明治一二年四月頃ということだけ確認しておきたい。

2　安積開墾政策の混乱

明治一一（一八七八）年五月一四日、大久保利通の突然の死は、中央政界に大きな動揺をもたらしたと同時に、大久保の強力な後見のもとに開墾政策を推進していた福島県にとっても様々な混乱をもたらした。内務卿の地位には、とりあえず伊藤博文が就任した。そして、政府の殖産政策は、大久保内務卿時代からの内務官僚、前島密、品川弥二郎、松方正義らが、実質的な推進者となるのである。

大久保を強力な推進者とする内務省の安積開墾政策は、すでにみた如く、明治一一年三月の、大久保より三条実美にあてた二つの伺書（「一般殖産及華士族授産ノ儀ニ付伺」、「原野開墾ノ儀ニ付伺」）によってその方向が確定され、現地調査も着々と進められていたのであるが、一方で、その資金の調達の問題と、地方長官より批判の多かった士族授産（士族への優遇策であるとの批判は地方から多く出されていた）についての理解をうる問題が残されていた。明治一一年四月五日から開催された第二回地方官会議は、そのよい機会であった。「済世遺言」にもあるように、地方官会議終了後浜離宮に地方長官を招集し、大久保の殖産論及びその資金として起業公債一千万円募集の件を説いた。この大久保の説に熱心に賛成したのは東京府知事楠本正隆であった。大久保は、地方官の意見を集約し、同意を取りつけるよう楠本に委託した(46)。こうした経過を経て、地方長官を説得し、いよいよその実施に移ろうという矢先に、その中心人物大久保が暗殺されてしまったわけである。この事件によって国営安積開墾事業は一見棚上げされたかにみえた。たしかにこののち、一時は、閣内において、安積開墾、疏水の再検討が話題になった模様である(47)。それらのことが、現地で開墾にあたっている役人たちに大きな動揺を与えたことは否定できまい。奈良原繁はいったん上京するが、何もなしえず帰県し、とりあえず、中条の支持をえて、開墾、疏水についての調査の結果を復命すべく同年七月、中条と共に上京する。中条は大久保の死による、安積開墾政策の変更を最も恐れ、必要以上に悲観的に受け止めた模様である。

それは、中条が現地指導者として大槻原開墾以来、政府の開墾政策に最も忠実にかつ熱心に取り組んできたのは自分であるという、強い自負心があったからである。明治一一年七・八月頃、中条は、開墾資金が宙に浮くことを恐れ、開墾がもし頓座するような場合でも、その資金を東北開発に有効な資金にしたいと考え、東北に鉄道を施設する運動を始める。奈良原と共に開墾、疏水についての復命書を持って上京したおり、中条は前島密に鉄道の件を述べたところ、前島は怒り、「東京青森鉄道、一地方ノ職ニ非ズ、僭越ノ至リ」と一蹴されたのである。(48) しかし中条はめげずに「所管ノ金禄公債証書ヲ以テ鉄路ヲ建築スルノ稟請書」(49)を伊藤博文に提出している。そして、中条の親友でもある千坂高雅の仲介で、前島と中条は対立を解くのであるが、その件で中条が前島を訪れたとき次のような会話がなされたという。(50)

前島氏ヲ永田町ノ邸ニ訪フ。前島氏懇待ス。中条君曰、過日ハ失敬セリ…（中略）…前島氏笑テ曰ク。大久保卿ハ好キ人ナレドモ、殖産興業ト云フ一癖アリ。困タ事ニテアリシ。君モ糞桶ニ金縁ヲ付クル考ヘナルカ。中条君笑テ曰ク…（中略）…安積ノ事ハ政府ニ於テ為サズトノ御趣旨ナレバ固ヨリ論ナシ。乍去已ニ成功セル開成山ハ如何致スベキヤ、マサカ帰テ打チコワセトノ御趣旨ニモアルマジ。如何ト。前島氏曰、開成山ハ既成ノ業ニテ格別ナリ。政府ハ新規ノ事ヲセヌ迄ナリ。（以下略）

以上のように、前島は、政府として殖産興業政策は、新規の事業は行なわないという方針を中条に示したのである。このころ、山吉より再三中条に帰県の命令が出されるが、中条はこれに従わなかった。さらに中条は、千坂高雅の紹介により、旧久留米藩士森尾茂助に会い、安積原野への移住について協議している。森尾は、久留米における尊攘派の反乱、久留米藩難事件(51)に連座し、熊本監獄に収容された後、西南戦争の時釈放され、政府軍に従って東京に来ていた。森尾は中条の勧めに従って移住開墾を決意し、郷里に帰って同志を募り、とりあえず八名の先発隊が明治一一年一一月一一日安積の地に入った。

この久留米藩先発隊が、国営安積開墾の最初の入植者となったのである。彼らは政府の士族授産政策に基づく移住であるから、当然対面原等に入植すべきところであったが、大槻原開墾地に隣接した大蔵壇原に入植した。これは、中条が、前島密との会談ののち九月頃、新規事業はしないとの前島の言葉から、大槻原開墾の継続拡張費の上申をして、その費用を久留米士族の入植開墾費に流用したためである。

中条の思惑は「済世遺言」と大槻原開墾継続拡張によって、士族入植の実績をつくり、安積開墾、疏水の計画を中止できない状況をつくっておこうとしたものであるという。これは、「安積事業誌」において中条自身の語る理由であるのだが、先に見たとおり、「済世遺言」は明治一二年四月に中条の跋文を付けて政府高官に配られていることを考えると、中条の説明する思惑には、にわかに信じがたい点がでてくるのである。なぜなら、明治一一年一一月には、政府の御雇外国人、土木局長工師ファン・ドールン（オランダ人）が郡山に到着、猪苗代湖疏水の予定水路を検分し、翌一二年一月、疏水工事の設計、復命書を土木局長石井省一郎に提出している。(52)したがって、大久保内務卿時代に策定された安積開墾、疏水計画は、西南戦争によってその具体化は遅れたものの、着々と実行に移されつつあったのである。そして、同一二年一〇月二七日疏水工事の起工式が行なわれている。

では、中条の大久保没後上京中の行動（鉄道施設運動、大槻原開墾継続拡張費の上申）、及び「済世遺言」の件は、何を意味するのであろうか。すでにみた如く、大久保の突然の遭難死が、安積開墾事業に従事していた官僚たちに大きな動揺を与えたことはいうまでもない。ことに県官として現地指導の任にあたっていた中条にとって、大槻原開墾を国営安積開墾事業にまで発展させたことは、中条自身の野心的願望であり、中条は大久保に信頼されているという強い自負をもっていた。このため、中条にとって大久保の死は人一倍ショックであったことと思われる。大久保の死によって混乱している政府から、開墾について具体的な指示がないことに、中条は大きな動揺と焦りを感じていた。この間の中条の行動は、中条自身の混乱のあらわれとしか思えない。また「安積事業誌」は明治二〇年代に書かれたものであるから、中条自身の思い違いもあろうが、同時に当時の自分の混乱した行動を合理化するための説明とも考えられるのである。ことに、「済世遺言」の配布について、中条は山吉がその腹心と共に勝手にやったものであるとして山吉を非難しているが、そもそも「済世遺言」の記録を勧めたのも、「跋文」を書いたのも中条であるのだから、この非難はあたらないし、中条の言うように、「済世遺言」が、安積開墾、疏水事業の中止を止めるために記録したのであるとするならば、政府高官に配布することなくしてはその意味はないのである。まさに、配布するために記録することが必要だったということになる。この辺の時間的ずれや、中条の説明は整合性に欠けており、それだけ、中条の混乱ぶりを証明するものであるとしか言いようがない。

3　士族入植開始と猪苗代湖疏水問題

明治一一（一八七八）年一一月、安積開墾地へ士族授産事業の第一次の入植者として福岡県久留米から八名の人々が到着した。初め県では、彼らの入植地が決定するまで、開成社の貸家（小作人住宅）へ入居させようと考えたが、開成社員の間に反対論が多く、開成館を一時の宿舎とした。そして一二月には、桑野村隣接の大蔵壇原に入植し開墾を開始した。久留米からの入植は明治一二年秋には一〇〇戸に達した。

久留米士族が第一陣となった背景には、政府の士族授産事業が、殖産興業政策といった主に経済上の理由に基づく側面と同時に、不平士族対策といった政治上の理由が大きな一方の側面にあったことを証明している。先発移住者の森尾茂助をはじめ、入植者のなかには少なからず久留米藩難事件に連座した者が含まれている。この事件は、経済的にも思想的にも行き場を失った士族の反政府事件であり、藩主以下多数の人々が処分された。このような士族を、旧藩から切り離し、生計の手段を与えることが、新政府の安定化のために欠かせぬ問題だったのである。

さて、こうして第一陣の入植は久留米藩からということになったが、以後、明治一五年まで久留米、鳥取、岡山、松山、高知、棚倉、二本松、会津、米沢の各藩から五〇〇戸、約二〇〇〇人の移住士族が入植し、安積郡、岩瀬郡その他県内の原野開墾にあたった。ここで問題として留意しておかなければならない点は、久留米藩士入植にあたっての先発移住者の件及び会津藩入植にあたっての松平容保への勧誘の件は、中条政恒が県令山吉の許可を事前に得ずに進めた、ということである。これが、のちに山吉の不興をかい、山吉と中条との不和説の一因とされているのである。

士族移住の開始にやや遅れて、猪苗代湖疏水計画も、いよいよ実施の運びとなる。明治一一年一一月一日内務省の長工師ファン・ドールンが郡山に到着、疏水予定の路線を検分し、これによって工事着工の途についたのであった。猪苗代湖疏水については、疏水線をどこにするかいくつかの案があり、中条は、三森峠案に固執した。政府の案は、沼上峠を通す路線案であった。中条は最後まで三森案を主張したが、この頃（正確な日時は不明）、奈良原疏水掛長との懇談で沼上案に同意したという(53)。しかし沼上案（山潟コース）は政府においてはすでに既定のことであり、ファン・ドールンの検分は、そのことの正統性を裏づける一種のパフォーマンスでもあったようだ。このことについては、安積疏水問題の研究書にゆずる。問題は、中条がなぜ三森線に固執したかである。このことはのちに（一三年暮）磐城から若松に抜ける道路開鑿が計画されたときに、再び中条は三森峠を通る路線を本線とすべく主張し(54)、県側の沼上峠路線案と対立し、結局このときも中条は県の路線案に敗北することになる。あるいは、この二つの中条の三森案は同一の理由に依るのか、あるいは偶然のことであるのか、残念ながら、現在のところ、史料的にも文献的にも確認できないのである。しかし少なくとも、この開墾事業にからんで、疏水の路線、道路の路線において、中条が政府や県側に対し異論を持っていたこと、及び、士族移住にからんで中条の先行的行動が目立ち、県令から専断行為であると非難されていたことである。

中条のあせりをよそに、政府の開墾事業は遅れがちながらも着々と進行し、明治一二年一〇月二七日には疏水の起工式が行なわれ、一五年一〇月一日完成、通水式が行なわれた。

明治三九（一九〇六）年刊行の『安積疏水志』に寄せられた松方正義の序文「進安積疏水志表」は、大久保没後の疏水事情について次のように記している。

臣正義言ス、夫レ水土ヲ平ラグルハ富国ノ要道、利民ノ根源ナリ。曩ニ安積疏水ノ挙タル地ヲ開キ田ニ灌ギ、産ヲ士族ニ授クルヲ以テ目的トス。実ニ故内務卿大久保利通ノ籌画スル所ニ係ル。当時臣正義大蔵大輔兼勧農局長タルヲ以テ、臣ヲシテ之ヲ統轄セシム。明治十一年五月伊藤博文、利通ノ後ヲ承ケ内務卿ニ任ズ。時ニ、斯ノ業ノ不可ヲ説ク者アリ。議論紛興ス。翌年博文臣ト共ニ実地ヲ検シ、断然起工ノ事ヲ決ス（以下略）

士族移住については明治一三年八月、一一年当初の二〇〇〇戸移住から大幅に減少した六〇〇戸移住へと変換された。これには、西南戦後の財政の逼迫と疏水工事に予想以上の投資が必要となったことなどが原因したと思われる。同時に政治的には、西南戦争に政府側が勝利したことによって、士族反乱への危惧は大幅に減退したこと、また士族授産を進めた中核的存在であった大久保が亡くなったことで、士族授産が、殖産興業政策の不可欠な構成要素である必要がなくなったこと等が指摘できる。こうして、安積開墾への士族入植は、最終的には五〇〇戸をもって打ち切られたのであった。(55)

二　開明派官僚の分裂——明治一三・一四年の県政——

1　開墾地における諸矛盾

明治一二（一八七九）年一〇月、いよいよ猪苗代湖疏水着工となったが、それに前後して、開墾地内においてもいくつかの矛盾が表面化してくる。

第一には、開成社内の地主—小作問題である。第二は、疏水開鑿に伴う若松地方人民からの反対問題、第三は、士族移住許可に関する中条大書記官の専断問題、第四に久留米開墾社内紛。以上のような諸矛盾の噴出の過程で、県令山吉と大書記官中条との間に微妙な不協和音が生じつつあった。

では、これら四つに整理した問題について、それぞれどのようなものであったのか、簡単に説明しておこう。

（1）開成社内地主—小作問題

明治一二年一月二四日、開成社の第一五会議が開かれた。これは県官も交えての開成社地主たちの、開墾についての全般的な問題を協議する場である。この日、過去三年間宅地税未納の小作人をどうするかが議題となった。[56] 地主側は、これらの小作人は退散すべしと主張、県側から出席していた用掛松尾智明は、強制的に退散させるのは賢明ではないとして、小作人家屋を一〇〇円とし（これは一戸当たり原価）、二〇年年賦にて宅地二分の一と桑畑一反四畝歩を分与する案をだした。二〇年年賦による家屋の分与というのは、他の一般移住開墾人への貸家の処理についての県の方針でもあった。開成社地主は、これに反対し、物別れとなった。

これ以後開成社側と県側に、小作人問題をめぐっての対立が生じ、地主—小作人間における裁判問題にまで発展するに至った。

地主側には、明治六年以来、莫大な投資を要した開墾でありながら、思うように収穫が上がらず、桑に至っては立ち枯れの状況も多く、小作人の「怠惰」にあせりを感じていたのである。また県側は、他の開墾移住人との関係もあり、入植者保護の立場から、にわかに開成社の要求を承認するわけにもいかなかったものと思われる。

開成社側はこれら宅地税滞納の小作人の退散を決め、小作人との対立を深める一方、県側に対して、開墾の指導、監督は県に責任ありとして、小作人問題に対し県が処理に乗り出すことを、郡長、県令らに再三にわたり要求した。

しかし、郡長はこれをことごとく無視、五月には問題は裁判へと発展した。[57]しかし裁判所の調停も不調となり、六月一日開成社は旧二本松士族馬場直人を開成社の事務取扱に雇い、彼を小作人問題の処理のために用いた。一方県側は問題が深刻になる様相の前に、二等警部立岩一郎を、[58]勧業課開拓掛として桑野村に在勤させ、問題の解決に当たらせた。しかし立岩もこの問題を解決することはできず、かえって開成社の不信感を深める結果となった。同年一〇月二七日、猪苗代湖疏水起工式のため桑野村を訪れた政府高官の接待の席上で開成社社長阿部茂兵衛は松方大蔵大輔に対して鬱憤を吐露し、県令山吉や大書記官中条らにたしなめられるという一幕もあった。[59]

この問題は翌一三（一八八〇）年に至ってさらに対立を深めてゆくが、三月ごろ馬場直人が小作人の説得に奔走し、一一月には優良小作人に褒賞を与えることを提案、いったん対立は下火になったかにみえた。しかし一四年六月になり、開成社側は強硬な小作人原多助を社則違反で退散処分と決めたが、拒否され、白河裁判所に訴えた。この裁判は、一一月に判決が出され、開成社側の勝訴となった。小作人原多助は、その後も小作人家屋に居続けたが、明治一五年七月になって、警察の手によって、強制的に退去させられた。一方で、この年の一月には、小作人の要求によって、宅地税年三俵のところを、明治一九年までの期限つきではあったが年一俵へと減じている。

（2）疏水に関する若松地方人民の反対

疏水開鑿については、計画当初より、若松側から、湖水東注により若松側へ流れる日橋川の水が減るのではないかとの疑念があり、工事反対の動きがあった。

中条政恒は「安積事業誌」において、「疏水ニ就テハ功事雄大眼界及ビ難ケレバ、近眼人民ノ疑惑苦情モ少ナカラズ、或ハ事業ノ妨ゲトナラザルヲ保セザルノ形勢アリ」といい、ために桑野村の県開拓出張所長立岩が人民の行動を「注意鎮撫」していたが、万一を考え、県庁に願って、人民への「諭達」を発行した。この「諭達」は「一切立岩氏の調製スル所ニテ中条君ノ剛訂ヲ得タルモノ」といっている。つまり疏水工事に人民の協力を得るため、立岩一郎と中条政恒がこの「諭達」を作成したというのである。

この「諭達」は、明治一二（一八七九）年一〇月の疏水起工式の約一ヵ月後、一一月二四日付で、県令山吉盛典名で出されている[60]。

この「諭達」の前書には「猪苗代湖水疏通儀ニ付、先般相達候趣モ有之候処、尚御趣意充分貫徹候様致度、別紙ノ通諭達候条各村無洩可相達候事」とある。

これより前、内務卿伊藤博文より九月二六日と一〇月一日の二度にわたり、この工事は「勧農局ニ於テ著手」、その「主任」「権大書記官奈良原繁」であること、「其県ニ於テモ厚ク注意」「尽力可致」こと、「諸般無滞為運候ハ云ニ及バズ、屹然奏功候様一層丹誠有之度」ことを、県令及大書記官あてに内達されていたという事情がある[61]。この「諭達」は、こうした政府の意を受けて出されたものと解されるのである。この「諭達」は、安積、耶麻、安達、北会津、河沼、岩瀬の各郡役所あてに送られた。人民慰撫のための指令であったのである。

「諭達」の内容は、政府の方針（伊藤内務卿の内達）の説明、疏水による士族授産推進の意義、疏水工事の概要を説明し、「故ニ若松地方減小ノ恐レナキハ云フニ及バズ」として、なお了解できない者は勧農局出張所及び郡役所においていつでも説明を請うように、というものである。当時最も人民の反対の大きかった北会津郡では、郡長大野義幹が、人民を説得し、ついに彼らの協力を得、工事人夫を動員するに至った。大野義幹は、明治二八年三月にこの間の事情を回顧談として一片の記録に残した[62]。これは「安積事業誌」（巻之十一、第三十五回）でも紹介されている。大野義幹がこれを書いた明治二八年、彼は東京に居り、中条もまた病のため官職を去り（明治二三年）、東京にいた。大野の記録の最後に「此頃中条政恒君ヲ訪フ、談偶々開拓疏水ノ事ニ及ブ」とある。多分東京にいた中条の邸を訪ねた際、近年若松地方に減水運動が起きていること、疏水開鑿当時との情勢の違いなど話題となり、おそらく中条の要請で、疏水開鑿当時の状況を記録したものと思う。

中条はこの頃（明治二〇年代）「安積事業誌」を編纂しており、大野義幹との再会を幸いに当時の状況を記録してもらい、これをそっくり「安積事業誌」に引用した。いやむしろ「安積事業誌」に引用するために記録してもらったと考えていいのではなかろうか。

いずれにせよ、明治一二年、若松側人民の疏水反対の動きは、「県令山吉盛典ヨリ懇篤諭示ノ旨ヲ誤ラザルヲ勉メタル」大野義幹の説得が功を奏し、若松側人民の反対は止み、工事人夫として数百人を動員することができた。

（3）士族移住許可専断問題

明治一一（一八七八）年一一月の旧久留米藩士の移住を皮切りに、いよいよ安積郡各地の原野へ、開墾移住者が入植してくることとなる。これらの各藩移住の経緯については、高橋哲夫氏の『安積野士族開拓誌』がある。士族移住に関連して問題となるのは、県官内部の職務権限上の問題と、先着移住開墾者との問題である。

県官内部の問題とは、士族移住者の許可に関して、しばしば大書記官中条政恒が、自らに委任された権限であるとして移住許可をしていること、これに対して、県令山吉盛典が中条の行為を専断的行為とみて不快に思っていたらしいことである。「らしい」というのは、このことについて中条側の史料しか残っていないので、山吉側が実際にはどう考えていたかを証明することができない。したがって状況的な史料によって判断する以外ないということである。

中条側の史料である「安積事業誌」によれば、久留米士族入植に当たって、東京でまずその率先移住者となる七戸八人についての移住許可を久留米藩士族移住の中心人物となる森尾茂助と協議、これに許可を与えたことがまず第一にある。さらに明治一三年、会津藩士の窮状を憂いた中条が旧藩主松平容保を安積郡に呼び、次いで藩士を入植させようと図ったこと。松平容保の移住は山吉の反対で実現しなかったといわれる。こうした一連の中条の先走った動きに、山吉は県令としての危機感を覚えたのであったのか、中条の専断的行為として批判して行くのである[63]。

また、先着開墾者からの不信が士族移住者に対して出てくるのであるが、その最初に確認されるのは次のことである。

中条は、自ら許可した久留米士族移住先発七戸に対し、その開墾地が決定するまでの間、開成社の貸家を居宅として提供することを計画していた。ところが、中条がこれを開成社にはかったところ、反対論が多く、失敗に帰した。やむなく中条は、久留米士族移住先発隊をひとまず区会所である開成館に居住させたのである。(64)また、彼らの移住先が桑野村に隣接する大蔵壇原（現郡山市久留米）に決定、そこへ移ってからも、開成社開墾人との間に様々な「不和」があった。士族移住者と開成社開墾人に対する県の対応の違いなどから、両者の間に不信感を醸成し、開成社内部に小作人問題を引き起こしたり、官林払い下げ問題での行き違いを生じたりしたのである。また、久留米士族入植者と政府の安積疏水掛奈良原繁、南一郎平との不和も生じ、中条が政府に伺を立てた結果、疏水は政府の権限、移住は県の権限として互いに犯さぬことという指令が出されたほどであったのである。(65)

遠く九州の地からの士族移住者が、土地の新移住人（農民）や開成社の小作人らと、言葉や習慣があまりに違い過ぎることや、旧武士であり、一般の商人や農民とは相容れない意識観念を持っていたことなども、「不和」を呼ぶ背景にあったと思われる。

これら移住人内部の「不和」等もあって、士族移住を情熱的に進めていった大書記官中条に対しての不信感も、上司である県令の側からと、先着開墾人である開成社側から徐々に生じてきていた。

（4）久留米開墾社内紛問題

明治一三（一八八〇）年一二月、久留米開墾社の監督係井上敬之助が、社長の承諾なしに社名で第七十四銀行二本松支店から七〇〇〇円の借金をしたことが、不正事件として問題となった。(66)

これをきっかけとし、久留米開墾社は二派に分かれて争うこととなり、ついに、開墾社は分裂、一方は対面原へ強行移住した。県は両者の一本化を進めたが、安積疏水掛長奈良原繁は分離を支持するなど、この内紛に対する対応に矛盾もみられた。その背景には、県や疏水掛、及び他の開墾移住人との不協和音が、井上敬之助の不正借金問題を契機に暴発したものと思われる。結局、久留米開墾社は大蔵壇原と対面原の二派に分裂したが、その後も財産分割問題などで対立が深く、県が有効な対策を出せぬままに、明治一四年一〇月の天皇行幸を迎えることとなった。県にとっては、行幸直前の不祥事ということになってしまったのである。天皇は一〇月五日、久留米開墾社に行幸、「復旧一和」の旨を説諭(67)、これにより、両者は和解の方向に向かい、明治一五年一月ようやく内紛問題に一応の決着をみたのである。

しかし、このような開墾社内部の問題が、県段階で解決不能であり、天皇行幸を機に天皇の権威を利用して解決をはかったことが、県政の汚点となったことは否めない。

明治政府にとって、安積開墾における士族移住は、殖産興業政策と士族授産事業という、国策上の要請からも、その成功は国家の威信をかけたものであったのである。

しかも、この時期、県政においては、民権派の県会への進出があり、民権派対策が政府の重要課題となってくる中、士族内部の混乱、対立はどうしても回避しなければならなかったのである。

以上の如く、開墾地内の階級矛盾と政府及び県の指導者層における内部矛盾とが、様々な形で顕在化してきた。この最中、明治一四年八月には大槻原開墾以来、開墾政策実施の中心的担当官であった中条政恒が太政官へ転出、翌一五年一月には県令山吉盛典も、検事として転出することとなった。

この二人の転出については、様々な憶測を呼ぶこととなるのである。そこで、まず開墾政策をめぐっての、山吉と中条の関係について、次項で検討してみる。

2　山吉・中条不仲説の検討

これまでの安積開拓研究における、県令山吉盛典と大書記官中条政恒についての研究の基軸は、この二人は終始仲が悪く、開拓に熱心な中条に対して、山吉は常に妨害者の立場にあったとするものである。

すでに述べたように、荒蕪地の開墾については、山吉は宮原積権令の時代から開墾の必要性を確認していたものの、宮原権令には開墾の意欲がなく、安場保和県令（当初は権令）の時代となってそれが実現へ向かったこと、また、開墾着手にあたっては個性の強い、多少「癖者」である中条政恒を、その性格を承知の上で、県官として招いたのであったことは先に指摘した通りである。

しかしこの間の中条採用の事実を中条自身は知らぬことであった。中条が、安場県令の信任と委任の下に開墾事業に従事したとの強い自負の念は、彼の自伝的書「安積事業誌」全編を貫いている。後年彼が、本当に山吉との不仲を来したときに、開拓の当初に遡って山吉非難の言辞で全編を語ったのは、中条が自らの県典事への赴任について、山吉の関与があったことを知らなかったためであろうと思われる。実際には、中条の採用は、山吉が中心となって安場の同意を得、宮島誠一郎を介して、置賜県の本田親雄を直接の中条と安場の仲立ちとして決定したわけである。

「安積事業誌」は、県令山吉やその他政府派遣の安積疏水掛（奈良原、南）への非難の書である。そこでは、中条が、業半ばにして挫折した怨念に貫かれている。この書が、これまでの安積開拓研究の主たる史料として使用されたことが「山吉・中条不仲説」の主因をなしているのである。この点に関して、開拓研究の第一人者であった高橋哲夫氏は、『ふくしま知事列伝』[68]において、「安積事業誌」の史料批判がなされなかったことを反省し、山吉の功績を見直す必要性について述べているが、今日なお従来の説が踏襲され、また高橋氏自身、その後に出版された『安積の時代』[69]においても、従来の説のままで、山吉再評価は消えてしまった。しかし、明治一〇年代前半期の県政をみるうえで、この問題は放置できない重要なことであるため、ここで改めて「山吉・中条不仲説」の内実を検討してみよう。

（1）文献にみる山吉と中条

「第一節一」において、大槻原開墾が山吉の意見を聴取したうえでの安場のとった政策であり、中条の採用はこの開墾政策を進めるうえで、安場の同意のうえで、山吉が宮島に尽力を請い決定したという経緯を述べた。

では、開墾着手以降の二人について研究文献はどのような評価をしているであろうか。安積開拓についての先行的研究書である高橋哲夫氏『安積開拓史』は一九六三年公刊されているが、同書の改訂版ともいうべき『安積野士族開拓誌』が一九八三年公刊された。ここでは後者から山吉・中条関係を述べた部分を紹介する。

「明治八年十二月、コンビの合った安場県令が愛知県令に栄転すると、大書記官山吉盛典が昇格して後任に座った。山吉権令は米沢士族出身で中条とは同藩の出である。しかし中条とはソリが合わず、以後中条の開拓事業はいろんな妨害をうけ悩みの種であった」（四九頁）。「『安積事業誌』や立岩一郎の『分草実録』によると、山吉県令は安場に比べてはるかに見劣りする人物。第一級の人物とはとうてい言い難く、嫉妬心、猜疑心が強い上に、視野も狭く度量も小さかった。外観は堂々とした風格で豊かな人品をもっていたが、その心情は県令というより小吏にも似ていた。次官の中条はこれに比較し、力量手腕はもとより、人格識見ともに卓越して声望があったから、山吉はその地位を維持するのに絶えず不安な心を抱いていたようである」（四九頁）。「県庁の移転と、疏水の開さくの二つは中条の早くからの持論であった。しかしこの二問題はつねに山吉県令の強い反対に遭っていた」（五〇頁）。「だが山吉県令の妨害はその後（「済世遺言」記録後―引用者）も続くのである。中条の転出につづき明治十四年十一月には、中条が最も信頼している開拓出張所長の立岩一郎（米沢士族）を罷免するという暴挙を行った」（五二頁）。

高橋氏はその後『ふくしま知事列伝』において「安積事業誌」の史料批判と山吉評価の見直しの必要性を述べているが、最近作『安積の時代』においても基本的視角は同じである。

久留米士族入植者の子孫である森尾良一氏の『久留米開墾誌』（一九七七年刊）もまた、同様の視角に立っている。「山吉県令はかねてより中条政恒が主張していた安積開拓の構想に反対していたにかかわらず済世遺言には山吉県令が安積開拓を力説したように記してある。これは山吉県令が大久保内務卿に迎合して宿論を一変し、安積開拓に賛成したのであるが、大久保が倒れて公との問答を知るものがなかったため、この済世遺言を書き安積開拓は自分が発案したかのように公表したのであると、その陰険な行動が世の批判を浴びた」（三二一～三二三頁）。他に『久留米開墾百年の歩み』（一九七八年刊）があるが、高橋氏の著になるもので、同様の基調のものであるので、ここでは略す。

以上の文献は、①中条政恒が安積開拓の指導者、推進者であること、②山吉は中条の開拓政策に反対する妨害者であったことを容認する立場から記述されたものであり、その史料的根拠は「安積事業誌」（中条の代弁者、佐藤利貞・秀寿の著）、及び「分草実録」（中条の忠実な部下立岩一郎の著）にある。

この二史料は、それぞれ、自身の立場を弁明する書物であるから、厳密な史料批判を必要とされるのであるが、これまで、山吉側の史料が皆無に近い状況のなかで、この二史料がほとんど無批判に引用されてきたのであった。

それでは山吉に関してはこれまで何の評価もなかったのであろうか。確かに山吉個人に関わる史料はなかったのであるが、山吉についての評価には次のようなものもあるのである。

当時、宮武外骨の各地方官を評した『府県長官評判鑑』[70]の「東よろしき方」には、上段の前頭に安場保和があり、下段の前頭には山吉盛典の名がある。ここで「東よろしき方」に載っているのは、ほぼ当時開明的といわれた長官が多く、「西わるき方」は三島通庸を筆頭にしているように、専制的な長官とおぼしき人々である。ここに当時の山吉に対する世評の一端が示されている。

また、明治一四年一月一八日付の『近事評論』（二九八号）[71]は、「山吉福島県令辞職ニ付其後任ハ楢原内務権大書記官トノ風説」という記事を載せている。この時期移住士族に関して様々な問題を抱えていた時期であったので、そうした動きが政府内にあったのかも知れない。『近事評論』では山吉罷免には批判的で、山吉に対し次のような評価を与えている。

安場保和が県令の時「山吉君之ガ大書記官トシテ篤実温厚ヲ以テ其事務ヲ輔佐セラレ」、安場県令が「英断以テ工ヲ興シ業ヲ創」った県下における殖産興業の事業のその後を受け継ぎ、「幸ニ山吉君ノ着実ナル性質ヲ以テ」「百事其結局ヲ了シテ県人モ亦タ其治ニ安ンジ、山吉君ノ着実無事ナルハ県令中稀レニ見ル所ナリシニ、令ヤ不幸ニシテ辞表ヲ捧ゲ冠ヲ掛ケ綬ヲ解カレントスルハ、其何等ノ事故アルニ因ル乎」として、県令の職を奈良原繁に替えることに反対し「当局者請フ幸ニ三思セヨ」とその文を結んでいる。

このような山吉評からみて、当時の山吉県令は、誠実で、地味な人間像が想像されるのである。そうした山吉の性格は明治一三年に建築された福島県庁が「質素」な庁舎であったことも、山吉の性格の反映として指摘されているところである。

さらに、諸根樟一の著書『福島県政治史』（一九二九年刊）は史料的にも貴重な書であるが、そこに出てくる山吉像は次のようなものである。

民会規則に基づく最初の県会開設に関して、「殊に山吉権令の如きは、誠意以て、県の施政、県民の要望等に留意し明治初政時代とも云ふべき、過去十年の混沌過程の棹尾に於て、曩に『民会規則』を創定し、又此れを施行して、県政の何ものたるかを認識せしめ、且県会を樹立したる其の功は、本県歴代長官中、唯山吉氏時代を以て之が政治的画期となし、而して本県政の祖たりと謂ふべきである」（二二三頁）。

さらにまた山吉を「本県政創成者として人格至誠の人」（四五三頁）と評している。

『福島県史』はこの諸根樟一の山吉評を踏襲しているので、特に掲げない。

諸根樟一は平の人で、磐城地方の郷土史に精通し、『磐城文化史』や『石城郡町村史』などを公刊している。『福島県政治史』はさらに中下巻もあったが、一九二八年一二月火災のため失ったといわれる(72)。

（2）山吉・中条の虚像と実像

明治初期において、地方官は、新政府による国家形成、政策遂行にとって重要な位置を占めるものであった。石塚裕道氏の言葉を借りれば、「大久保は地方制度の第一線にあって国家権力と人民支配の接点に位置する地方官の役割を重視した」。「大久保政権は明治国家構築のうえで、府県支配の安定化と民衆統括の重要性を認識することによって有力地方官を抜擢、起用し、かれらの体験を中央官庁の全国人民支配に吸収、利用した」のであり、その大久保人脈の代表事例として、安場保和、山吉盛典、三島通庸の三人を掲げている。[73] くしくもこの三人は明治初期の福島県を担当した三県令である。三島については後で簡単に触れることとして、ここでは、安場と山吉がどのような人物であったかを探る。また二人に関連して中条についても説明しておく。

山吉盛典は安場の後任であるため、何かと安場と比較されて語られるのはやむをえないが、特に中条側史料はこの傾向が強い。

安場保和は熊本出身、その性格は一言でいえば「剛毅」と評され、政治的力量に優れ、小事にこだわらないところがあった。明治三（一八七〇）年胆沢県大参事より酒田県へ転出の辞令があったものの、意に沿わなかったとみえて赴任しなかった。後年福岡県令時代にも、明治二五年選挙干渉事件に関しての愛知県への再転任を不服として、赴任を拒否し、ついに県令を辞している。[74] これらは安場の性格をよくあらわしている。また岩倉の米欧使節団に参加したときも、アメリカに渡っただけで欧州には行かずに途中帰国した。帰国直後に福島県権令として赴任するわけである。そして、彼の信念でもある殖産興業を福島県で実践しようとして、山吉と協議、大槻原の開墾に着手するのである。

さて山吉盛典は、安場より二ヵ月早く福島県へ権参事として着任している。彼は、福島県下に荒蕪地が多いことから、それらの開墾に着眼するのであるが、当時の権令宮原積はその意思がなかった。そこで次の県令安場にその期待をつなぐわけである。すでに見たように、山吉は、安場が県権令に任命されるや、すぐさま左院少議官の宮島誠一郎に書を送り、安場がいかなる人間であるか問い合わせているのである。宮島は山吉の最も信頼する同郷の先輩であり、米沢藩制改革の指導者であった。宮島は政府内で、大久保利通の政策に影響を与える地位にあった。実際、大久保専制を可能にした内務省の設置は、宮島の案になる。また宮島は木戸孝充よりは少し国権的傾向がみえるが、早期国会開設の必要性を認識しており、征韓論発生時は、これに強い批判を抱いていた。山吉が最も信頼していた宮島の思想的影響下にあったろうことは容易に想像されるのである。

明治五年の山吉の宮島への手紙は、彼の宮島への信頼の深さを示していると共に、新しい長官を迎えるにあたっての慎重な態度が伺われる。しかし一方で、立岩一郎の目に映った山吉の姿は、「……県令ノ精神確実ナラズ、啻ニ外粧ヲ事トスルニ依リ、所詮大業ヲ成ス克ハザル者ト知ルベシ」「山吉盛典氏ノ虚飾以テ世ヲ瞞着スル」ものと思われたのであった(75)。つまり、政策遂行に慎重で、周囲の反応を配慮する山吉の政治手法は、一方で「温厚篤実」（近事評論）、「人格至誠」「県政の祖」（諸根樟一）という好意的評価となり、他方で「無能」で「猜疑心の強い」（中条）「虚飾家」（立岩）という批判を生むことになった。これは、山吉が二重人格であったわけではなく、彼に何を期待するか、その期待する側のあり方によって異なった評価が表れたものと思われる。

山吉が、「剛毅」で実行力に富む安場の後任となるにあたっては、大久保の人物評価にも「外ニ人物有之候得バ宜舗候得共、五十歩百歩之論ニ候」といわれるように、山吉は当時の政治家中特に突出した政治力を持った人物ではなく、どちらかといえば温厚で地味な人物であったのであろう。明治一三年の県庁舎の建築あたっても、三島とは対称的に質素な作りで、このようなところにも山吉の性格が表れている。大久保の人材登用のすぐれた眼力は、多くの認めるところであり、その人物の長短を見抜いて適所に登用している。

安場・山吉の部下として登用された中条政恒は山吉と同じ米沢藩士。福島県への登用の経緯はすでに述べたので繰り返さないが、米沢藩内では、中条は、宮島・山吉らとは異なる意見をもっていたようである。また、中条は、北海道開拓（当時の先端的経綸であった）を強く主張、藩の上位にある人々を飛び越えて、中央政府に建言を繰り返すなどの行為が目立ち、藩内では多くの支持を得られなかった。つまり、ここに中条の元々の性癖が存在するのである。山吉が宮島への手紙のなかで、中条を「癖者」と評し、少々「癖者」でも、開墾事業には適切という判断があり、安場もそのことを承知のうえで中条登用に同意し、中条赴任後は、彼を開拓事業に専任させるのである。

中条は福島県官として開墾事業に関与すると、北海道開拓論の情熱を安積郡の開墾に傾けることとなった。この過程で、彼の「癖者」ぶりはさらに発揮され、中央政府の大久保らと直接結合し、開墾、疏水、三県合一、県庁移転等の建言を政府に上申するのである。しかし、中条の上申の方法は、自らの署名で行なうのではなく、ほとんどが、中央官庁配下の人脈を通じてなされるという特徴があるため、中条名の建言書や上申書は正式文書としてはほとんどないのである。たとえば、明治九年桑野村行幸の願いも、内務省五等出仕坂部長照を通じて依頼し、開墾、三県合一、移庁のことも、内務権大丞北代正臣を通じて行なっている。したがってこれは北代名で上申書が残っているのである。これらについて第一章「明治天皇の東北行幸と殖産興業」に紹介したが、中条がなぜこのような方法を採ったのかはよくわからない。自信がなかったのか、あるいは、中央へつながる人脈を形成したいという野心のせいか。

ともかくこのような中条の「癖者」的性格が、前項で触れたような中条の「専断」問題を引き起こして行くのである。安場時代は彼の掌の中にあった中条も、山吉時代にあっては、山吉の慎重緻密な性格に合わず、安場に開墾事業を委任されたのだという自負心が強く表面に現れて、専断的行動が多くなり、山吉との対立に至ったものと思われる。

（3）山吉・中条の不仲はいつ頃からか

では、これまでみてきたような性格と経歴を持つ二人が、実際に県政遂行上対立を惹起するのはいつ頃からであろうか。私は、明治一一（一八七八）年六月の民会規則に基づく県会開催の時期ごろまでは、さほどの亀裂はなかったものと思う。

すでにみたように、民会開設へ向けての県の指導は、山吉・中条のコンビによってなり、中条を具体的な各地区の実情調査に用い、山吉は長官としての指導性を充分発揮している。中条もまた、県側からの担当官として、他の民会掛員をまとめる立場をこなしている。石川区長河野広中及び、河野の留守中の柿崎家保の採用なども、山吉・中条間に対立があっては考えられないことである。

このような、当時の殖産興業に並ぶ一方の政治課題である地方制度の確立、そのための地方民会開設という重要課題が、県官内部に大きな分裂状態を抱えていては到底成し遂げられるものではない。山吉・中条間に心理的な違和感があったとしても、この段階では同様の目的のために互いに協調し、政策を遂行できていたのである。

そうすると、民会の開設が一段落したのち、明治一二年頃より顕在化してくる開墾地内の諸矛盾が大きなきっかけとなってくると考えられる。中条は、この時期、大久保没後の安積開墾、疏水の事業が停滞するのを非常に恐れていた。それは彼が、安場に信任されて進めたという自負心が強かっただけに、事業が頓座することは、自らの政治力を否定されるように思われたであろう。彼は、そのため、士族の入植と、疏水事業の早期実現に奔走する。この結果、すでに述べた如く、専断問題を起こし、開成社が抱える内外の矛盾（小作人との対立、久留米藩入植者との不和）の解決が遅れ、開成社の県への不信感を増幅させることとなる。

山吉自身、これらの諸矛盾の解決には有効な手立てを講じることができなかったらしく、明治一四年八月二日、突然の中条の太政官への転出となった。「安積事業誌」はこの中条の転出を、山吉による陰謀とみている。山吉から政府への報告があったろうことは考えられるが、それは中条を追い出すための「讒言」であったかどうか、中条側の一方的な史料だけで断言することはできない。

「安積事業誌」は、明治二一年から二〇年にかけて執筆されている。この期間は、ちょうど中条が島根県大書記官を辞任する直前から、主として辞任後の在京時代である。中条は、太政官転出後は、さほど力を発揮しうる場はなかったようだ。明治一九年、島根県大書記官として再び地方官となるのであるが、島根県時代に持病のリウマチが悪化し、仕事としても町村合併事務（市町村制施行方取調委員）、品評会審査（島根鳥取両県連合繭生糸共進会審査長）などの他は特記するほどのものはない[76]。病のために退官したことは、中条にとって非常に大きな無念となって残ったであろう。「安積事業誌」はそうした当時の中条の無念さに拠って記述された。その心情は「安積事業誌」全編に貫かれている。したがって、福島県官時代、プライドをもってかかわった開墾、疏水事業完成を前に転出することになった事態に、山吉への感情が異常に増幅されたとも考えられるのである。「安積事業誌」の記述は、割り引いて考えねばならない。客観的に見て、山吉・中条の間に不信感が醸成されてくるのは明治一二年頃より以降のものと考えられる。

では、山吉の開墾に対する対応は、どう考えられるのであろうか。大久保没後、開墾事業の継続について不安を抱いていたのは何も中条だけではあるまい。山吉もまた県令という責任ある立場上、大きな戸惑いをもったに違いない。「済世遺言」が中条との合作であれ、それはやはり山吉の一つの意思の表れであったはずである。彼は、すでに見たように、慎重なタイプの人間であった。したがって、中条のように中央官僚にアピールして回るということはなかったが、政府の動向には気を配っていた。山吉は政府の出方を見極めて動くというタイプのようである。明治一二年、猪苗代湖疏水工事の着工が決定されると、疏水工事に伴う問題を解決すべき「諭達」を発し、疏水工事への人民の理解と協力を呼びかけた。これにより、若松側人民の自発的な工事人夫の動員が可能となっている。このような手法は、次期県令三島の土木工事における強引な手法と比較すれば山吉の政治的手法の特徴が浮かび上がる。

中条が開墾、疏水事業に奔走していたことは事実であるが、それは国及び県の政策に基づき、現地指導者（県官としての任務）としては当然のことである。県令が直接現地に出向いて指導するということは職務上常にあることではなく、次官クラスの中条が、県の指導官として現地に直接当たるのは至極当然である。したがって、「安積事業誌」にあるように、実際に動いた中条が即事業の立案者、推進者であるということにはならない。

ただ担当県官としては、非常な情熱をもって取組み、それがために「専断」問題も出てくる結果となったと思われる。疏水事業に関しては、前島密が、いみじくも中条に答えているように、政府は西南戦後のインフレと緊縮財政の中で「新規事業はやらない」のであり、すでに決定した継続事業は、松方、品川らの下で進められてゆくのである。

以上のことから山吉・中条関係を整理してみる。まず、第一に山吉の政治手法が慎重で手続きを重んじる（三島とは正反対に位置する）特徴があったこと。これは、民会規則制定過程の数段階に渡る討議の保障に典型的にみられる。疏水工事着工にあたっての「諭達」もその一例であり、専制的手法をできるだけ回避して人民の協力を得ようとする政治的手法といえるだろう。

第二に、以上のような山吉の政治手法は、大久保没後、緊縮財政の強化のなかで士族授産事業に政府内から見直し論が出てきたときに、県内の安積開墾、疏水事業の継続に対しても慎重となり、それが、中条ら現地指導に奔走していた人間には、消極的な姿勢と受けとられた。

第三に、開墾、疏水中止の噂に危機感をもった中条に、専断的行為がしばしば現れ、山吉の不信感を生む。

第四に、安場県令時代に着手された開成社開墾地における階級的対立（小作問題）、開墾新規入植者（久留米開墾人）との葛藤など、開墾地内の諸矛盾が顕在化してくる事態に対して、県として適切な解決を指導できず、県官内部の相互不信を作り出した。

以上のようなことから、明治一二（一八七九）年頃より山吉・中条を頂点とする県官内部の開墾・疏水をめぐる慎重派と強硬派の対立関係が生まれたものと考えられる。

3　三新法後の県会

「第一節二」で、福島県独自に開かれた県会について、その県会開設までの過程を述べた。ここでは、三新法後の県会について、独自県会との相違、矛盾等について検討する。三新法として全国画一化した府県会規則が制定されると、各府県は、新法に従った県会を開かねばならない。これは、政府による統一的法律であるから、すでに府県会を開設していたとしても従わねばならない。福島県でも、新しい府県会規則に基づいて議員を選び、これ以後の県会を、第一回県会として記録することになる。

すでにみたように、福島県で明治九年夏以降約一年半の調査と議論のなかから独自の民会規則をつくり、その規則に基づき、区会、町村会を経て段階的に選挙された六八名の議員がいた。そして明治一一年六月民会規則に基づく県会を開会した。しかし、三新法に基づく府県会規則の公布により、県民会規則は廃止された。その年中には選挙が間に合わず、翌一二年新たな選挙により選出された議員は六二名。うち二〇名は、前回の独自県会の議員が再選された(77)。

独自県会を経験した福島県の議員たちにとって、新しい府県会規則に基づく県会は、より中央集権的、制限的で、行政主導型であったため、地方自治をめぐって対立的論議が目立ってくるのである。

つまり、県民会規則を作る段階では、民権派と開明派官僚はまだ未分離の部分があり、目標を共有し得ていたのであるが、[78]三新法以後は、政府の方針に忠実であろうとする上級官僚と民権派議員との間は、徐々にその矛盾が激化、対抗関係に入っていく。独自に民会規則制定の指導をした、山吉県令は、その立場上、極めて困難な自己矛盾に陥らざるを得なくなった。しかも、山吉が政治的後楯としていた大久保利通は暗殺され、主要課題の一方の開拓関係も、不安定要因となっていた。

では、明治一二年、一三年、一四年の県会における主な論議から地方自治をめぐるヘゲモニーが開明派官僚から公選議員へと移って行く様子を明らかにするとともに、その政府に与えた影響を検討してみよう。

第一には、制限選挙と議員定数についてである。この時期においては、主体的につくられた民会規則といえども制限選挙であったことはいうまでもない。しかし、三新法後の府県会規則に比べ、町村会、区会、県会が積み上げ方式であること、財産制限が、政府の府県会規則より緩やかであるため、議員定数がやや多かったこと、財産制限が地租額ではなく、動産、不動産の所有によっていたことなど、県民会規則の方が、ブルジョア民主主義の度合が高く、また地方自治の観点からも住民の参加の範囲がやや広かった。表２は県と政府の県会規則を比較したものである。こうした差異の結果、県民会規則による議員定数は六八名であったが、府県会規則によれば六二名と減少したのである。しかも、民会規則によって選ばれた議員による最初の独自県会でさえも、民会規則改正の建議が提案され、そこでは更に、選挙権、非選挙権の制限を緩やかにすることが求められていた。[79]

建議

町村会規則第一章中第三条増補並第四条但シ書増補案

第三条

表2　民会規則及び府県会規則に基づく選挙制度の比較

	民会規則による町村会	区　　会	県会（定数68人）	府県会規則による県会（定数62人）
選挙権	其の町村に1年以上居住 50円以上の不動産 または100円以上の動産 満20歳以上の男子	其の町村会の議員	区会議員	郡区内に本籍 地租5円以上 満20歳以上
被選挙権	其の町村に1年以上居住 50円以上の不動産 または100円以上の動産 満25歳以上の男子 ただし1家に2人以上の選任はできない	150円以上の不動産または300円以上の動産	250円以上の不動産または500円以上の動産 区会議員中最も名望のある者は所有財産が規定に充たない場合でも1区1人は認める	府県内に3年以上居住 地租10円以上 満25歳以上の男子
任　　期	満2ヵ年,1年毎に半数改選			4年,2年毎半数改選

出典:「福島県民会規則」（明治10年12月制定，11年1月公布）「府県会規則」（明治11年7月太政官第18号布告）より作成.

議員及選挙人タルベキ者ハ、左ノ財産ヲ有スル者タルベシ
　価額五拾円以上ノ不動産ヲ該町村内ニ有スル者、右不動産ヲ有セザル者価額百円以上ノ動産ヲ常ニ所持スル者トスト雖モ、右価額ニ満タザル者多分ノ村方ニシテ、人口ニ応ジタル議員選挙シガタキ場合ニ於テハ、不動産廿五円動産五拾円合セテ金七拾五円以上所持スル者ヲ以テ選挙スベシ
　第四条但書
但シ該町村ニ於テ第三条ノ価格ヲ有スル年齢二十以上ニシテ、最モ人望ノ帰スルハ二十五年前ト雖モ二名以下選挙スル妨ナシ
　右建議候也

以上に見られるように、自治の拡大への自覚が生まれ、地域の開発（議案

第一号国道線……）や、地域住民の相互扶助（議案第二号消防規則、議案第三号凶荒予備規則）について県民会での討議を経て独自に自治制度を整備した。このような成果を生んだ経験があればこそ、明治一二年以降、政府の政策を追認していかなければならないような形式的地方自治のあり方に対して、県会内では政府に批判的な傾向が強くなっていった。

明治一二年県会では、戸長の職務取扱をめぐり論議が起きた。これが第二の問題である。戸長が村を代表する人間であるのか、あるいは行政の末端にある官吏であるのかは、地域の自治にとって重要な問題であり、それは戸長給料を誰が支払うのかという問題とも関連する。また郡長が、政府の地方行政の監督者としての位置に置かれたことへの反発として、郡長公選の要求が起こり、これらの要求はいずれも政府（伊藤内務卿）への建議として提出された[80]。

第三には、明治一二年、一三年備荒儲蓄法についての論議がある。この法は、災害等の救援のための積立てを義務づけるものであったが、住民の負担が増加するため、多くの府県で問題になり、廃止の要望なども出されている[81]。福島県では、すでに明治一一年の独自県会で「凶荒予備規則」をつくって実施していたため、負担の増える政府案には反対の声が高く、山吉県令に対して具状開申が数回にわたって出され、県では、県官を上京させて、県会での反対の意向を政府に訴えたが、政府はこれを却下し、政府案に従うことを指示するばかりであった。県会はやむなく、政府案を一部修正するに止めて可決した。

第四には、土木費国庫補助が明治一三年以後廃止されたことに対する反発である。

以上の様子を知るには建議、上申等の内容をみるのが最もわかりやすい。次に示す一覧表（表3）は明治一〇年代の県会における建議、上申についてまとめたものである。これによって、政府への建議、上申のみを数えると、明治一二年三件、一三年三件、一四年七件、一五年二件、一六・一七年〇件、一八年一件である。この他県令への請求、開申であっても、その結果、県官を政府に派遣して県会の要望を請願した備荒儲蓄法の例も含めると、明治一三年・一四年は、ことに政府に対して、自治をめぐっての対抗関係が明確となってきていることがわかる。そして、地方自

建議・上申

請求具状（開申・上申）	あて先
1．営業組合規則増補ノ義開申 2．議権ノ義ニ付稟議 3．戸長給料及戸長職務取扱費ノ義ニ付請求 他2件（略）	山吉県令 山吉県令 山吉県令
1．用水路樋管実査ノ義開申 2．故県会議員鈴木栄死亡ニ付吊祭料支給ノ義ニ付開申 3．出京委員選定及旅費額開申（2回）註 4．備荒儲蓄ノ義ニ付請求（2回） 他2件（略）	山吉県令 県令代理中条 県庁 山吉県令
1．12年度地方税決算ノ義ニ付上申 2．備荒儲蓄ノ義ニ付請求 3．通常県会開期ノ義開申（2回） 他3件（略）	松方内務・佐野大蔵両卿 山吉県令 山吉県令
1．明治13年度地方税決算ノ義ニ付上申 2．県会議事堂通路開修ノ請求 3．議案毎号否決ノ開申 4．15年度県会日誌増部費支弁方開申 5．14年度病院費賦課法ニ付参事院裁定具状 他3件（略）	山田内務・松方大蔵両卿 三島県令 三島県令 三島県令 参事院
1．旧県会議員（河野，岡田）15年中出京旅費支給ノ義ニ付開申 2．地券台帳調整費国庫支弁ノ議ニ付請求 他2件（略）	県庁 三島県令

上京した県官の旅費に関するものである．
下巻—甲（219，223頁）の表における議事件数とは一致しない．

表３　明治10年代の

	建　　議	あて先
明治11年	1．議事堂新築ノ事 2．民会規則更生ノ事 3．警察費賦課方法ノ事	
12年	1．郡長公選ノ義ニ付建議 2．国道線経費ノ義ニ付建議 3．戸長給料ノ義ニ付建議 4．道路条例全部議案交付ヲ請フノ建議 5．地方税徴収規則改正建議 6．成年割ノ義ニ付建議	伊藤内務卿 伊藤内務卿 伊藤内務卿 山吉県令 山吉県令 議場
13年	1．越後街道修理ノ義ニ付建議 2．郡長公選ノ義ニ付再建議 3．国道線修理経費ノ義ニ付再建議 4．戸長職務取扱費ノ義ニ付再建議 5．農事会桑野村ニ開設ヲ望ムノ建議	議場 松方内務卿 松方内務卿 松方内務卿 山吉県令
14年	1．府県会議員選挙法更生建議 2．地方税中営業税ノ制限ヲ解カレンコト請フノ建議 3．国税金百分ノ一ヲ地方税中ニ分賦セラルヘキノ建議 4．国道修繕費ヲ国庫ヨリ支弁セラレンコトヲ望ムノ建議 5．県会議事堂建築ノ建議 6．郡長ヲ公選スル義ニ付建議 7．戸長以下給料及戸長職務取扱費ノ義ニ付建議 8．福島病院ヲ医学校ニ付属トスルノ建議 9．捕漁採藻税建議	松方内務卿 松方内務卿 松方内務卿 松方内務卿 議場 松方内務卿 松方内務卿 議場 議場
15年	1．県令ノ出席ヲ請求スルノ建議 2．会議ノ開閉時限ニ付建議 3．常置委員辞職ニ付就職ヲ勧ムルノ建議 4．中科目ヲ以テ審議スヘキ建議 5．議案毎号否議ニ付今後交付ノ議案ハ前否決ノ旨ヲ以テ否決スヘシト議場場ヘ建議	三島県令 議場 議場 議場 議場
16年	1．福島県庁ヲ安積郡ニ移スノ建議 2．磐城中村陸前浜街道開修費ノ義ニ付建議 3．会津街道開修費ノ義ニ付建議	議場 議場 議場
17年	1．若松平ニ中学校設置ノ建議 2．戸長公選役場増設ノ建議	三島県令 三島県令
18年	1．福島県庁ヲ安積郡郡山ニ移スノ建議 2．戸長役場増設ノ再建議	山県内務卿 赤司県令
19年	1．福島県尋常中学校ヲ安積郡桑野村ニ移サレンコトヲ望ムノ建議	議場

註：「備荒儲蓄法ノ件ニ付世論ノ趣旨上陳ノ為状況」とあり，政府案の撤回を求める請願をもって

出典：『福島県会沿革誌』上巻一甲，『明治11年福島県会日誌』より作成．ただし，『福島県会沿革誌』

治をめぐる論議の主導権が、県会にあり、その最も高揚していた時期が明治一四年であることも指摘できる。この背景には、明治一一年独自県会を、県官として県に協力し、県会の運営全般に力を発揮した初期民権家たちが、一一年県会終了後、県官を辞め、故郷に帰って民権運動に従事し、一二年県会議員選挙（二月）及び一四年県会議員選挙（二月）において民権派の人々が多数県会に選出されてきていたこともある。したがって、県会は、民権派の論戦の場となっていった。こうした県会での論戦を重ねていく中で、民会開設と地域開発に主導的役割を果たした開明的官僚にとって代わり、民権派議員が地方政治の主導的勢力として成長してくるのである。

一方、県側の対応は、議会の建議、上申及び県会への請求開申への対応にみられるように、議会の意向を政府に伝えるよう、その仲介的役割を務めて実行している。ここに、三新法後の県令の権限強化にかかわらず、議会を重視しようとした姿勢がみられる。明治一五年以後三島通庸が県令となって以後の議会無視の姿勢とは対照的である。しかし、こうした議会のあり方は、ことごとく政府と対抗的とならざるを得ず、県令としてはその立場上、大きな不安定要因をかかえることとなり、個々の政策上の問題では議会と対立することも出てくる。この時期、山吉は県令として政府と議会の板挟みの状況にあったと思われる。

4　一四年人事の混乱

（1）明治一四年の政治情勢

明治一四（一八八一）年は日本近代史にとって重要な画期となった。大久保利通を失った政府の混乱を収拾するため、権力内部の主導権争いが、陰に陽に始まり、その争いの結末が「一四年政変」というクーデターをもって決着した。これは明治初年の時期の政策的行き詰まりの結果であり、大久保路線を基本において継承しつつも、政策実行にあたって顕在化してきた矛盾の解消にどのような修正をもってあたるかということであり、そしてまた士族反乱等の障害により延期状態となっていた国会開設に、いよいよ結論を出さざるを得ない状況となったことにある。したがって国会開設に向けて、どのような国家形態を想定するかをめぐっての権力闘争が明治一一年から一四年秋にかけて展開されていった。こうした国政上の混乱が、中央政府のみにおいて展開されたのではなく、その権力闘争とそこに胚胎する政策上の混乱は地方政治においても反映され、展開した。

福島県は、いわゆる開明派官僚の主導によって、政府の方針を先取り的に実行していた。それが、すでに見てきたように、一つは国家事業として取り組まれた安積開墾、疏水事業であり、もう一つは、県民会の開設であった。これらはいずれも、大久保内務卿時代に、彼の強い政治的後楯を得て着手されたものであった。そのため、大久保没後はその政策実行が不安定な状況に陥るのは当然といえる。しかも、県民会のごときは台頭しつつあった民権派の協力もあって、地域密着型の民主的手続きをふまえて制定されたものであった。ために、政府の三新法公布後の県会において、地方自治をめぐっての県議会と政府との対抗関係の深化は、県政上の困難と矛盾を拡大していったのである。こうした情勢の下、明治一四年は、県政においても大きな画期の年とならざるを得なかった。

明治一四年、政府は、前回（明治九年）の東北行幸時にコースから外れた山形、秋田両県及び北海道への行幸を実行した。福島県はすでに前回行幸が済んでおり、はずされても不思議ではない。しかし政府は福島県に対し再度の行幸を実行する。これには、どのような理由があったのであろうか。考えられることは、二つある。一つは安積開墾、疏水事業の進展状況を視察することである。すでに疏水はこの年猪苗代湖山潟口（取入口）の工事を終えて通水式を行なう予定であった。また士族授産（移住開墾）の実状も視察する必要があったろう。ここでも、すでにみた如く、様々な矛盾が現出していたからである。これらの矛盾の解決が、県の力で必ずしもうまくいかなかったことは「第二節二」で指摘した。そこで中央政府の手をわずらわせ、天皇の権威を借りて矛盾を抑え、事業の成功を期する必要があった。これは明治政府のメンツにもかかわることだったのである。二つめは、福島における県会が民権派の論戦の場となり、政府の政策に対し批判的傾向が強くなっていることに対し、これへの対策を考える必要性があったと思われる。行幸の一行は一四年七月三〇日東京を出発し、八月七日福島県に入った。このときの先発隊は松方内務卿らで、七月二九日、安積郡の広谷原、対面原等の開墾地を、中条政恒、立岩一郎の案内で巡視した。松方らは、七月三一日の山潟口の通水式に臨席した。

行幸随行者の筆頭に参議大隈重信がいた。すでに、政府内で、松方と大隈の間は財政政策をめぐって対立関係にあった。その財政政策上の対立関係が敵対関係へと転化したのは、国会開設をめぐる大隈の進言によってである。こうしたなかで、黒田清隆による北海道開拓使官有物払下げ問題が起こり、これに対する大隈らの反対が、火に油を注ぐ結果となったのである。黒田は天皇の行幸出発の地で、強引に払下げの許可を受ける。

行幸は表面上はこうした対立を隠蔽していたが、在京の伊藤博文、井上毅らによって、大隈追放の政変劇が着々と練られていた。

そして一〇月に入り、黒田に対する払下げ断念の説得が成功すると、ついに大隈追放の断行に踏切ることとなった。こうして、大隈と彼の同調者が政界を追われ、「明治一四年政変」と呼ばれるクーデターは完遂した。すなわち、「政府内の自由主義」[82]が一掃され、明治政府の、薩長藩閥による、天皇制絶対主義への転換が決定的となった。これ以後政府は民権運動を最大の敵対的政治勢力とみなして弾圧を強化[83]、その勢力の一掃に向かって、軍事・警察的政治を展開して行く。

（2）中条政恒の転出問題

大書記官中条政恒は、行幸一行を迎える準備のさなか、八月二日、突然太政官転出の辞令を受けとった。そのときの様子を「安積事業誌」[84]は次のように述べている。

……中条君ハ　聖上北海道御巡幸ニ付、御迎ヒトシテ、十四年八月二日白河御昼所柳屋迄出張セラレ、同所ニ於テ、太政官郵送ノ転任辞令書ヲ接手セラル。同月二十四日ニ福島出発、開成山ニ来リ滞在。同二十八日上京セラレタリ。

そして、中条転出の原因については、県令山吉盛典の政府への「讒譖」にあるとして次のように述べる。

山吉氏ハ……久留米開墾、松平容保移住、及三森道路線一条ノコトヨリシテ一層逆上シ、兼テ意中ニ包含セル中条君ヲ本県ニ置カザルノ決心ヲ、愈々実行セントシ、此歳（明治一三年―引用者）十二月親シク上京、種々ナル事ヲ羅織付会シテ中条君ヲ悪シザマニ政府ニ讒譖シ、同臭味ノ儕ヲ語ライ、終ニ明治十四年八月二日ヲ以テ、中条君ヲシテ本県ヲ去ラシムルニ至レリ。嗚呼中条君ノ一身ハ、本郡事業ノ原動力ナリ、中条君ノ脳髄ハ、本郡事業ノ脳髄ナリ。今ヤ原動力挫折シ、脳髄亦滅ス。事業何ゾ独リ活動進歩スルヲ得ンヤ（中略）中条君ハ、這般山吉氏ノ出京ハ、必ズ其身ニ害スル所アラント想像セラレタリシガ、案ニ違ハズ散々ナル讒誣ヲ擅ニシタル……

中条の太政官転出は、地方官から中央政府の中枢部への転任であるから、給与体系上は横滑りではあるが、形式的には栄転である。政府内での中条転出については、七月一六日に太政官内閣書記官内で決定され、同月二八日参議に了承され、八月二日付の辞令となったのである。(85)

この辞令が行幸直前に決定されていることが若干気になるところである。しかも、「安積事業誌」の記述からも、内示がなされていないように思われる。中条の転出・昇進の話は、過去に二度あったことが「安積事業誌」で述べられている。

一度目は、明治八（一八七五）年大久保内務卿より内務省への転任の話があった。このときは中条が「安積事業ノ方針動揺ヲ恐レ辞シ止ム」[86]とある。「政府ハ安場県令ヲ愛知県ニ転ゼシメ、山吉盛典ヲ罷メテ国貞廉平ヲ福島ニ令タラシメントノ準備已ニ成レルコトヲ中条君聞ク所トナリ。ソレデハ安積事業モソレ迄ナラント心配シ、力メテ山吉氏ヲ庇護シ、国貞氏入県ヲ防ガレタリシガ、山吉氏ニテハ到底県治ニ堪ヘズ、足下ガ居ルナラバ、山吉其侭タルベシトノ事アリシ故、内務転任辞セラリタリトゾ」と説明している。なるほど安場保和は明治八年一二月愛知県に転任となった。しかしここでいわれるような山吉盛典罷免の動きが政府にあったとは思われない。明治七、八年中山吉に特に罷免されるような問題は見当たらないうえ、この時期は、大槻原開墾の真っ最中であり、安場県令の開墾開始が、山吉の提言によるところが大きかったことからして、安場の転出と一緒に山吉をやめさせ、中条を転出させるということは開墾事業の停止を意味する。政府の殖産興業、士族授産の政策に合致した福島県政を、完全に否定するに等しい県官のトップ三人を同時に放出するようなことを、内務省が本気で考えていたとは考えられない話である。

二度目は明治一三年八・九月の時期である。「政府上ニテ、中条君ノ評判宜シカリシニヤ。一日内閣ヨリ中条君ニ内旨ヲ告ゲテ曰、福島県下開墾疏水等ノコトアリ。然ルニ山吉不学無能其任ニ堪ヘズ。故ニ今ヤ之ヲ罷メ、足下ヲ以テ後任タラシメント。足下之ヲ領セヨト。中条君辞シテ曰ク、山吉ハ同郷人且久シク公事ヲ共ニス。政恒予知セザルニ、突然ニ公命下リシナレバ格別、已ニ内意ヲ承リテハ何分諾スル能ハズ。願ハクハ其侭在任セシメラレン事ヲト。後数日内閣又中条君ニ謂テ曰ク、同郷云々ハ私情ナリ。足下割愛命下ルノ日必ズ御請ニ及ブベシト。中条君曰ク、山吉氏在職多年、不能ト雖モ大ナル悪事ナシ。今故ナク之ヲ放逐スルハ、甚ダ非ナリ。若シ同人ヲシテ元老院議官タラシメバ、余其後任ヲ諾セン。然ラザレバ、命下ルヤ余ハ直ニ辞表ヲ奉ランノミト。依テ内閣ハ山吉氏元老院議官転任議ヲ起セシカドモ、閣員賛成スルモノナクシテ行ハレズ、不得已従前ノ侭ニ据置ク事ニ決シタリ」[87]という。

以上のような「安積事業誌」の記述が事実であるとするなら、中条は二度にわたる中央政府への転任または県令への昇進を自ら断ったことになる。それでは、明治一四年の、行幸直前の重要な時期に、中条に何らの内示もなく転任を命ずる辞令が下ったのはなぜであろうか。

中条は、これまでの転任、昇進の辞退について、自分がいなければ安積開墾、疏水の事業は進まないこと、山吉はこれらの事業には無能であることを述べ、それを自分が福島に留まる理由としている。また、政府内に信頼されていることを、「安積事業誌」の著者に語らせているのである。しかし、政府は山吉を県令の座においたまま、中条を太政官に転出させた。中条はこの転出を、山吉が明治一三年一二月に出京した際の「讒譖」によるものと思い込むほど、この転出は中条の意に沿わぬものであった。では政府に信頼があると自認する中条に、なぜ内示もなしに中条の意に沿わぬ転出を命じたのか。

すでにみたように、中条はこの時期士族移住に大きな情熱を傾けていた。その方法は山吉県令から「専断」と非難されるほどであった。一三年一二月の山吉上京の折、山吉が政府への県治の報告において、このような中条の「専断」的な士族移住の推進方法について報告したであろうことは想像しうる。

政府は、大久保没後、緊縮財政をさらに強化させるうえで、殖産興業の一部手直しを迫られていた。明治一四年四月の農商務省の設置もその一環であり、これまで内務省内において、政府の中核的政策の一つとして進めてきた士族授産による殖産興業の見直しがはかられた。五月、農商務卿の河野敏鎌より、移住戸数を五〇〇戸に減らすという伺いが提出され、七月一四日了承されている(88)。

福島県下開墾所移住戸数減ジ之義ニ付伺

福島県下諸原野へ移住士族六百戸ヲ限リ、開墾建家及旅費貸給之儀、昨十三年八月廿四日付ヲ以テ相伺、同年九月廿八日御裁可相成、追々実施ニ及候処、予算ノ如ク移住者へ配賦反別僅ニ一町歩ノミニテハ、生計充分ナラズ。又植林等ノ用意モ無之テハ、実際差支候ニ付、土地配賦方増加可致、就テハ土地及金額ノ都合モ有之候ニ付、右六百戸之内百戸ヲ減ジ五百戸ヲ限リト改定仕度、尤百戸ニ対スル金額三万千〇七拾壱円五拾銭者、最前伺済高金之内ヨリ相減可申、仍テ同県へ達シ按添此段相伺候也

明治十四年五月二十八日

農商務卿　河野敏鎌

太政大臣　三条実美殿

伺ノ趣聞届候事

明治十四年七月十四日

達　按

福島県

其県下諸原野へ、移住士族資本貸与ニ係ル戸数予定之義伺出、昨十三年十月十二日付内務卿ヨリ及指令置候処右ハ詮議之次第有之、六百戸之内百戸ヲ減ジ五百戸限リト可相心得、此旨相達候事

年　月　日

農商務卿

内閣において中条転任が決定されたのは、この直後の七月一六日である。士族移住の体制はすでに終わっていた。中条の移住に寄せる情熱は、その役割をすでに終えていたというべきか。猪苗代湖疏水に関しても、この年すでに山潟口（取入口）の工事を終えて、行幸先発隊の松方らを迎え、七月三一日に通水式を予定してあった。また、疏水に関しての管轄は、政府の安積疏水掛出張所（掛長奈良原繁）にあり、工事の大要が決したときに、県側の疏水に関する役割もほぼ終えたといえるであろう。

しかも、県令との不和が伝えられるなかで、特に中条を福島県に留める積極的理由はなかった。さらに、民会開設にかかわった山吉と中条を、民権派台頭の情勢の中で、引き離す必要があったとも思われる。決定的なことはわから

ないが、明治一四（一八八一）年は、中央においても地方においても非常に複雑な情勢のなかにあったということである。一四年の政変を直前に控え、政治勢力の暗闘が繰り広げられつつあった。

中条政恒の孫娘の宮本百合子は「明治のランプ」[89]のなかで祖父政恒について次のようなことを書いている。

「北海道開墾に志を遂げなかった政恒は、福島県の役人になってから、猪苗代湖に疏水事業を起こし、安積郡の一部の荒野を灌漑して水田耕作を可能にする計画を立て、地方有志にも計ってそれを実行に移した。複雑な政党関係などがあって、祖父が一向きな心で開墾を思っているように単純に事が運ばず、事業そのものは遂げられたが、祖父の心には或る鬱屈するものがあったらしい。晩年起居を不自由にする原因となった暴飲がこの間に始まったそうである。」

ここにおける「複雑な政党関係」とは何を意味するのであろうか。この件に関して、中条にあてた田倉岱洲の書簡[90]が、中条転出の裏にある政治的諸関係について興味ある示唆を与えてくれるのである。田倉は中条の太政官への栄転を喜びつつ、「一身上ノ為メニハ、御栄転タルヲ以賀可喜ハ不待言候得共、岩代地方人民ノ為メ、且国家ノ事業ノ為メニハ、悲マザルヲ得ズ……右件ニ付其筋内幕ニ於テ、可悲ノ事情アリ……此可悲ノ事情ハ、御面会ノ上詳細可奉申上心算ニ有之候……」と記している。明治一四年の政変の渦中に、中条もまた放り込まれたのであろう。県令との不和、政府の政策の変化、民権派との関連、こうした様々の問題が、開墾事業を積極的に進めてきた中条に、大きな挫折感を与えたのではなかろうか。

中条は太政官転出の辞令を受けとった後、行幸事務の処理が残っていることを理由に着任の遅延を届け出、約一ヵ月後の九月三日出京、着任した[91]。中条は太政官では特に目立った働きはなかったようである。また、明治一九年には島根県大書記官となって再び地方官の職にあたるが、持病のリウマチが悪化し、明治二三年辞職して東京に住んだ。「安積事業誌」が、中条が最も深い失意のなかにあったとき書き始められたということも、この書が異様に怨念の強い、県令や政府要人への批判の書となった原因であろう。

表4　県官辞職者数（明治13年後半～14年中）　（単位：人）

A　月別人数			B　身分別人数			
	13年	14年		13年6～12月	14年1～7月	14年8～12月
1月	—	5	属	5	7	22
2	—	9	御用掛	6	9	17
3	—	2	等外	3	9	14
4	—	4	警・巡	1	2	4
5	—	6	雇	0	4	2
6	1	4	医	0	0	3
7	2	3	郡吏他	0	2	8
8	2	3	計	15	33	70
9	0	8				
10	2	9				
11	5	40				
12	3	10				
計	15	103				

註：明治14年8月の大書記官中条の転出は除く．
出典：「福島県庁文書」より作成．

（3）県官の大量辞任

大書記官中条政恒転出後の後任には、秋田県大書記官小野修一郎（高知県出身）が赴任してきた。小野は、明治一四（一八八一）年八月福島県大書記官として、天皇行幸に関する県官の任務を果たすと、翌年一月には早くも転出となった。福島県には半年足らずの在職である。その後は大蔵省少書記官、長崎県大書記官を経て、明治一九年には北海道参事官となっている。さて、この明治一四年は人事異動の激しい年であった。福島県では、大書記官中条の転出がその始まりであった。しかし、一〇月に天皇行幸を控えていたためか、八、九月は比較的平穏であった。行幸が無事に終了した一一月、県官の大量辞任劇が起きた。この時期は、すでに中央政府における、大隈追放という政変劇も決着し、次の政権の主導勢力が、伊藤博文を中心とする薩長藩閥政府となるという趨勢が確定した時期である。平穏にクーデターに成功したこの政権は、井上毅によるプロシャ型憲法の作成を主たる任務とし、一方で民権派を敵視し徹底的弾圧を展開するための体制を築いてゆく。

福島県の県官大量辞任劇は、まさにこうしたクーデターのさなかに進行したのである。次に掲げる**表4**は、明治一三年後半から一四年中の県官の辞任を、県庁文書のなかから抽出してつくったものである。したがって、文書として当人の辞表の残っているものだけであり、必ずしも正確な数字とはいえないが、傾向としてはかなり正確につかめると思う。表4のAは月別の辞任者数である。表4のBはそれを身分別に、明治一三年後半、一四年前半、一四年後半の三期に別けて数表化した。

以上の表から明らかなように、一四年秋以降に辞任者がほぼ固まっており、特に一一月の四〇名に昇る大量辞任が目立つ。一四年八月から一二月を合計すると七〇名、一四年全体では一〇三名にのぼり、前年後半期の一五名と比較してみれば、いかに異常な数になるかがわかるであろう。また辞任者の身分上からも、上中級官僚の属官から、下級の雇、また、行政の末端機構にある郡吏まで含まれる。

大量辞任劇の直前、何があったのであろうか。

明治一四年一〇月に山吉県令は天皇行幸にあたり、左大臣有栖川宮の猪苗代湖疏水・若松地方代巡の案内人となった（詳細は第二章参照）。この代巡は、疏水工事の視察が一つの目的であり、一〇月四日本宮を出発、熱海を経て若松に入り、七日に郡山を経て奥州街道白河に戻るというコースであった。随行者には、参議大隈重信、金井之恭（内務大書記官）、奈良原繁（農商務権大書記官、安積疏水掛）らがいた。この代巡の途中一つの事件が起きた。『明治天皇御巡幸録』(92)に次のように記されている。

十月五日　水曜、熱海―若松

（前略）

この日、恐れ多くも珍事が起った。それは宮家の日記によると、滝沢町において御乗用の馬車牽馬が逸走したので、御馬車が転覆した。駆者は二十分間気絶し馬丁は負傷したが、殿下には幸ひ御怪我がなかった。人民恐懼措く能はず、県令は進退伺を提出したが、其儀不及とあって、御叱りはなかった。

また「分草実録」(93)に次のように記してある。

山吉県令ハ御代覧ノ案内、小野書記官ニハ御還幸ノ御先導タリ、然ニ宮ニハ若松滝沢新道ニ於テ御扱ノ為県庁ヨリ出ス所ノ馬車ヲ召サレシニ馳スル僅ニ二三十間ナラズシテ馬逸シ車覆リ、御負傷ハナカリシカ共御者ハ悶絶セリ、依テ山吉県令ハ伺ヲ経ズ御案内先ヨリ上京陳謝セラレタリトゾ、（中略）山吉県令十月廿八日ヲ以テ帰県、於是同三十一日久留米処分ノ事、対面原、広谷原分水路着手、其費用並宮内省開墾所維持ノ見込具状ノ為メ出県スベキ旨ヲ県令ヘ報告セリ、該書未ダ達セザルニ先（立）チ県令ヨリ内諭アリテ十一月四日辞表ヲ進達ス、課員ハ一郎ノ辞職ヲ以テ事業ノ妨害ト為シ、本庁ニ迫テ復任ヲ請願セントスルモ子細アルベキヲ以テ堅ク之ヲ拒ミ発セザラシム

山吉の進退伺は不問とされたが、ここで注意すべきは、一〇月五日の事件後、進退伺いのため八日の代巡終了と同時に山吉は上京し、二八日帰県まで在京していたということである（第二章参照）。そして、帰県するなり、立岩一郎は辞職を勧告されていることである。他の主だった人々の辞職もおそらく県令からの内諭があったものと思われる(94)。一一月に辞職が集中していることも、そうした県令による罷免を意味する辞表と、おそらく罷免された県官に同調して辞表を出した下僚たちのものであろう。したがって、この一一月が他にみられない驚くべき数の辞任者を出したということになろう。

ここで、山吉がこのような挙に出たのは、東京より帰った直後であったということが重要である。明治一四年の一〇月五日から二八日、この期間は一体どのような時期であったか。いうまでもなく、この期間は、一四年政変の真っただ中であったのである。

一〇月五日には、払下げ問題の渦中の人物黒田清隆が、樺山資紀（警視総監）らの説得で、ついに払下げを断念、

反大隈で結集することに決した日である。さらに翌一〇月六日は、三条実美の内命を受けた川村純義の迎えで、京都に滞在していた岩倉具視が帰京した。これで、すべての反大隈勢力が東京に結集した。そして、一〇月九日、ついに閣僚たちの間で大隈追放の断行を決定。この日、大隈の配下であり、彼の協力者である矢野文雄は、この決定を急遽行幸先の大隈に伝えた。そして一一日、天皇の還幸を待って御前会議を開き、大隈罷免を決定、一二日には国会開設の勅諭を発した（公表は一三日）。そして二一日には太政官改正が行なわれる。[95]山吉はこうした政府の急激な変動の最中に身を置いたのである。本来なら何らかの処分を受けるべき行幸中の事件が、全く不問に付されたのも、こうした情勢の中であったからであろうか。山吉はこの上京中、政府の誰と会ったのであろうか。山吉の日記も何もない状況では決定的なことはわからないのであるが、帰県直後の山吉の行動が、この上京中に遭遇した政変劇と全く無関係とみることは困難である。

これらの大量辞任者の中でも、一等属の小池友謙、立岩一郎、増子永人らは、開墾、民会開設に深くかかわった実務官僚のトップクラスである。そして、特に小池、立岩は、中条の配下にあり、開墾については明治一三・一四年頃安積郡に直接担当官としてかかわっている。こうして一般県官と開明派官僚の切り離しが行なわれ、大勢が入れ替わった後に、県令山吉自身の転出が待っていたのである。

5　県令山吉盛典の更迭

明治一四年政変によって政府の大勢が決したところで、明治一五（一八八二）年一月二五日山吉盛典もまた、福島県から転出することとなった。左がその辞令である。[96]

福島県令従五位山吉盛典

任検事

年俸弐千四百円下賜候事

山吉は、恐らく、明治一四年一〇月の上京の折、福島県の処置について訓示されていたのではないか。県官の大量辞任を導いた一四年一一月の主要県官の罷免は、山吉に課せられた最後の県令としての仕事であったのであろう。山吉は、こののち、自ら福島県を転出せざるを得ないことを、すでに知っていたのであろう。このへんの事情はすべて状況からの推測にならざるを得ないのであるが、危険を承知の上で大胆な推測をしなければならないのは、山吉に関する史料がほとんど残存していないこと、にも拘らず、この年の政治情勢はあまりに異常であったからである。

県令山吉盛典の更迭の後には、有名な「鬼県令」三島通庸が福島県令となる。これは一四年政変の性格と合致する、政府の政策上の最も明白かつ典型的な人事である。つまり、一四年政変が、なぜ大隈追放を断行しなければならなかったか、を考えるとき、福島県人事のあり方が明瞭に説明されると思われるからである。

明治一二、一三年、西南戦争後の財政の逼迫は深刻さを増し、緊縮財政は避けられない課題であった。大隈も松方も大枠は同じであったが、各論において対立、すでに大隈の財政は破綻しつつあった。にもかかわらず、大隈追放をしなければならなかったのは、彼の提出した「国会開設意見書」である。勿論その内容は多少の進歩性はあっても、他の参議の意見書に比して、特に明治政府に打撃を与えるようなものではない。問題は、大隈が、民権派と結び付いているのではないかという疑惑であった。政府は民権運動が、反政府的政治勢力として全国的な結集をはかることを最も恐れていた。したがってこの時期の政府の課題は、民権運動の拡大を未然に防ぐため、強力な弾圧も辞さないということにあった。そのためには、政府内に多少とも民権派の影響を残すことはできなかったのである。反民権で政府内を統一し、民権派と決定的な対決を進めうる政権を作る必要性があった。つまり大隈追放は民権派の弾圧を決行するための不可欠な前提条件であったのである。そんなときおりしも北海道開拓使官有物払下げ事件が起き、政府内は一気に反大隈で結集をはかることとなったのである。大隈が行幸に随行して不在であったことも、クーデター計画の進行に幸いした。

こうして一〇月一一日大隈追放は決定され、翌一二日国会開設の詔勅が出された。経済的には緊縮財政、政治的には民権派の徹底弾圧を目的にした政府が出来上がった。そして欽定憲法の制定と国会開設へ向けての過渡的過程を歩む、天皇絶対主義の成立を予定した政権が、この一四年政変によって生まれたのである。

こうした性格の一四年政変を、まさに、中央の政変進行とほぼ同時的に展開したのが福島県政であったともいえる。中条の転出はその前触れであった。一四年四月の農商務省設置にみる、殖産興業政策の転換によって、中条の安積における役割は終わったのであった。農商務省の設置はまさに緊縮財政の結果としてあったのであるから、すでに一四年政変の前史は、福島県でも始まっていたというべきであろうか。また、反民権政策の実行という局面からも、中条転出は、福島県における一四年政変前史の始まりであったのである。

なぜなら、中条は、県令山吉らと共に、地方民会としての県会開設に主導的役割を担った県官であり、河野広中らとの交流もあった。また、二本松七十四銀行の支配人で、民権派の資金援助者でもある田倉岱洲との交際もあった。田倉は民権派のブルジョア的一翼を担う人物であったわけである。中条は田倉の銀行の支店開設などに関しても動いており、前述のごとき、中条への手紙からも察せられるように、二人は親交があったと思われる。

明治初期の民権派の地方的要求は、産業開発と地方議会（民会）の開設であり、これは、開明派官僚、創草期資本家との共通項であった。それぞれに交錯する要求の中から利害の一致する側面も多く、共同歩調を可能にする状況があったのである。しかし一二年頃よりそれぞれの利害の個別的差異が拡大してくる。その矛盾の顕在化が一三年から一四年の状況であった。一四年政変を生み出す状況は、福島県にもあった、というべきであろう。

山吉帰県後の一一月の県官の大量辞任事件とその総決算ともいうべき、明治一五年一月の山吉転出、そして三島の県令就任は一体の政治過程である。それは、福島県という一地方における一四年政変なのであった。

三島通庸の福島県令としての任務は「土木工事」と「自由党の撲滅」にあったといわれる。「土木工事」というのは、会津三方道路の開鑿であり、これは旧会津藩士の救済と会津の復興にかかわる。「自由党の撲滅」はいうまでもなく、全国的にも先進的な自由民権派を制することである。これはいずれも、政府が反大隈で結集することになったときの盟約にある「急激民権論者の抑圧」「士族授産資金の支給」に合致する。[97]

では何故山吉ではなく三島に変えねばならなかったのであろうか。すでにみたように、山吉は殖産興業政策の忠実な実践者であり、地方民会開設の主導者であった。つまり明治六（一八七三）年頃から一一年頃にかけての、国家的政策の忠実かつ先駆的な実践者であり、明治初期の開明派官僚の典型的人物であった。一四年の大きな政策的転換期にあって、すでに山吉もまた県令としての役割を終えたといっていいだろう。

しかも、開墾事業も内部に新たな矛盾を発生せしめ、民会から出発した県会も、河野広中ら民権派議員の政治活動の場となっていた。一三年の備荒儲蓄問題や、一四年の諸建議の取扱いなどからみても、河野広中らと共につくった県会を、暴力的に抑圧することなど、山吉には到底できはしない。山吉は、政府への忠誠心と、福島県における彼のこれまでの実績とそのうえにある立場との間で板ばさみにあっていた。[98]

山吉の明治一四年の行幸中の事件についての進退伺が不問に付されたのも、この件で山吉を処分する必要は、政府にはなかったというべきである。一四年政変は、福島県における山吉から三島への県政の転換をも包含するものだったのである。

三島の明治七年の酒田県赴任について、『福島県政治史』の著者諸根樟一は、「大久保利通、彼れの暴性を識り其の適当の官として、東北初政の経綸を委ね、最も難険地方の開拓に任ぜんとした」[99]のであるといっている。

明治一四年、再び三島はその「暴性」ゆえに福島県令の適任者として、政府より任命された。三島の福島県令任命については、大久保利謙氏が次のように述べている。

「（三島は）翌一五年一月に福島県令兼務となった。これは同郷の松方内務卿の配慮で、その腹にはてきびしい政敵福島自由党退治を三島にやらせる意図があった」[100]。

松方は、安積開墾、疏水事業には当初よりかかわりがあり、福島県の事情に詳しい。特に大久保没後の疏水開鑿にあたっては、松方が主たる政策決定者となっている。疏水成功のため、士族移住が当初の二〇〇〇戸移住から一三年に六〇〇戸、一四年に五〇〇戸と縮小されたのは、松方路線に沿うものであった。山吉から三島への転換に松方の力があったように、恐らく中条の転出にも松方の意向があったのではあるまいか。

三島が赴任すると、山吉の信頼のあった熊本人脈（安場保和が熊本出身）の門岡千別や八重野範三郎らも更迭され[101]、警察や郡長など多数の県官が交替した。こうした三島色の人事の下で自由党弾圧の体制がつくられた。

第三節　福島県政転換の意義

明治初年の福島県政について、わたしの疑問であった、県令山吉盛典と大書記官中条政恒の関係を解くため、明治政府の二つの基本政策であった殖産興業と地方制度の確立の福島県における展開――安積開墾と県民会開設――過程をみてきた。この問題を考えるにあたり、最も重要な転機となる年は明治一四（一八八一）年であろうと考えた。それは、明治一四年に中条政恒の太政官への転出があり、引き続き、県官の大量辞任があってのち、一五年一月山吉盛典から三島通庸への県令の交代が行なわれたからである。この年はまた中央において、「明治一四年政変」と呼ばれるクーデターがあり、明治政府が絶対主義的天皇制の制度的確立へ向けて、すなわち欽定憲法制定へ向けて具体的な歩みを始めた年でもある。このような重要な政治の転換期に福島県が、そうした中央政治の影響をまぬがれるということがあろうか。ことに大久保利通の政権下でその政策実践を先進的に行なっていた県であったことを考えれば当然のことである。そこでわたしは、明治一四年後半の県政の転換を、一四年政変の地方的展開であるという仮説を立て、これを証明してゆくという方法をとった。これによって、県令山吉盛典と大書記官中条政恒の「不仲」説を、政治全体の流れの中に位置づけ、その真意、および根拠、政治的意味を明らかにしたいと考えた。

第一節は明治六年から一一年五月の大久保利通暗殺までの時期を対象に、安積開墾（第一段階としての大槻原開墾）と県民会開設の過程を明らかにした。

この時期は、県令安場保和の主導の下に県政が進められた時期であり、明治九年の三県合併（福島、若松、磐前）もあり、今日の福島県の始まりの時期でもある。安場の路線は次の県令山吉盛典に引き継がれ、次官クラスの中条政恒と共に県政をすすめた。またこの時期は、大久保利通の後楯もあって、開墾に情熱を燃やす中条政恒はその力を充分に発揮した。これまで言われていた「山吉の開墾への妨害」や山吉と中条の「不仲」は、この時期に基本的には見られない。

第二節は、明治一一年五月の大久保暗殺より一四年政変のあった一四年末までをみてきた。この時期に、福島県では、国営安積開墾事業が着手され、一方県民会は、三新法制定を受けて、全国一律の県会へと転換を余儀なくされた。西南戦争後の深刻な財政逼迫と大久保利通の暗殺は、福島県政にも混乱と矛盾をもたらした。安積郡の開墾地において噴出した諸矛盾に、県は適切な対応ができなかった。一方三新法後の県会は、地方自治と財政をめぐって政府との対抗関係が顕著になってゆく。こうしたなかで、河野広中を中心とする民権派議員が県会をリードするような状況が生まれ、開明派として県政をリードしてきた官僚はその「開明」性を失っていった。山吉と中条の「不仲」といわれる状況は、こうした、開墾、県会をめぐる諸矛盾の噴出に適切な対応ができなかった県の指導力の低下の中で起きてきた。

以上のように、二つの時期を二つの政策遂行の過程を追って明らかにした。この結果、「山吉は中条の開墾を妨害してきた」といわれるこれまでの説に対し、山吉の再評価を試みると共に、安場、山吉、中条に代表される福島県の「開明派」官僚の関係を多少なりとも客観的に位置づけてみたつもりである。

とくにこれまで不明瞭であった山吉県政、なかでもその終焉となる一四年の重大な政治情勢を考慮したとき、これをたんなる山吉と中条という個性の違う二人の政治家、官僚の性格的相違や、政策実行の対立という次元に止めては語りきれないものがある。

人脈、人物論に多くを費やしたのは、明治期の政治は現在よりはるかに人脈、人物に左右される側面が強いからである。にもかかわらず、福島県の場合、県官在任期間がきわめて長い県令山吉盛典（約一〇年間。しかも県令代理期間も含めトップの座にいたのは約六年間となる）についてさえ、その経歴さえ曖昧であった。人物についてはほとんどわからないのである。こうした人物について明らかにすることは、単に一個人の歴史を語る以上に、彼らが形成した「開明派」官僚を層として捉え、彼らの歴史的位置を明らかにするための足がかりとなろう。

開明派官僚が近代化の指導者でありえたとき、民権派は「参加型」の政治を展望できる位置にあった。中央政府からすれば、民権派の「取り込み」でもあった。西南戦争と大久保暗殺以後、民権派が不平士族のレベルから一歩前進してブルジョア民主主義の担い手として成長してゆく過程（民権派の階層的広がりも含め）が同時に開明派官僚が開明派としての意味を失ってゆく過程であることの一端が、この福島県の事例のなかにも示されていることと思う。そうした政治状況の変換の集約的な表現が、明治一四年の政変であった。

以上のことから、明治一四年に至る県政の経過を政策と指導的官僚の関連のなかでみてきた。ここで明らかになったことをまとめてみると、次のようなことになる。

まず、開墾問題に関しては、①開墾事業の最初の計画立案にあたっては、山吉盛典による安場への建言にあること。これは当時の政府の方針とも合致するもので、開明的地方官の多くが、こうした考えを持っていたのである。山吉もまたその一人であったが、安場の前任者である宮原権令にその意思がなく手をつけられずにいた。山吉の宮島誠一郎への手紙にみる如く、彼は安場の人物を大変気にしている。それは彼の開墾政策を受け入れられる人物かどうかということである。そして安場は、山吉の期待どおり、いやそれ以上に有能な殖産興業政策の実践者であったということである。

②県として開墾事業を進めるにあたりその担当官となるべき人物として、多少「癖」の強い、同じ米沢藩の中条政恒を福島県へ迎えることとなったが、この件も、山吉の宮島を通しての依頼によって実現しているという点である。以上の点からして、山吉が開墾の妨害者であり得べくもなく、逆に彼は主唱者であったということである。

③そうして出発した開墾であったが、開墾政策の後楯でもあった大久保内務卿の死後は、その政策実行にかげりが出始める。その上、国営安積開墾地における士族移住をめぐって中条の「専断」的行為が問題化し、移住士族の内紛や開成社開墾地における地主・小作の対立が顕在化するなど、開墾地内における階級対立の端緒的諸様相が表れてくると共に、県と開墾人との不調和も表面化してくる。一言でいうなら、開墾地内における諸階級・階層の矛盾、対立の顕在化が始まったといえるだろう。そしてそれらの問題に対して県は有効な対策が立てられなかった。こうした状況が、山吉と中条との間に不信と不和をもたらしたものと思われる。

次に、民会の開設及び県会上の問題である。明治九年後半より始められた民会規則の制定にあたっては、①山吉、中条が指導性を発揮し、民権派の協力を得て成果を上げたこと。この時期においては、山吉、中条ともに開明的地方官僚としての面目躍如の感がある。

しかし、②地方三新法公布により、独自の民会は廃止され、府県会規則に基づく県会が開設され、山吉、中条ら地方官が独自な役割を果たす場は終わった。③以後の県会が、民権派の論戦の場となり、県令としての山吉の立場が微妙になってきた。そして、④福島県の民権派が政府にとって敵として弾圧の対象と認識されるに至っても、民会を共に創った旧来の同志を、山吉には暴力的に弾圧することは不可能であったのである。

以上のような県政の特殊な状況は、中央における一四年政変の進行と同時的に進み、中条転出はその最初の県政転換の端緒となったのである。山吉は結局政府の大きな政策的転換の中で、抵抗も荷担もせず、消極的に追従したといえるであろう。それが明治一四年一一月、行幸直後の県官の大量辞任事件を起こし、その最終局面を山吉本人の転出と三島の赴任という形で決着したのである。

明治一四年の政変によって、日本の明治維新の変革は、いくつかの可能性を否定され、強力な天皇制政府を創出することになったが、福島県もまた、独自に追求してきた議会主義的方向は閉ざされ、三島通庸によるより専制的、暴力的県政が開幕することとなった。

以上の考察から、明治一四年から一五年にかけての福島県政の転換は、中央における明治一四年政変の地方的展開のひとつの事例として位置づけられると考えるのである。

なおこれは一つの試論にすぎない。明治一四年政変が地方にとってどのような意味をもち、どのように地方政治を変えたかは、もっと多くの地方の事例研究が必要であろう。今回は他府県にまで論究できなかった。また福島県に限っても、さらに別の側面から検討を加えることによって歴史像の肉づけが望まれる。今後の課題としたい。

〔註〕

(1) 本書第一章。

(2) 佐藤秀寿・佐藤利貞「安積事業誌」(郡山市中央図書館所蔵)。横井博氏の研究により、中条政恒の第三人称で書かれた自伝といわれる。明治二二年から三〇年にかけて執筆された。横井博「『安積事業誌』考証」『日本大学工学部紀要』一九九二～九四年参照。

(3) 田中正能『阿部茂兵衛』歴史春秋社、一九七九年、一〇九～一一〇頁。

(4) 帝国耕地協会『耕地』第四巻第三号、一九三〇年三月、一三～一四頁。

(5) 「開墾費御下渡願書」(一〇月一〇日付)のことを指す。県が開墾を始めるにあたり、七〇〇〇円の資金援助を大蔵省に願い出たもの。高橋哲夫『安積野士族開拓誌』歴史春秋社、一九八三年、及び『殖産興業と地域開発』柏書房、一九九四年参照。

(6) 橘輝政『開成社百年史』一九七五年、一一頁。
(7) 高橋哲夫『安積開拓史』理論社、一九六三年。前掲『安積野士族開拓誌』
(8) 大石嘉一郎編『福島県の百年』山川出版社、一九九二年、四四〜四五頁。
(9) 前掲「安積事業誌　巻之四」
(10) 『郡山市史』9資料編。「開成社記録」は郡山村の豪商阿部茂兵衛ら二五名の出資による開墾結社「開成社」の記録。
(11) 立岩一郎「分草実録」『郡山市史』9資料編。これは立岩が福島県官を罷免された直後の明治一四年一一月一〇日に書かれている。
(12) 須々田黎吉「斎藤万吉の思想と学問の形成過程——日本農政学樹立への途——」『農業経済累年統計』第三巻、一九七五年二月。
(13) 八重野範三郎「咬菜・安場保和先生伝」「年譜」村田保定編『安場咬菜・父母の追憶』一九三八年。
(14) 福島県立図書館所蔵。第一章参照。
(15) 八重野前掲書、二九頁。八重野は安場保和と同じ熊本出身、明治八年より福島県十三等出仕として任用され、山吉県令の下で二等属まで昇進したが、一五年、三島県令になって罷免される。
(16) 宮島誠一郎文書（国立国会図書館憲政資料室所蔵）
(17) 『福島県史料』（国立公文書館所蔵）
(18) 『大久保利通文書』第五巻
(19) 同
(20) 同、第九巻
(21) 『法令全書』、大久保利謙編『近代史史料』吉川弘文館。
(22) 『内務省史』第一巻、九五頁。
(23) 「地方官会議日誌」『明治文化全集』第四巻　憲政篇
(24) 田島昇「旧福島県の民会について」（『国史談話会雑誌』第三三号　一九九二年一二月）では、氏は「民会」について次のような評価を下している。「地方民会が『開明的な地方官』ではなく、大小区制とともに行政事務の円滑化のために地方の『区』や『村』の必要から生まれたこと」、また「地租改正をめぐる諸運動や『自由民権運動の農村地方への浸透』するより前から『民会』が本来の役割をはたしていること」を指摘し、そのような「民会」発生への前段階として「もともと旧村役人は事実上『入札』によって就任していたし、村役人の業務は村民の寄合や領域範囲の集会によって権威づけられ機能していた。近代に入って新たな政策課題が相次ぐ中で『官』側が弱体化したのであるから、従来の集会の機能は強化せざるをえなかったのである。つまり、大小区制という地方行政組織は『民会』を不可欠の前提として成り立っていたのである。問題はこうした実態を『官』の側が公認して法制化したかどうかであり、開明的な地方官』はこれを法制化し、そうではない地方官は従来の慣習同様に黙認したのである」（五六頁）として、「民会」を連続的に捉えている。

(25)　諸根樟一他『福島県政治史』一九二九年、一九四頁以下。なお引用文中の「行・宇」は行方郡・宇多郡のこと。

(26)　同、一九六頁。なお、野口勝一の『福島県会規則略解』では「題辞」末尾の日付が、明治十年十二月となっている。

(27)　註（24）を参照。

(28)　「明治十一年福島県県会日誌」（福島県立図書館所蔵）

(29)　この時の県会における審議内容についての詳細は、「明治十一年福島県県会日誌」『福島県政治史』『福島県史　15』を参照。

(30)　前掲『福島県政治史』二二三頁。

(31)　『福島県史　4』三二一頁。

(32)　平島松尾『安達憲政史』同編纂会、一九三三年、四二〇頁。

(33)　河野磐州伝刊行会『河野磐州伝』一九二三年、二三一〜二三三頁、二六九頁（吾妻書館復刻版）。

(34)　同、二七一頁。

(35)　『大久保利通文書』第八巻、一〜二頁。

(36)　『福島県民会規則略解』（福島県立図書館所蔵）出版のための「出版之儀伺」は、民会規則が布達されてから、「御規則ノ仮名付又ハ字引等ノ有無問合候者不少」、「題辞」の趣旨を生かすために、「毎条平仮名ヲ付シ、且其熟語ニハ略解ヲ施シ、婦女児童ニ至ル迄一読通解シ易キ様仕活字印刷」して、川又定蔵の店頭で低価で売りたい、と述べている。この「伺」は三月一一日に提出され、一六日には許可がおりた。

(37)『大久保利通文書』第十巻、一一三頁。

(38)下山三郎『近代天皇制の形成過程』岩波書店、一九八九年、二〇三頁。

(39)奥田晴樹『地租改正と地方制度』山川出版、一九九三年、二七六～二七九頁。

(40)暗殺の主犯島田一郎の愛国社結成大会への参加については、近年、遠矢浩規氏がその著書『利通暗殺』（行人社、一九八六年）で疑問を呈している。島田は民権運動の影響を受けて政治活動を展開しつつ最終的には、西郷隆盛の蜂起に同調していったようである。

(41)『大久保利通文書』第九巻、一六三頁。
「済世遺言」については多くの研究書が部分的に引用している。現存史料は、大久保文書の他には、「品川弥二郎文書」中にある。また中条政恒の「安積事業誌」にも全文収録されている。公刊されているのは「大久保文書」のみである。

(42)前掲「安積事業誌　巻之十」

(43)この事件直後の様子については元田永孚の「古稀之記」に臨場感のある記述があり、『大久保利通文書』九に収録されているので参照されたい。

(44)前掲「安積事業誌　巻之十」

(45)『大久保利通文書』九及び「品川弥二郎文書」（憲政資料室所蔵）のなかに「済世遺言」があるが、いずれも同一の文書である。なおまた、中条の「安積事業誌」中に収録されている「済世遺言」は、山吉盛典の肩書が「権令」となっている。これについては次のようなことが考えられる。山吉盛典は、一一年七月二五日に県令になっており、それまでは権令であった。草稿を記述していた時期は権令であったため、そのまま残ってしまったものであろう。しかし完成した時期、また各大臣に配布した時期はすでに県令になっているので、清書した「済世遺言」ではすべて県令と書き直したものと思われる。

(46)この間の事情は『大久保利通文書』九、「安積事業誌　巻之十」による。なお矢部洋三「大久保政権下の安積開墾政策」『殖産興業と地域開発』収録参照。

(47)「安積事業誌」、高橋哲夫『安積野士族開拓誌』参照。

(48)前掲「安積事業誌　巻之十」

(49)同

(50)前掲「安積事業誌　巻之十一」

(51)久留米藩難事件とは、明治四年長州奇兵隊反乱事件の思想的リーダーといわれる大楽源太郎が久留米藩に逃れてきたとき、久留米尊攘派が彼を匿ったが、ついに匿い切れず、大楽を暗殺するに至った。このため久留米の尊攘派の多数が逮捕された。久留米藩難事件については『久留米藩幕末維新史料集　下』、『久留米市史　近代』、『三潴町史』に詳しい。他に森尾良一『久留米開墾誌』参照。なお拙稿「士族授産の政治的側面について――国営安積開墾における久留米及び高知士族入植の事情――」(福島大学『行政社会論集』第八巻第一号)も参照されたい。

(52)ファン・ドールンの復命書「水ヲ猪苗代湖ヨリ引以テ福島県ノ稲田ニ灌クニ供スル溝渠ノ計画」(『安積疏水志』)。詳細は藤田龍之「猪苗代湖疏水(安積疏水)の設計に果たしたファン・ドールン及び山田寅吉の業績」(前掲『殖産興業と地域開発』収録)参照。

(53)前掲「安積事業誌　巻之十一」

(54)「開成社記録」明治一三年及び一四年分草稿(『郡山市史』9資料編)参照。三森案は開成社の意向を反映したものであったようだ。

(55)士族移住開墾については『安積野士族開拓誌』、『久留米開墾誌』、『久留米開墾百年の歩み』を参照。

(56)このときの小作料は収穫の三分の一、宅地税は年間玄米三俵。のち明治一五年一月宅地税の三俵を一九年までに限り年一俵に減じることになった。

(57)地主・小作人問題の経緯については「開成社記録」明治一二年六月一七日の記録を参照(『郡山市史』9資料編)。

(58)立岩一郎は中条政恒の最も信頼する部下といわれ、「安積事業誌」においてもしばしば立岩の「分草実録」からの引用が用いられている。明治一一年一一月二日開拓科出張所長となる。

(59)「開成社記録」一〇月二七日の記録参照（前掲『郡山市史』9）
(60)「安積事業誌　巻之十二」。『安積疏水志』巻之一、二八四頁。
(61)『安積疏水志』巻之一、二七七～二八一頁。
(62)「中条家文書」、罫紙三枚半の簡単なもの。あて先の記述はない。
(63)「安積事業誌　巻之十二」
…中条君ハ…旧若松城主松平容保君ヲ勧誘シ、同君ヲシテ対面原ニ移住セシメ、共ニ会津士族ヲ移住セシメテ之ヲ保護セントシ…（中略）…帰県後速カニ会津ノ事ヲ上申ノ手続ニ及バントテ、山吉氏ト懇議セラレタルニ、同氏ハ…中条君出京中此処置アリシヲ、専断ナリトシ、大ニ怒リ、何分無礼謾語ノミニテ熟議ニ至ラザレバ、上申スル能ハズ…。
(64)「開成社記録」明治一一年一一月二七日の記録。『開成社百年史』九五頁。
(65)「安積事業誌」、「開成社記録」参照。
(66)前掲『久留米開墾誌』
(67)同、一六一頁。『久留米開墾百年の歩み』九九頁。
(68)高橋哲夫『ふくしま知事列伝』福島民報社、一九八八年。
(69)高橋哲夫『安積の時代』歴史春秋社、一九九三年。
(70)宮武外骨『府藩県政史』名取書店、一九四一年、二六一頁。
同書によれば、明治一五年頃、世間に「圧制五人男」と称される県令があった。これは三島通庸（福島）、高崎五六（岡山）、関新平（愛媛）、森岡昌純（兵庫）、千坂高雅（石川）、であったという。
(71)『近事評論』明治一四年一月一八日、第二九八号（不二出版復刻版）
(72)諸根樟一『石城郡町村誌』の「跋」文参照。
(73)石塚裕道『日本資本主義成立史研究』吉川弘文館、一九七三年、六七頁。
(74)前掲『安場咬菜・父母の追憶』の「年譜」参照。
(75)立岩一郎「分草実録」（前掲『郡山市史』9）

(76)『新修島根県史』通史篇二、史料篇五
(77) 前掲『福島県政治史』二四一頁。
(78)「明治十一年福島県県会日誌」六頁。このとき多数の賛意を得た「議目」は「土地ヲ開キ物産ヲ興ス事、民費ノ事、災害備慮ノ事」とある。つまり、地域開発と地方の民生安定が主たる案件であった。
(79) 同、一二七〜一二八頁。
(80)『福島県会沿革誌』上巻一甲（福島大学図書館所蔵）
(81) 明治一三年九月には岩手県から「備荒儲蓄法御施行延期之義ニ付建言」が出されているほか、滋賀県民からは一四年二月「備荒儲蓄法之儀ニ付建言（備荒儲蓄法ヲ全廃スルノ儀）」が出されている（『明治建白書集成』第六巻）。他にも多くの県で問題とされている。
(82) 大久保利謙「明治十四年の政変」『明治国家の形成』吉川弘文館、一九八六年。
(83)『明治天皇紀』第五、五三三頁。
「同日（一〇月八日）具視は、中正党たる元老院副議長佐々木高行・内務大輔土方久元を招きて其の意見を聴取し、力を開拓使官有物払下廃止の断行、急激民権論者の抑圧、憲法の制定、士族授産金の支給等に致さんことを諭す」（傍点引用者）。
(84) 前掲「安積事業誌　巻之十一」
(85) 公文録・官吏進退（国立公文書館所蔵）
(86) 前掲「安積事業誌　巻之九」
(87) 同、巻之十一
(88) 公文録・農商務省
(89) 宮本百合子「明治のランプ」（『宮本百合子全集』一七巻　新日本出版社）。また、同全集一七巻の「蠹魚」には、政恒が晩年に住んだ郡山の家にあった蔵書について書かれている。この中に、明治一五年前半期の「福島警察枢要書類」がある。ここからも、中条政恒が福島を去ってからの三島県政と県内の民権派の動きに関心を払っていたことが伺い知れる。

(90)　田倉岱州は二本松第七十四銀行の支配人。郡山への出店について中条の支援を得ようとしていたことが「開成社記録」にうかがえる。また田倉は、福島の民権家たちの資金的援助者でもあった。この手紙は横浜から明治一四年八月四日付で出されている（「中条家文書」）。

(91)　公文録・太政官

(92)　福島県教育会編『明治天皇御巡幸録』一五九頁。

(93)　前掲「分草実録」

(94)　辞表は通常、実際の理由如何にかかわらず、病気や家庭内の事情を理由にして提出される。明治一四年の辞表も大多数はそうであるが、なかには県令の内諭があったことを伺わせる文面のものもある。その一例を次に紹介しておこう（福島県庁文書「日誌」）。

辞　表

御内諭之趣奉畏候依テ速ニ御差免之相成度

此段奉願候也

明治十四年十一月六日　　八等属　伊東広蔵

福島県令山吉盛典殿

(95)　政変の経過は大久保利謙「明治十四年の政変」、『明治天皇紀』第五に依った。

(96)　公文録・官吏進退

(97)　註（83）参照。

(98)　明治一五年二月二日付『郵便報知新聞』（柏書房復刻版）に次のような記述がある。「福島県にて此ほど郡長会議を開かれしが其会議了りし翌日とか県令山吉君が各郡長を自邸に招かれ近来自由党と称する者其勢ひ甚だ盛んになり既に我県下にも追々蔓延すべき景況なれば諸君ハ必ず我政府の執らる丶所の主義を能く確守して自由党撲滅の事等尽力せらるべしと云ハれし由真偽のほどハ如何等や」。当時の新聞記事は、伝聞記事が多い。この記事も必ずしも事実かどうかはわからない。山吉はすでに司法省検事への転出が決まった後の記事であるから、もし記事のようなことがあったとすれば、福島を離れるにあたっての、山吉の郡長への挨拶の一部にこうした内容の話が含まれていたということは充分考えられる。三島を県令に迎えるにあたっての部下への訓示ともとれるが、山吉の複雑な心境がうかがわれる。山吉が福島を離れたのは三月二七日である。

諸根樟一は三島の県令赴任のときの県民の状況を次のように述べている。

「既に本県民は、彼れの山形県令として、又は従来の彼れが公的生活に就て略ぼ識ってをり、然も彼れが一度び施政を執るや、内外の識誉、褒賤をこと〻もせず、一触快刀、乱麻を断つの慨ある一行政官たることを知るに於て、前の山吉盛典の良政の後に来り、果たして彼れの手腕を本県に承け容るや否やを、当時の県民は疑義し且不安に怖えて迎へたのである」(『福島県政治史』四五一頁)。

以上のようなことからしても、山吉が福島を去るにあたり、三島県令下での施策と心構えを語り、政府への忠誠を要請したということは、充分考えられることである。こうしたなかに山吉という開明派官僚のもつ限界が看取されることを忘れてはならない。こうした当時の政治情勢、県内の状況からしても、山吉の転出が、一四年政変と大きな関連性をもっていたことは否定できない。

なお、山吉転出後の履歴、進退についてはこれまで事実と伝聞が混在し、「判事」あるいは「検事」と文献により記述が異なるほか、退官の年も不明のまま、退官後は福島に戻って居住したとの記述まであった。今後の山吉研究のためにも今回の調査の範囲で確認できたことをここに記しておきたい。

山吉は山形県(旧米沢藩)出身。天保六(一八三五)年生まれ。林辺多仲忠政の次男であったが、山吉新八の養嗣子となる。明治二年家禄二〇〇石。明治五年四月福島県権参事を皮切りに、参事、大書記官、権令を経て、一一年七月県令となる。明治一三年頃、本籍を福島県に移しているが正確な日付は不明。明治一五年一月、三島と交代で県令を解かれ、司法省検事、同年六月判事、七月大審院刑事局詰となる。明治一六年から一七年までは名古屋控訴裁判所判事。一七年一二月、司法省内部の改革により非職となり、以後上京、東京に居住して、旧藩主上杉家の相談人となり、俸給三〇円を受ける。東京で病気療養中のところ明治三五(一九〇二)年七月三日、六八歳にて死去。上杉家より祭楽料として三〇円を送られる。(以上は『明治維新人物辞典』、「福島県庁文書」、「公文録」、『上杉家御年譜』による)。

(99)　前掲『福島県政治史』三五一頁。

(100)　大久保利謙「三島通庸の東北開発」(前掲『明治国家の形成』)二九一頁。また『上杉家御年譜』二十によると、明治一五年一月一七日、東京上杉邸において、高崎五六、三島通庸の接待が行なわれている。このときの接待役は宮島誠一郎。福島県着任のちょうど一ヵ月前である。何が話されたか興味深いところである。県令交代の裏に松方がいたことは、大久保利謙氏の指摘するところであるが、福島県人事が米沢人脈を一つの流れとしていることから考えると、個々の場合においては、宮島誠一郎も何らかの関わりを持っていたのであろうかと思われる。また、前田正名は「興業意見」において福島県下の勧業の失敗の一因を地方官人事の更迭にあるとして、暗に松方の政策を批判している(『明治前期財政経済史料集成』第一九巻、三五六頁)。

(101)　門岡千別は庶務課長を罷免され、警部専任となったのち警視庁へ転出。八重野範三郎は「依願免本官」(福島県庁文書「日誌」)。

第四章　福島県政転換期の指導者

はじめに

明治初期の福島県政において指導的役割を担った人物としては、安場保和、山吉盛典、三島通庸の三人がいる。また安場・山吉時代に開墾担当として活躍した次官の中条政恒がいる。安場保和は熊本出身、明治五（一八七二）年六月に福島県権令となって、八年一二月愛知県令に転出するまでの約三年半の在県であった。この間、まだ三県分立時代（福島県、若松県、磐前県）の福島県において、県主導の殖産興業政策の実行に先鞭をつけた。国営安積開墾の決定を導くこととなった安積郡大槻原開墾は安場保和の時代に着手された。この開墾の成功によって大槻原は明治九年「桑野村」として新村を形成した。

山吉盛典は置賜県（旧米沢藩）出身。福島県へは安場より一足早く、宮原積権令時代の明治五年四月に権参事として赴任した。山吉は宮原積権令時代にできなかった殖産興業への意志を、安場保和着任後に、安場の下で次官として実行に移すこととなった。山吉は米沢藩時代宮島誠一郎と行動を共にした人物で、福島県着任後も宮島の影響下にあった。山吉は、安場が福島県を去ったのち、事実上の長官となり、明治一〇年三月には権令、一一年七月には県令となって、名実共に県の長官となった。

こうして明治一五（一八八二）年一月、三島通庸と交替させられて福島県を去るまで、ほぼ一〇年にわたる長期間、福島県政の指導者として在任した。その間、大槻原の開墾を進めるため、同郷の中条政恒を福島県典事として呼び、開墾担当として専任させた。安場―山吉―中条の三人のリーダーシップによって大槻原開墾が成功に導かれた。安場転出後の明治九年八月には福島県は若松県、磐前県を吸収合併する形で統合され、今日の福島県が形成された。これよりあらゆる面での福島県創設の時代に入り、山吉盛典は、この福島県創設期の長官として指導的役割を担うこととなったわけである。第一に安場時代に着手された殖産興業政策の進展、なかでも、新たに始められた国のモデル事業としての国営安積開墾の実施（明治一一年着手）、第二に、河野広中ら台頭しつつあった自由民権派の一部を県官として取り込んで、明治一一年に早くも県会を創設し、議会制を開いた。この二つが山吉時代の特筆される県政であるが、他にも、医学校の開設や道路の開鑿（とくに山形県と共同による栗子新道＝万世大路の工事）など、福島県政の基盤が整備されたのは、この山吉時代であった。

中条政恒は、安場権令時代に、山吉と安場の意向によって、主に開拓担当官の役割を期待されて福島県に呼ばれた。中条は北海道開拓の持論を持っていたため、その情熱を安積開墾に注いだ。安場権令より開墾について委任されたという強い自負心を持って、大槻原の開墾を成功に導くうえで、現地指導者として絶大な役割を果たした。また山吉時代の大書記官として国営安積開墾にあたっても、各地の士族移住や猪苗代湖疏水工事などに対する県担当者として大きな功績を残した。しかし、その強烈な個性と、自負心は、県令である山吉盛典の意向を越えた行動を招来することもあり、山吉盛典からは越権行為とみなされて、山吉と中条の関係に亀裂が入ってくる結果を生んだ。中条は、明治一四年八月、福島県大書記官の職を解かれて太政官に転出となった。したがって中条政恒も約九年間と、山吉に次ぐ長期間の福島県在任となった。しかし、中条にとって太政官への転出は自ら望むところではなかったため、大きな不満を残すところとなった。このため彼の遺した「安積事業誌」（全一三巻）は、中条が安積開墾に関わった期間の第三者の著という形の膨大な伝記であるが、全編に、自らの開墾に対する業績と、その開墾の成就を見ずに転出となったことに対する恨みの念を書きつづった書となっている。この書で中条は、山吉との「不仲」を誇大に表現しているため、従来の安積開墾関係研究では、山吉と中条の対立を既定の事実として拡大再生産するような記述が見受けられる。

さて、これら山吉と中条に関しては不十分ながらも本書第三章で触れているので、この章では、前章では十分に解明されなかった山吉盛典について第一節で取り上げた。福島県転出後の山吉についての興味深い処分問題は、福島県在任中の山吉の性格や彼の政策について解明する上でも大きな助けとなるに違いない。

第二節では、中条政恒転出後、三島通庸県政が始まる明治一五年二月までの約半年、山吉の下で大書記官を務めた小野修一郎（高知県出身）について書いた。彼はきわめて短期間の、山吉県政から三島県政への移行期の大書記官であるが、あまりに短期間であったため、歴史上消えてしまった人物でもある。中条については多くの書物が取り上げているが、山吉、小野については史料もないため、県政史上影が薄い存在であった。ここで、二人の存在を記録して、歴史の一部を埋めておきたいと思う。

第一節　官林木払下事件と山吉県令処分問題

明治五（一八七二）年から一五年一月まで、一〇年もの間福島県に在任し、権参事から出発して県令として県政の中枢にあった山吉盛典については、明治初政の激動期にあって重要な役割を果たしてきたにもかかわらず、個人的記録がないため、謎にみちた部分が多く、その履歴すら正確ではなかった。

私はすでに第三章において、福島県内における開明派官僚としての山吉盛典以下の官僚と県の政策、中央政府の政策との関係、明治一四年の県官の大量更迭事件と山吉県令の更迭について考察したが、必ずしも十分とはいえないも

山吉盛典像（明治14年『府県長官銘々伝』）

のであった。

山吉盛典とその施政についての究明は、直接的な史料がないだけに、様ざまな側面からの検討がなされる必要があると考える。ここに取上げる官林木払下事件は、その一端である。しかもこの事件には、行政実務上の問題でありながら、明治一四年政変前後の政治の複雑な動き、政府の思惑が反映されていると思われるところがある。したがって、史料紹介の意味も含めて、これらの史料が示す事件の経緯と、その政治的意味を探ってみたいと考える。

紹介する史料は断りがない限り、すべて「明治十四年公文録・府県」[1]からの引用である（史料には適宜濁点、句読点をつけた）。

なお参考のため、最初に山吉盛典の履歴を簡単に紹介しておこう。[2]

山吉盛典　天保六（一八三五）年生れ。米沢藩士。明治四年兵部省に出仕。明治五年四月福島県権参事。一〇月県参事。明治一〇年一月県大書記官。三月県権令。明治一一年七月県令。明治一五年一月二五日司法省検事へ転出。三島通庸が県令となる。明治一五年七月司法省判事（大審院刑事局）。明治一六年（月日不明）名古屋控訴裁判所判事。明治一七年一一月非職。以後東京で上杉家相談人を務め、明治三五年七月没。六八歳。

一　官林木払下における山吉の過失

明治一五（一八八二）年一〇月二五日、農商務卿西郷従道より、次のような上申が提出された。

史料1

地方官職失誤之儀ニ付上申

岩代国耶麻郡関柴村字瀧平二等官林ニ於テ姫松三十本、家屋建築材トシテ同村民へ払下ノ儀ニ付、去ル明治十三年中旧福島県令ヨリ別紙第一号ノ通内務省へ稟申ノ処、右ハ聞届クベカラザルモノニ付、其旨朱書ノ通及指令候。然ルニ、昨十四年七月中、別紙第二号ノ通該県ニ於テ誤テ聞届候旨請願人へ指令取計候趣稟申有之、依テ尚又朱書之通及指令候処、今回別紙第三号ノ通再申有之、右ハ全ク理事粗漏ナルヨリ、主務省ノ指令に悖リ、結局許可スベカラザルモノヲ許可シタルハ、不都合ノ取計方ニ付、山吉盛典儀、相当ノ御処分相成候様致度、此段上申候也

明治十五年十月廿五日

農商務卿　西郷従道

太政大臣　三条実美殿

山吉盛典は明治一五年一月二五日、福島県令から司法省検事へ転出している。つまりこの山吉の処分を求める上申は、山吉が福島県令在職中の過失に対するものである。この上申書に添付されている「別紙第一号」と「別紙第二号」が、県令山吉が最初に内務省に提出した「稟申」史料2と、それに対する内務省の指令を誤って取扱ったことを報告する「稟申」史料3である。

史料2

耶麻郡関柴村官林木払下之儀

岩代国耶麻郡関柴村
字瀧平　二等官林

同郡同村
伊藤善八

一、姫松三拾本
　此尺〆拾四本四分四厘五毛
　此払下代金六円拾五銭　但尺〆壱本ニ付金四拾弐銭五厘七毛三七
　　内
姫松拾五本　但目通二尺五寸回
　　　長　三間
　此尺〆九本七分三厘五毛
　此払下代金三円四拾五銭
同　拾五本　但目通二尺回
　　　長　二間
　此尺〆四本七分壱厘
　此払下代金弐円七拾銭

右ハ居屋大破ニ及ビ住居難相成、新築之積リヲ以テ近傍ヨリ諸材買得セント欲スルモ、前記木品難購求趣ヲ以テ官林木払下出願ニ付、御省出張員ト当方掛官同行実査セシムルニ、願意ノ如ク相違無之、尤旧藩之砌本願ノ如キハ払下候慣行、且伐木スルモ官林ニ害ナキノミナラズ、代価モ実際売買直ニ比較、耶不相当無之候条、至急御聞届相成度、此段相伺候也

但、御聞届ノ上ハ、日数廿日間ニ山元為取払候積ニ有之候
明治十三年六月十七日
福島県令　山吉盛典
内務卿　松方正義殿
書面之趣難聞届候事
明治十三年七月二日
内務卿　松方正義

この山吉県令の内務省への「伺」は、県下耶麻郡関柴村の伊藤善八の居住する家屋が災害にあい「大破」したため、新しく家を建築する資材として官林の姫松を払下げたいというものである。この「伺」から察するに、山吉県令の認識としては、「旧藩之砌本願ノ如キハ払下候慣行」と述べているように、当然許可されるはずのものという考えであったと思われる。ところが、内務卿の回答は「難聞届候事」として否定された。

ところが山吉はこの指令を誤ち、伊藤善八に官林木を払下げてしまったのである。そのことが明らかになったのは、一二月に税外収入金を仕訳・報告したのちのことであった。この過失について、明治一四（一八八一）年七月、山吉は農商務省への「上申」をもって報告に及んだ。

史料3

耶麻郡関柴村官林木払下誤謬之義上申
（前段は伊藤善八への払下官林木の内訳〔史料2〕と同文のため略す）
右伊藤善八ナル者、居屋大破ニ及ビ住居難相成、新築之積リヲ以テ近傍ヨリ諸材買得セント欲スルモ、拾当之木品無之、前記官林木払下願出ニ付、昨十三年六月十七日付ヲ以テ内務省へ相伺候処、同七月二日書面之趣難聞届旨御指令相成、

然ルニ当時事務繁忙ニ紛レ、該御指令文ヲ聞届相成候義ト誤見シ、右善八願書ヘ聞届候旨及指令、尓後木代金収納、客歳十二月中税外収入金上納仕訳書大蔵省ヘ差出置候処、今般、右ハ難聞届旨指令相成候分デハ無之哉云々、当県出張収税委員ヨリ照会ニヨリ、篤ト取調アルニ、果シテ難聞届旨之御指令ニ有之候ヲ誤見シ、聞届候旨本人ヘ指令ヲヨビ候次第ニ有之、右ハ既ニ願人ニ於テハ伐採夫々供用致候末ニ付、今更可引戻様無之、不都合之至ニ付、主任者過誤之義ハ相当之処分ニ可及候条、右伐木之義ハ既往之義ニ付其侭御聞届相成度、前伺書并御指令共写相添、此段及上申候也

明治十四年七月九日　　福島県令　山吉盛典

農商務卿　河野敏鎌殿

書面伺之趣ハ先以本件過誤ニ係ル顛末詳細取調可申出事

明治十四年八月十二日　　卿

山吉は、最初の「伺」提出のときから、この件は当然許可されるものと、軽く考えていた。そのために指令をよく見ず、聞届けられたものと誤認してしまったのか、あるいは指令を無視して払下げを行なっても、あとで辻褄を合わせられると考えていたか、史料3にみるように、自らの過失をもさほど重大には考えていないように思える。山吉は、内務省の指令を「誤見」したといい、すでに執行してしまったことなので、「今更可引戻様無之」、「主任者過誤之義ハ相当之処分」も必要であろうが、「右伐木之義ハ既往之義ニ付、其侭御聞届相成度」と願っているのである。つまり山吉は、「官林木払下」という当初の「伺」そのものは、そのまま認めてほしいといっており、また山吉自身この上申をもって、ことは解決するものと踏んでいたようである。しかし回答は、「顛末詳細取調」のうえ、再び報告すべしというものであった。

さてこの山吉上申書の出された明治一四年七月から、再調査の指令がおりた八月の時期は、どのような情勢であったか。

明治一四年七月三〇日、明治天皇の山形秋田北海道行幸への出発があった。行幸は福島県を往復いずれも通過する予定であり、復路は県内各地の視察も入っており、県庁は行幸準備に忙しい時期でもあった。また行幸先発として松方内務卿が福島県を訪れ、すでに着手されている国営安積開墾地における移住士族の開墾状況を視察し、猪苗代湖疏水（安積疏水）の山潟取水口の通水式（七月三一日）に参列している。

そして、松方内務卿通過直後の八月二日、福島県大書記官中条政恒の太政官転出の辞令が電報で通知される。中条転出の経過については、第三章で詳述したが、簡単に述べると次のようなことになる。

中条政恒と山吉盛典との間は、県政をめぐって微妙な違いを生じてきていた。明治一三年六月下旬から一〇月下旬にかけて、中条は東京へ出張していたが、彼が戻った直後から、その関係は険悪となってきた。その主たる理由は、士族移住等の重大案件を、この年の中条上京中に、品川弥二郎、佐々木高行らと会談決定してきたことにあり、山吉はこれを中条の専断行為として激しく怒ったのである。(3) このときの中条の東京での行動は、佐々木高行の日記『保古飛呂比』に散見され、また中条の部下で、このときやはり上京して中条の下で実務にたずさわっていた立岩一郎の「分草実録」(4)にも記録がある。その具体的内容についてはここでは省略する。

明治一四年四月、政府の機構に変更があり、農商務省が新たに設置され、これまで内務省勧農局が行なっていた施政は農商務省に移されることになった。その結果当然のことながら、福島県下で着手された国営安積開墾の事業も農商務省の下に移った。そしてこのことは単なる移行ではなく、事業の縮少も意図されていたのである。国営安積開墾事業のうち、士族移住に関する事務は県の仕事とされており、その実務担当官は中条政恒であった。

農商務省は、明治一一（一八七八）年の、大久保利通による国営安積開墾政策の立案時には士族移住二〇〇〇戸の計画であったのを、明治一三年中条と品川の会談の結果六〇〇戸と決定、さらに翌一四年七月一四日、一方的に五〇〇戸へと減じた。

その直後の七月一六日、太政官内閣書記官内で中条の転出が決定、同月二八日には参議に了承されている。つまり、政府の開墾政策転換の結果、開墾担当官としての中条政恒の存在は、すでに必要がなくなったとみられる。中条自身はその自伝的書「安積事業誌」のなかで、自分の転出は、山吉県令の政府への「ざん言」によるものと非難している。山吉は中条帰県後の明治一三年暮から正月にかけて上京しているが、そこで政府と何を話し合ったかは不明である。

中条転出は事前に内示があった形跡もなく、また松方内務卿が、中条転出の直前に福島県に来て、移住士族の開墾地視察にあたって中条に案内させていながら、中条に転出の件を全く話していない。松方はその立場からして中条転出についてはすでに知っていたはずである。したがって、ここに何か政府内の思惑が感じられる。このあとに続く県官の大量更迭事件と県令の更迭といった一連の事件への予兆が、この中条転出問題に表われているように思われる。

さて、話が少々それてきたが、何故このようなことに言及しておくかといえば、このころから政府内の変動が始まり、その反映が、国家事業である安積開墾を抱えていた福島県にもあらわれ始めたことを確認しておかなければならなかったからである。官林木払下事件が、山吉の見通しに反し、意外に長期化し、山吉自身の将来を左右することになるからである。

明治天皇の行幸のさなか、北海道開拓使払下事件が大問題化し、これを機に、明治一四年政変が一気に遂行されたことはいうまでもない。これら政変進行のなかで、農商務省指令の官林木払下事件の再調査は遅れに遅れ、その調査結果の報告は、すでに福島県令が山吉盛典から三島通庸へと交替したのちの明治一五年三月のことである。これが山吉の処分を上申した［史料2］にある「別紙第三号」として添付されたものである。

ではその「再申」の内容をみてみよう。

史料4

耶麻郡関柴村官林木誤謬払下之義ニ付再申

（前段は伊藤善八への払下官林木の内訳で史料2と同文のため略す）

右官林木払下顛末客年七月九日付ヲ以テ上申候処、同年八月十三日付ヲ以テ、書面伺之趣ハ先以本件過誤ニ係ル顛末詳細取調可申出トノ御指令有之候ニ付、主任者元九等属寺門信守取扱手続取調候処、右ハ最前具陳之通、十三年六月十七日付ヲ以テ内務省へ相伺、同七月二日付ヲ以テ難聞届トノ御指令アリシヲ、事務ノ繁劇ニ際シ聞届ナリシモノト誤認、代金取立木材引渡済、客年十二月中税外収入仕訳書大蔵省へ差出候処、当県出張収税委員ヨリ照会ニヨリ、始メテ誤謬ナルコト観見シ、本人ニ於テハ全ク誤見ニ相違モ無之、進退伺書差出処分方取調中解官相成、其立木ニ於ケルモ既ニ伐採済ニ付、今更不都合ニハ候得共、前件ノ次第篤ト御洞察、特別ノ御詮議ヲ以テ其侭御聞置相成度、尤モ御聞置ノ上ハ成規之通リ代金上納可仕候、此段再ビ上申候也

明治十五年三月十一日

福島県令　三島通庸

農商務卿　西郷従道殿

さて、三島県令があらためて提出した「再申」史料4では、さきの山吉上申書と事件の経過については大差ないが、この問題を取扱った官吏、元九等属寺門信守はすでに解任されていることが報告されている。三島にとっては前任者の時代のことであり、あまり積極的に関わりたくはなかったのであろう。担当官処分でこの問題は終結するものという認識があったか、「前件ノ次第篤ト御洞察、特別ノ御詮議ヲ以テ其侭御聞置相成度」と要望しているのである。

しかし農商務省は、これで一件落着とはしなかった。農商務卿西郷従道は、三島の「再申」を受け取ったのち、

史料1にあるように、前県令山吉盛典の処分を太政大臣三条実美に上申するのである。しかも三島再申から半年ものちのことである。西郷従道の上申の出された明治一五（一八八二）年一〇月二五日、そのころ福島県内は、会津三方道路開さくをめぐって三島県政への人民の抵抗が高揚していた時期であり、ついに人民の蜂起となった喜多方事件の約一ヵ月前のことであった。

二　山吉処分をめぐる政府の動き

すでに述べたように福島県令山吉盛典は、明治一五年一月二五日をもって三島通庸に交替し、山吉は、司法省検事となっていた。山吉が三島との事務引継を終えて上京したのは四月四日（福島発三月二七日）である。すでに辞令がおりてから二ヵ月余の月日を経ている。普通は辞令を受けてから一ヵ月位のうちには新任地に赴くのが一般的である。三島が福島県庁に着任したのが二月一七日で、それから事務引継をしたため遅れたということもあろうが、それにしても相当かかっている。たとえば中条政恒の太政官転出に際して、中条は天皇行幸準備のため赴任が遅れることを内閣書記官あてに連絡した。八月二日の辞令を受けてすぐの八月九日である。これを受け取った内閣書記官は、同月一八日、中条の出京を催足して、「御巡幸諸向御用等ニテ赴任遷延ノ儀御申越ノ趣了承、其筋へ申入置候。然ルニ当省ニ於テモ御用都合有之候間、事務引継等相済次第、可成速ニ御出京有之……」(5)と通知している。中条転出の辞令からたった一六日後のことである。あまりに性急な出京の催足であり、中条をできるだけ早く福島から離したかったのであろうかと、かえって政府の意図に疑問を感じるくらいである。中条が実際に出京したのは八月末、東京へは九月三日に着き、四日に「着京御届」を提出している。ちょうど辞令から一ヵ月後である。

これに比べて山吉の出京は異常な遅れ方である。この大幅な赴任の遅れは、山吉がこの人事を潔しとしていなかったからではなかったかと私には思われる。

さて話を官林木払下問題に戻そう。明治一五（一八八二）年一〇月、西郷農商務卿の上申を受け、政府の各機関での審査・意見の交換となる。ここで山吉処分に関与した機関を整理しておくと、太政官内閣書記官（政策実務の審議・提案）、内務省（地方官人事）、司法省（この時期の山吉の主務官庁）、農商務省（官林の監督官庁）ということになる。これらの官庁の往復の史料をすべて紹介することは（史料的価値があるとは考えるが）、内容のくり返しも多く繁雑になるので、それぞれの官庁の主張が出ている史料のみ紹介し、他は要旨を述べるに止める。まず、経過の全体を捉え得るように、各官庁の文書の往復を年表風に整理しておこう（**表1参照**）。

さて、農商務卿の上申を受けて、内閣書記官の審議が始まる。なぜこの時期に農商務省が山吉処分を言い出したかという疑問が残るが、この問題はあとであらためて触れることとして、表1に整理した関係機関の審査の経緯と、それぞれの主張するところをみてゆきたい。明治一五年一一月六日、内閣書記官は、農商務卿上申を審議し、山吉がすでに福島県を離れているので、地方官人事に権限を持つ内務卿と、現在配属されている司法省の卿の意見が必要であるとし、まず内務卿へ照会する。これに対する内務卿山田顕義の見解は次のとおり。

史料5

検事山吉盛典福島県令奉職中失誤之件、別紙農商務卿ヨリ上申ニ付、当省意見可申出旨御下問之趣致承知候。右ハ事務繁劇之際トハ乍申、当省ノ指令ニ悖リ、殊ニ官林保護ノ今日ニ在テ到底許可スベカラザルモノヲ許可シタルハ甚不都合ノ至ニ有之、且既ニ木材伐採払下ノ後其錯誤タルヲ発見シタル義ナレバ、今更改正スベカラザルモノニ付、事ニ害アルヲ以テ、官吏懲戒例第四条ニ依リ、相当ノ罰俸ヲ科セラレ可然、依テ別紙返進、此段及上答候也

明治十五年十二月十四日

内務卿　山田顕義

太政大臣　三条実美殿

表1　山吉処分をめぐる関係官庁往復

年月日	発　信	宛　先	文　書　名	要　　旨
13. 6.17	県令山吉	内務卿松方	耶麻郡関柴村官林木払下之義伺	同村官林木姫松30本を村民伊藤へ払下ることの伺
13. 7. 2	内務卿松方	県令山吉	(伺への回答)	不許可
14. 7. 9	県令山吉	農商務卿河野	耶麻郡関柴村官林木払下誤謬之義上申	13年の伺に対する指令を誤見し、払下げを執行してしまったことの報告
14. 8.12	農商務卿河野	県令山吉	(上申への回答)	過失の顛末を再調査すべし
15. 3.11	県令三島	農商務卿西郷	耶麻郡関柴村官林木誤謬払下之義ニ付再申	過失の経過についての再調査を報告
15.10.25	農商務卿西郷	太政大臣三条	地方官職失誤之義ニ付上申	明治13年中、官林木払下不許可を許可と誤謬したことについて、旧県令山吉の処分を要望
15.11. 6	内閣書記官	大臣・主管参議	農商務卿上申検事山吉盛典福島県令奉職中失誤御処分方ノ事	転出者の処分問題は規則により、前任・後任の長官の意向を必要とするので、内務卿・司法卿に照会すること
15.11.14	同	内務卿	内務卿へ御照会案	農商務卿の上申についての意見を要請
15.12.14	内務卿山田	太政大臣三条	——	官吏懲戒例第4条により処分すべし
16. 1.19	内閣書記官庶務課	内閣書記官	西村内務大書記官へ照会案	明治13年、東京の例に、下僚の過失にその上官府知事楠本の責を不問としたことがあり、山吉もこの例によるべし
16. 2.21	内務書記官	内閣書記官	——	福島の場合は、山吉自身に過失があるので内務卿上申通り処分すべし
16. 3.27	内閣書記官	大臣・参議	農商務省上申判事山吉盛典福島県令奉職中失誤御処分方ノ事	東京府知事楠本の例に準拠すべしと考えるが、内務省の意見もあるので、譴責に処してはどうか
16. 4.12	同	司法卿大木	司法卿へ御通牒案	山吉の過失については譴責処分とされたい
16. 4.12	内閣書記官長	山吉盛典	内閣書記官長ヨリ山吉盛典へ通牒按	農商務省より処分の上申があるので、司法卿へ進退伺を出すように
16. 4.25	山吉盛典	司法卿大木	待罪書	県令在職中の過失について処分を待つ
16. 5. 7	司法卿大木	太政大臣三条	——	判事山吉の処分を別紙(御達写)の通りとしたことを届ける
16. 5. 7	同	山吉盛典	御達写	山吉を譴責処分とする

出典：公文録「府県」より作成.

内務卿山田顕義の意見は、農商務卿上申に同意、山吉処分すべしというものであった。ところが内閣書記官はこの意見をそのまま受け入れず、再び、内務省大書記官西村捨三に、内閣書記官の意見を添えて照会したのである。

史料6

明治十六年一月十九日

庶務課

書記官

西村内務大書記官へ照会案

検事山吉盛典福島県令在職中過誤ノ儀ニ付、相当ノ罰俸ニ処セラレ度旨、先般内務卿ヨリ上答有之候処、去ル十三年四月東京府平民小川三郎ヨリ上野公園内ヘ車附ノ厠配置ノ儀願出候節、東京府ノ指令誤写ノタメ、本人ヨリ百三拾七円ノ損失ヲ要求スルニ至リ、右金額御下付相成、依テ当時ノ府知事楠本正隆ヨリ進退伺出候処、御省上答ノ趣モ有之、長官懲戒処分心得第四項「下官職権内ノ事ヲ以テ処行シタルモノハ、上官其責メニ任ゼズ」ノ旨趣ニ依リ、不問ニ措カレ候ニ付テハ、山吉盛典儀モ右ノ適例ニ準ズベキモノト存候条、此旨一応及御照会候也

明治十六年一月十九日

以上史料6にみえるように、内閣書記官内では、楠本正隆の先例をひいて、山吉を免責するという考えをもって、内務省に食い下がっている。

しかし内務大書記官西村は、指令の誤見は山吉自身の過失であるから責任は免がれないとして、内務卿の意見のとおり処分が必要との回答を寄せた。ここに至って内閣書記官は、自分たちの意見（楠本正隆の例に準拠し、不問とすべし）を再度記述の上、内務省の意向も考慮して「譴責」処分としてはどうかという提案を司法卿にあてて差し出し、同時に山吉に対しては「進退伺」を出すよう指示したのである。

文書の内容が重複する部分もあるが、内務省案に抵抗している内閣書記官内の様子がよくうかがわれるので、次にその史料を紹介しよう。

史料7

明治十六年三月二十七日

大臣

内閣書記官

農商務省上申判事山吉盛典福島県令奉職中失誤御処分方ノ事

参議（各参議回覧印あり——引用者）

判事山吉盛典福島県令奉職中、主務省ノ指令ヲ誤見シ、岩代国耶麻郡関柴村官林ノ姫松三十本払下候儀ニ付、同人御処分ノ儀、別紙農商務卿上申ノ趣内務卿へ御照会相成、同卿ニ於テハ官吏懲戒例第四條ニ依リ、相当ノ罰俸ヲ科セラレ可然旨上答有之、依テ審案候処、本件ハ去ル十三年六月内務省へ相伺候節、難聞届旨指令アリシヲ、主任元九等属寺門信守ノ誤謬ニテ払下ノ手続ニ及候趣、同県具申書中ニ明載有之、就テハ先年東京府ニ於テ指令誤写ノタメ、百三拾円余官損ヲ来シ候ニ付、当時ノ府知事楠本正隆進退伺出之節、御処分ノ比例モ有之旁、懲戒処分心得第四項「下官職権内ノ事ヲ以テ処行シタルモノハ、上官其責ニ任ゼズ」ノ旨趣ニ準拠シ然ルベキ儀ニ存ゼラレ候得共、内務省意見ノ趣モ有之ニ付、彼是ヲ参酌シ、軽ニ従ヒ、譴責ニ処セラレ可然哉、御高裁候也

史料8

司法卿へ御通牒案

判事山吉盛典福島県令奉職中、主務省ノ指令ヲ誤見シ、岩代国耶麻郡関柴村官林ニ於テ、姫松三十本払下候儀ニ付、本人ヨリ進退可伺出置ニ候條、譴責ニ処セラレ度、此旨及通牒候也

明治十六年四月十二日

司法卿　大木喬任殿

史料9

内閣書記官長ヨリ山吉盛典へ通牒按

貴官福島県令御奉職中過失ノ儀ニ付、別紙ノ通農商務省上申之趣モ有之候ニ付、司法卿へ進退伺可被差出、此旨及御通牒候也

明治十六年四月十二日

以上三つの史料は、内閣書記官内の審議を大臣・参議に回覧したものである。ここに内閣書記官がいかに山吉の処分を回避しようと務めたかがうかがわれるが、内務省の処分決行の意志に押し切られた感がある。そのうえでなお、処分を軽く抑えようとの意図も見受けられる。また司法卿への山吉処分案の提出と、山吉への進退伺提出の通知とが、同じ四月一二日に出されたことに注目したい。つまり、山吉は問題がここまで発展するとは思いも及ばなかったようで、まだ進退伺書も出していなかったのである。このことは、内閣書記官内の主張にもあるように、一般にこの種の事件は担当官の処分をもって落着する程度のものではなかったろうか。だから、山吉は進退伺を出さなかったし、再調査時の三島通庸の報告でも、その時点で決着するのが自然のような書き方だったのである（もっとも三島の報告書史料4は、山吉が文を書き、三島が了承・署名したもののようにも思われる。このときはまだ山吉は福島にいた）。三島の報告でこの事件はもはや放置されても不思議はないほどの、過去の小事件であったはずである。ところが一五年一〇月下旬、突如山吉処分の上申となって登場した。

山吉の指令誤見による過失は、内務卿松方正義時代のことであり、県令である山吉は、内務卿松方の配下にあったわけである。

明治一五（一八八二）年一月の、山吉から三島への県令の交替は、当然松方の人事政策による。山吉は福島県令を解かれたのち、司法省検事となり、さらに判事となった。その判事山吉に追討ちをかけるような、過去の過失を持ち出しての処分論議は、何を意味するのであろうか。

この時期福島県下では、三島県令の自由党弾圧が徹底して行なわれ、多数の逮捕者を出した（福島事件）。そして河野広中ら自由党の人々が国事犯として東京に送られ、明治一六年二月から四月にかけて、高等法院で審議が開かれていたのである。

山吉は、内閣書記官長からの、進退伺提出を求める通知を受けて、自分の過去の過失が思わぬ方向に向っていることに気づいたようだ。山吉が提出したのは、進退伺ではなく、「待罪書」である。彼は自分がまるで犯罪人扱いされているような思いに捉われ、事の重大さに呆然としたことであろう。

史料10

待罪書

拙者儀

福島県令奉職ノ節、明治十三年中岩代国耶麻郡関柴村字瀧平二等官林ニ於テ、姫松三十本家屋建築材トシテ、同村民へ払下ゲノ義、内務省ヘ相伺候処、追テ右払下難聞届旨御指令有之候ヲ、公務多忙中誤テ請願人へ聞届候旨及指令候段、粗漏ニ出候義、今更恐縮之至ニ存候、仍テ進退如何相心得可然哉、謹デ奉待罪候也

明治十六年四月廿五日

判事　山吉盛典

司法卿　大木喬任殿

山吉からの待罪書提出をまって、五月七日司法卿大木から山吉へ譴責処分が通知された。そして、この処分決定を同時に太政大臣三条に報告し、この事件は落着したのである。

史料11

本年四月十二日付ヲ以テ、判事山吉盛典福島県令奉職中ノ過失ニ付、待罪書処分ノ御通牒有之、今般本人待罪書差出シ候ニ付、別紙ノ通処分相達候条、此段御届致シ候也

明治十六年五月七日

司法卿　大木喬任

太政大臣　三条実美殿

史料12

御達写

判事山吉盛典

福島県令奉職中、耶麻郡関柴村官林ニ於テ、姫松三拾本払下ゲ、誤テ主務省ノ指令ニ違背セシ条過失ニ付、譴責ス

明治十六年五月七日

司法卿　大木喬任

史料12は、史料11にあるように、大木が三条に提出した山吉処分の報告に添付された「達」の写である。明治一三（一八八〇）年の事件発生から、実に三年を経ての処分である。

山吉は、明治一六年に名古屋控訴裁判所判事に転出している。この転出の月日は辞令が見つからないため確認できないのであるが、おそらく、官林木払下事件での処分決定ののち左遷されたものと思われる。この山吉処分は、当初から山吉を東京の外に追い出すための口実とするためではなかったろうか。

福島事件の国事犯として高等法院に送られた河野広中は、明治九（一八七六）年から一一年にかけての、福島県民会規則制定時、その主導的役割を担い、一時は県官（一一年一月から八月まで県六等属）として採用され、県民会の運営に協力している。こうした山吉と河野の関係から、政府、とくに内務省が、山吉を司法省判事として東京におくことをきらったのではないか。このようにみるのは私の深読みであろうか。

明治一四年政変のさなかの同年一〇月五日、明治天皇の福島県行幸のとき、若松地方へ有栖川宮が代巡した。このとき有栖川宮を乗せた馬車が転覆するという事件が起きている。このとき随行していた山吉は、急拠上京して進退伺を出したが、不問とされた。しかし山吉は、一〇月二八日帰県するなり県官を大量に解任した。一一月、一二月だけで五〇名にのぼる。このことはすでに前出の「明治一四年政変と地方政治」（第三章）において詳述したので、ここでは触れないが、この一四年政変と対応しての福島県人事更迭事件には、政府の何らかの政治的意志が反映されたものと思われる。

結局山吉は、自らの手で県官大量更迭を行なったうえで、その直後に三島通庸と交替させられるのである。そしてさらに追討ちをかけるように、官林木払下事件が浮上し、ついに司法省判事から名古屋控訴裁判所に左遷された。山吉にとっての不遇はこれで終らず、明治一七年一二月、司法省の機構改革によって非職を命ぜられてしまう。以後彼は官職につかず、また官職につこうという意志もなかったようである。このとき山吉は四九歳、まだ働き盛りである。こののち山吉は東京に戻り、旧藩主上杉家の相談人となって一生を終える。

山吉盛典は、人脈上は、大久保利通、宮島誠一郎以外には、これといった実力者との結合もなく、大久保没後は一匹狼といった感がある。もっとも、狼というほどの野心はなく、明治一三、一四年のころは、大書記官中条政恒との間にも亀裂を生じ、政府からもあまり重んじられなかったようである。山吉失脚の最大の原因は、大久保没後から一四年政変に至る政府の方針転換に、うまく対応できなかったことにあるのではないかと思われる。

山吉転出後の三島新県令を迎えた福島市中の様子を、山吉の県官大量更迭を非難していた立岩一郎（一等属であったが山吉に解任された）は、東京の中条政恒への手紙[6]（二月一八日付）で、次のように述べている。

「三島ハ一昨日着県、新任官三十六名、警部十一名、巡査十九名、是ノミナラズ、日々新任アル様子ニテ、旧官ハ引篭リ居ル者モ多分有之様子、三島ガ鶴岡ヨリ山形へ移リシ節ト調度同様ノ手振リニ、人民ノ思惑ハ圧制トカ、百方ニ□重アルベシトカニテ、今ヨリ動揺アリ、福島市中ノ評ハ、三島ガ来ル事ナラバ旧令ノ方宜シカッタトノ内（ママ）、小野ノ進退ハ確説ナシ、然レドモ自然止ムル方トノ評」。

ここには三島新県令を迎えて、官吏や人民が不安につつまれている状況がみえる。

この手紙にある「小野ノ進退」とは、中条に代って大書記官として秋田県から赴任してきた小野修一郎（高知出身）をさす。そして評判どおり、小野は、たった五ヵ月の福島県在任で転出、大蔵省少書記官となった。

三　山吉処分の政治的意味

以上、福島県下で起きた明治一三（一八八〇）年中の官林木払下事件による、山吉県令処分の経緯をみてきた。この事件の異常さは、問題がさほど大きな事ではなかったにもかかわらず重大に扱われたこと、そして事件発生から二年余を経てから県令処分問題として浮上し、処分決定までさらに七ヵ月の月日を要しているということにある。「進退伺」などに対する決定は、一ヵ月くらいで決する。山吉処分が、これほど長い期間を要したのは、それが単なる行政実務上の問題ではなかったということである。

官林木払下事件そのものは、単純な行政実務上の過失にすぎなかったが、これが山吉処分問題に発展したということは、事件が政治的に利用されたということである。処分決定に長い期間を費したこと、政府内に処分についての意見の相違があったことが、この問題が政治的であったことを証明しているといえよう。

明治一四年政変後の政府の自由民権派弾圧の方針に沿って、福島県令が山吉から三島に替えられた。この件は、高知県令田辺輝実更迭の際の政治的陰謀との類似性を思わせる。高知県内の動きについては、平尾道雄『立志社と民権運動』や、佐々木高行『保古飛呂比』[7]の明治一四年中の記録を参照されたいが、概略はこうである。

田辺輝実は、立志社系民権派に甘く、立志社系の人間を官吏に登用したため、反民権派の人々の間に田辺追放の動きが起きていた。彼らは佐々木高行を通して政府内の実力者（伊藤・松方ら）に会い、田辺追放を訴えた。こうした動きは明治一四年六、七月頃にみられる。佐々木高行によれば、松方自身田辺を信用していないといわれているが、田辺は政府から事情を聞かれて、立志社系の人間の登用は彼らを慰撫するためと弁明し、以後立志社系官吏を解任するなどした。このため政府は、二、三年様子をみることになったといわれるが、明治一五年一一月に、田辺は県令を解かれた。

山吉盛典の場合、明治一四年一〇月、有栖川宮馬車転覆事件を機に上京し、帰県と同時に県官の大量更迭を断行した。有栖川宮馬車転覆事件の「進退伺」を不問としたことの条件ではなかったかと疑われる。県官大量更迭と山吉県令自らの転出は、政府の意図なくしては考えられない。地方官人事に権限を持つ内務卿松方正義の意志が働いているとみるのは、不自然ではなかろう。

そして、山吉転出後の明治一五年一〇月、突如農商務卿西郷従道の山吉処分上申となる。西郷従道に人事をあやつる知恵があるとは思えない。しかもこの官林木払下事件は、もともと内務卿松方の下で起きた問題である。松方の意志が働いて、西郷はただ動かされただけではなかろうか。また、内務卿もすでに山田顕義に替っているが、松方時代から引継がれた問題である。

ともかくこの処分問題は、明治一六（一八八三）年五月七日、ようやく決着したのであるが、この間、内閣書記官の意見と、内務・農商務省の意見に対立があったことは非常におもしろい。このために処分決定が遅れたともいえる。

では、このときの内閣書記官はどのような人物で構成されていたであろうか。『官員録』の明治一五年版から拾ってみる。まず、内閣書記官長が井上毅（熊本）、大書記官は作間一介（山口）、金井之恭（東京）、谷森真男（東京）、井上廉（東京）、少書記官は藤井希璞（東京）、落合済三（山口）、権少書記官は小野正弘（東京）、岡守節（山口）である。

井上毅は伊藤博文の下でプロシャ型憲法案を作成した人物で、明治一四年政変では当然のことながら伊藤と行動を共にした。しかし法律論にはきびしい見識をもっていた。この井上の下にあった内閣書記官が、山吉処分に同意していなかったことは、注目すべきことと思われる。最終的には、内務省の意向を容れて処分案を提起しているが、しかしその場合でも、決して内務省の処分案に賛成しているわけではなく、「懲戒処分心得第四項『下官職権内ノ事ヲ以テ処行シタルモノハ、上官其責ニ任ゼズ』ノ旨趣ニ準拠シ然ルベキ儀ニ存ゼラレ候」という主張は取り下げず、「内務省意見ノ趣」を「参酌」してのことであると断わっており 史料7 、政府内の力関係による決定であることをにおわせている。司法卿大木は、この内閣書記官の提案どおり「譴責」の処分を決定している。

また、内閣書記官長から山吉盛典に「進退伺」の提出を促していることなど、事をなるべく穏やかに処理したいという配慮がうかがわれる。そして最後は、すでにみたように、山吉の名古屋への左遷として決着したのである。

以上みてきた一連の経過は、第一に、官林木払下事件が、明治一四年政変以降の政府の地方政策、民権派対策といった政策的意図に利用されたこと、第二に、このことによって山吉盛典の官僚としての道が断たれ、そのことがとりもなおさず、明治初政の開明派官僚の終焉を意味していること、第三に、明治一四年政変後の政府内の力関係の変動の激しさや矛盾の一面をさらしていながら、同時に政府の合意形成へ向けての引き締めの一端をも示していると考える。こののち、河野広中ら福島事件の関係者が裁かれ、以後各地で自由民権派の弾圧がくり広げられ、明治憲法体制が築かれてゆくのである。

第二節　福島県大書記官小野修一郎

明治一四（一八八一）年八月六日、明治天皇の二度目の行幸を目前に控えて太政官転出となった中条政恒にかわって、福島県大書記官には秋田県大書記官の小野修一郎が赴任した。

小野修一郎は八月と一〇月、「山形秋田及北海道御巡幸」の往復路となった福島県内行幸に大書記官として対応し、この職務を無事果たして、翌明治一五年二月、県令が山吉盛典から三島通庸に交替した際に自らも大書記官を辞め、大蔵省少書記官へ転出した。小野修一郎の福島県在任はわずか半年であった。しかしこの時期は、福島県政の最も困難な時期であり、いわゆる「明治一四年政変」に対応して、県政もまた大転換を迎えた時期でもあった。

この時期政府は明治維新期の政治経済政策の行詰りから、全般的な政策転換が迫られていた。反乱士族の鎮圧は一応の結着がついたが、かわって自由民権派が台頭し、政府に対抗するひとつの政治勢力として成長しつつあった。また封建的土地制度の改革と殖産興業政策を進めるための積極的財政政策は、西南戦争後のインフレによって危機的状況にあった。こうしたなかで北海道開拓使官有物払下事件がおき、明治一四年一〇月、いわゆる「一四年政変」によって、政府内の自由主義的傾向の大隈重信一派が追放された。この政府内クーデターによって、財政は緊縮財政へ転換され、殖産興業政策の見直しが進められ、政治的には「国会開設の勅」と引き替えに自由民権派への強権的な抑圧へと、急速な大転換がはかられた。

この政府内クーデターである「一四年政変」の影響をもろに受けたひとつの典型が福島県であった。それは福島県において政府の殖産興業政策の農業部門である開墾において、国家的プロジェクトとしての「国営安積開墾」が進行していたことと、福島県が西の高知に匹敵する民権運動の拠点として、領袖河野広中が存在していたことによる。こうして福島県政もまた、中央政府の政変と並んで、「鬼県令・土木県令」といわれる三島通庸へと県令が交替するという県政の大転換を迎えることになる。

この大転換の過渡期であった明治一四年後半期の大書記官小野修一郎の名は『官員録・職員録』の明治一四年版、一五年版いずれにも名前が出てこない。それはこの『官員録・職員録』の作成時の谷間に埋もれてしまったからである。一四年版には、同年八月までの大書記官中条政恒の名があり、一五年版には、すでに辞めてしまった小野の名はなく空席となっている。小野の後任となった村上楯朝の名は一六年版に出て来る。

ではこの県政大転換のわずか半年間の時期を担った大書記官小野修一郎とはいかなる人物であったのか。本節では小野修一郎の人物、人脈、経歴、動静等を、限られた史料から探り、なぜ福島県に赴任したか、またなぜ半年で去ることになったのかという疑問を明らかにしてみたいと考える。

私はさきに『明治一四年政変と地方政治――福島県における開明派官僚の終焉――』（本書第三章）において、明治一四年後半から一五年一月にかけての時期の、山吉県政の最終段階を「一四年政変の地方的展開」として位置づけた。また「官林木払下事件と山吉県令処分問題」（本書第四章第一節）では、県令山吉盛典が政府の指令に反した官林木の払下げを行なった責任を追及され処分されたことの経過と背景について明らかにした。本節は「明治一四年政変」時の福島県の政治的位置を認識する一端となるもので、『明治一四年政変と地方政治』の補論として位置づけられる。

一　小野修一郎について

1　出　身

小野修一郎は天保八（一八三七）年九月二日、土佐国幡多郡宿毛村で生れた。祖は新田義貞といわれている。宿毛

小野修一郎（橋田庫欣氏提供）

大庄屋初代小野義正から数えて五代目当主が修一郎である。父は弥源治（四代目）といい、天保一五（一八八四）年跡目相続、その後旧主伊賀家に勤め、明治四年廃藩置県後の高知県権少属に採用された。これが小野修一郎の官僚への第一歩となった。翌明治五年に東京に出て土木寮（大蔵省）七等出仕となり、中央の官僚としての道を歩むことになる。その間の履歴を左に掲げる。(8)

年譜記

一　家禄五石四斗也　五代目小野修一郎

一　宝暦四戌年初代小野久次右衛門儀大島浦庄屋役被申付相勤居候内同十二年七月大島浦エ琉球船漂着之節頻ニ出会被申付粉骨ヲ尽候訳ヲ以旧主山内源蔵ヨリ苗字被指免小庖従格被進候文化六巳年七月病死

一　文化六巳年八月十四日二代目小野克次儀父家督相続ヲ以宿毛郷番頭大庄屋役被申付相勤候

一　文化十三子年三代目小野善次郎儀父家督相続也当村番頭大庄屋相勤也

一　天保十四卯年四代目小野弥源次儀父家督相続ヲ以右同断相勤也

一　同十五辰年五代目小野修一郎儀父弥源次大庄屋役被指退候処跡式相続被申付番頭大庄屋役相勤居候内慶応三卯年右役被指退也明治元辰年七月十二日旧主伊賀藤太氏理ヨリ格式小庖従ニ被召出一人扶持切府二石五斗被下置宿毛村日新館句読役被申付相勤候内明治二巳年助教役兼被申付勤事中騎馬格被進候同年四月十一日右勤事被免候事同年四月九日高知藩御改革之節伊賀家エ被指残ニ付三人扶持切府五石被成下候也尤爾来之扶持切府被指除候事同年四月十一日伊賀家勘定頭被申付格式四等士族下席御扱ニ被申付相勤居候内明治四未年被免

一　明治四未年四月一日今般　朝廷御改革ニ付高知藩管下ニ被仰付候ヲ以爾来之扶持切府共被指除家産米五石四斗

ニ被減今酉年迄三ヶ年之券紙下賜也
一　右同未年高知県権少属拝命（但其月日不詳）同年免官（但其月日共不詳）
一　右同五申年東京寄留於同所七等出仕土木寮拝命（但其月日共不詳）
右之通御届仕候也

幡多郡第三十三区宿毛村二百六十四番地居住
士族　小野修一郎 ㊞
東京寄留ニ付
倉田五十馬　代判

明治六年九月

同郡第三十三区副戸長
浜　正信 ㊞
同
中平笑三 ㊞
同戸長
島村左平（不居合）

高知県権令　岩崎長武殿

右の小野修一郎「年譜記」から次の点を確認しておこう。まず、小野修一郎は宿毛村大庄屋の出自であること。伊賀家（土佐藩家老）につかえ、郷校日新館の句読役から助教役になったこと。廃藩置県後の高知県権少属となり、明治五年に上京、寄留して政府の役人（土木寮）になったことである。

なお、宿毛の郷校日新館についてここで説明しておく。郷校は藩校に準じたもの。伊賀家によって設けられた郷校講授館（天保二年宿毛東町）が、文久三（一八六三）年に校名を文館と改め、さらに慶応三（一八六七）年二月日新館と改めた。講授役、助教役、句読役が置かれ、読書、習字、算術、作文などを教授した。文久三年から慶応三年までこの郷校には小野梓が学んでおり、郷校一の優等生であったといわれる(9)。

2　経歴と人脈

さて、大庄屋小野修一郎は、なぜ中央政府の役人としての道を歩むこととなったのか。これには修一郎の宿毛における人脈が大きく影響している。

小野修一郎の系図を見ると、宿毛出身の政治家岩村三兄弟（岩村通俊、林有造、岩村高俊）とはいとこにあたっている。岩村三兄弟の母親カノが、修一郎の父弥源次と兄妹である。また早い時期に政府官僚となった小野義真ともいとこにあたる。修一郎の父弥源次の弟安衛が立田家に養子に入って生まれた子が小野義真である。また小野義真の妹利達が小野梓と結婚、義真と梓は義理の兄弟の関係となっている。小野梓が『国憲汎論』を著し、「一四年政変」で政府を追われ、大隈重信と共に改進党の設立に加わった人物であることはいうまでもない。小野修一郎がとくに官吏の道を歩むにいたっては、いとこの岩村通俊及び小野義真の力にあずかったと思われる。この点はあとで触れる。

まず郷里宿毛の日新館であるが、慶応四（一八六八）年七月、修一郎は日新館の句読役となった。このときすでに小野梓が日新館の学生として学んでいた。しかし梓は七月から半年、宿毛機勢隊員として戊辰戦争に参加、明治二年二月には岩村通俊に伴われて上京、岩村家に寄留して学問にはげんだ。一方修一郎は梓が上京した同じ明治二年、日新館の助教役となっている。

その後小野梓は一時帰国して士族籍を離脱し、明治三年春再び上京して小野義真の家に寄留した。海外留学の志望をもって学ぶ梓に、留学を勧め支援したのが義真と中村重遠であった(10)。この中村重遠は修一郎の実弟で、中村家に養子に入っていた。

このように、すでに修一郎の周囲の若い世代の人々が早々と政治の中心となりつつある新しい東京にあって、中央政界や学問の道に進みつつあるなか、修一郎は小野本家の長男として跡目を継いだこともあってか、官吏としての出発は、弟やいとこたちより一歩遅れる結果となった。そしてまずは高知県の県官として出発した。明治五（一八七二）年、ついに修一郎もまた上京し、土木寮の七等出仕として、中央政界への第一歩をしるした。

上京直前の明治四年一二月に宇都宮県から高知県宛に小野修一郎の任官依頼状がきており、「至急出京之義御達有之度」[11]とあり、そのための上京であったかも知れない。しかし修一郎は宇都宮県官になった形跡はなく、上京後大蔵省土木寮に任官した。

明治四年に岩村高俊が宇都宮県権参事になっていることから、高俊の意向で修一郎を呼ぼうとしたのであろう。しかし上京した明治五年当時、もう一方のいとこ小野義真が大蔵少丞の任にあり、また六等出仕には高知県出身の北代正臣がいた。また明治六年には小野義真は大蔵省土木寮頭となっている。この小野義真の存在を考えると、修一郎が上京して最初に寄留した先は義真の家ではなかろうか。そして義真の紹介で土木寮入りとなったことと思われる。

明治七年、土木寮が大蔵省から新設された内務省に移され内務省土木寮となると、頭林友幸、権頭石井省一郎の下で、修一郎はナンバー3の土木寮権助の地位に昇進し、明治九年まで同じ地位にあった。この間明治八年四月には正院宛に建白書「乞改土木之称為治水寮議」[12]を提出している。

明治一〇年、修一郎の頼った小野義真は官吏を辞めて下野、三菱会社に入り、明治一四年には日本鉄道会社の社長となった。義真という後楯がいなくなったのち、修一郎を登用したのは岩村通俊である。岩村高俊の兄にあたる通俊は、明治九年山口県の裁判長として萩の乱を裁き、政府の信頼を得、明治一〇年鹿児島県令となって西南戦争後の鹿児島県の立直しをはかった。このとき通俊は小野修一郎を鹿児島に呼んだ。修一郎は鹿児島県御用掛准奏任として赴任した。

明治一二（一八七九）年六月には秋田県少書記官として秋田県に赴任したが、このときの秋田県令は高知県（安芸郡）出身の石田英吉である。明治一四年五月には秋田県大書記官に昇進した。その直後に秋田立志会による暴動、いわゆる「秋田事件」[13]に遭遇した。修一郎は大書記官として当然のことながら、関係者の逮捕・処分等に関わったが、この事件の判決は明治一七年に出されており、小野修一郎はすでに転出しているので、事件後の処理には全く関わっていない。秋田事件は明治一四年六月に発生、修一郎は八月には福島県へ転出となったのである。

以上のような経緯ののち、いよいよ修一郎は福島県大書記官として、県令山吉盛典の下に赴任してきた。しかし福島県への在任は約半年という短かい期間で、県令が三島通庸にかわった直後の明治一五年二月、大書記官を辞め、大蔵省少書記官（議案局）へ転出した。そして明治一六年、再び石田英吉が県令となった長崎県へ大書記官として赴任した。その後明治一九年には岩村通俊が北海道長官となったのに従って、北海道に行き道庁参事官となった。以来北海道理事官を務め、明治二四年七月二一日、五五歳で病没した。

以上小野修一郎の履歴をたどってきたが、この履歴に特徴的に現われているのは、修一郎の任官は基本的に高知人脈の枠の中にあるということである。小野義真の下野により岩村通俊に従うこととなって官僚を全うしたわけだが、その間の秋田、長崎県が、義真や通俊よりは関係は浅いが、同じ高知県出身の石田英吉の下にあった。このように修一郎は地元の先行出世官僚の被護を受けて官僚コースを歩いた。こうした経歴から考えると、明治一四年の福島県大書記官の半年は、修一郎の全官僚時代のなかでは異例の就任であることが指摘できる。明治一五年の大蔵省少書記官の時代も直接的には高知人脈と結びつかないが、地方官から他の地方官への異動の中継ぎに中央に入ることはよくあることでもあり、また大蔵省は、最初の土木寮出仕時代を考えれば古巣ということもできる。こういうことからすると、福島県官時代のみの異例さが極立ち、なぜ修一郎が福島県大書記官となったのか、福島県での小野の任務は何であったのか、その背景に関心を持たざるを得ない。

二　福島県の明治一四年

1　福島県官人事構成

福島県官の人事構成を出身地別にみてみると、県政の転換との関連が浮び上がる。明治一〇年代前半期の六等属以上の県官の出身地別は表2に見るとおりである。これからみると地元福島県と隣接県である山形、茨城で大半を占め、西南の熊本が若干いる。

奥羽諸藩は戊辰戦争に敗れ、西南諸藩出身者によって支配管理されることになった。福島県の場合も初期においては同様であったが、比較的早い時期に地元の力を回復している。三県並立時代の福島県は清岡公張（高知）、宮原積（鳥取）、安場保和（熊本）と官軍側から長官を出していた。宮原積権令のときに置賜県（旧米沢藩）の山吉盛典が権参事として赴任し、宮原から安場に交替したのち、安場時代の次官（参事、大書記官）として働いた。明治八（一八七五）年一二月に安場が愛知県令として転出したあと、山吉が県政のトップとなり、明治九年の三県合併（福島、若松、磐前）による福島県の成立後は、明治一〇年三月権令、一一年七月県令となって一五年一月の三島通庸との交替まで長官として長期にわたる県政を担った。

三島通庸は鹿児島県出身、強力な土木工事と自由党の弾圧で力を発揮した。以後は長崎県出身の赤司欽一、鹿児島県出身の折田平内、熊本県出身の山田信道と、西南諸藩の監視下に入る。

さて表から見るように、明治一〇年代前半の福島県官は福島、山形、茨城、熊本出身者でつきてしまうが、その内容をみてみると、まず熊本県出身者については、殖産興業政策に積極的に着手した安場保和に発する人脈である。とくに八重野範三郎（明治一一年六等属、一四年秋二等属）は、のちに安場の伝記を残すほどに安場に近い人物であった。次に山形県出身者（旧米沢藩）であるが、安場転出後の長・次官を山吉盛典と中条政恒という二人が占有、福島県の

表3　六等属以上の県官出身地（明治15・16年）

出身県＼年	15	16
鹿児島県	1人	4人
福島県	6	8
茨城県	3	0
熊本県	2	1
山形県	0	4
東　京	1	2
その他・不明	3	5

表2　六等属以上の県官出身地（明治11～14年）

出身県＼年	11	12	13	14
山形県	3人	5人	5人	3人
福島県	9	9	9	10
茨城県	5	5	5	5
熊本県	5	3	2	2
福岡県	1	1	0	0
静岡県	4	1	1	0
東　京	3	1	0	1
その他	2	0	1	1

出典：『官員録・職員録』により作成．
註：長次官はこの間同一人物（山吉・中条）で共に山形県（米沢）出身である．ただし県令山吉は13年中に本籍を福島県に移動したので14年は福島県出身となっている．
大書記官小野（高知）は，14年夏赴任のため，官員録には載っていない．14年分は前半期のもので，後半期の人事異動はここにはでてこない．

近代化（県会の開設、殖産興業政策の全面的展開）に寄与した。山吉、中条の人事に関しては、同じ米沢藩出身で早くから中央官僚として左院の議官となり、大久保利通の下にあって実務家として活躍していた宮島誠一郎の力に負うところが大きい(14)。

こうしたことから、県政の指導的なポストを山形県出身者（旧米沢藩）が担うことになった。この二つの人脈、すなわち山形・熊本人脈が県政の主要な政策決定にかかわり、もう一つの茨城県出身者は（明治一四年一等属五名中三名）中堅クラスの指導的実務官僚として県政の基礎を支えた。

熊本人脈は山吉・中条体制の下で山形人脈が堅固となっていくなかでその数は次第に低下してゆくが、安場時代の強い政治的影響力は県政及び人脈の中に残り、なかでも大書記官中条政恒などは、山形出身者でありながら自分を登用してくれた安場への信奉者として、県の開墾政策の推進者としての強いプライドを持ち続けた。こうした意識が安場転出後の県令山吉と大書記官中条との間に県政に対する意見の不一致と対立を招く一因となった。この対立が、開墾政策の行詰りと自由民権派の台頭を背景に、ちょうど同じ時期に起きた政府内クーデター「明治一四年政変」の余波を受けて県政の大転換の端緒を開くこととなった。

さて明治一五（一八八二）年三島県令にかわってからの県官人事

は、表3でみるように三島の強い個性に染められた。三島人事は着任と同時に進められ、一五年春頃には大巾に変更された。三島の政治戦略に沿って同郷の鹿児島県出身と福島県出身（旧会津藩）、山形県出身（三島の前任地）とによって人事のおおよそが構成された[15]。

福島県官の人事構成は以上のような特徴を示している。

2　大書記官中条の転出

中条政恒は明治五（一八七二）年九月に福島県官（典事）として迎えられた。旧米沢藩士で、山吉盛典とは米沢藩時代からの旧知の間柄といえる。中条は米沢藩時代から北海道の移住開拓を強く主張し、建白をくり返していたが、藩の容れるところとならなかった。この当時北海道開拓は士族たちの間でひとつの経綸となっていたので、決して珍らしいことではなかった。こうした中条の主張を知っていた山吉は、権令安場保和とはかり、左院の宮島誠一郎、置賜県参事の本田親雄らの尽力を得て福島県に呼び、県内の荒蕪地開墾の任にあたらせた。中条を福島県典事として迎えたのは、開墾事業を進めるにあたって、開墾担当者として他に適当な人材がなかったからである。そのため参事山吉盛典は新権令安場保和の意を受けて中条を招くことを決めた。その間の事情を、山吉は宮島への手紙で、「当時、当県官員中業ザもの二乏敷、権令之望ニも、小々位ハ癖物ニ而も押コナシノ出来候人物と之注文」[16]があったことを語っている。こうして中条の押しの強い個性を考慮の上で、開墾事業の適任者として中条を県官に迎えたのであった。この開墾は当県主導による安積郡大槻原の開墾は、この中条を担当者として明治六年から九年にかけて進められた。この開墾は当時各地で行なわれた開墾事業のなかで成功事例として中央政府の認識するところとなった[17]。

明治六年一一月設置された内務省の卿となった大久保利通は、内政重視による殖産興業政策の推進をはかり、地方産業の開発を目ざしていた。福島県の大槻原開墾の成功は、士族授産政策としての開墾事業（殖産興業政策の農業分野）を実験的に進めるモデル地を探していた政府にとって格好の先進例となった。明治一一年三月、大久保利通は

「一般殖産及華士族授産方法」「福島県下岩代国安積郡字対面原及接近諸原野開墾方法」を原野開墾の伺書として三条実美太政大臣へ提出した[18]。

こうして福島県安積郡を中心にした県内四郡（安積、安達、岩瀬、白河）に渡る諸原野開墾の構想が練られ、「国営安積開墾」として猪苗代湖疏水（安積疏水）の開さくを含め、大規模な士族移住開墾が結実していった。この開墾については本稿のテーマではないので他の研究書を参照されたい[19]。

さてこうして県内の開墾事業に県官として大きな役割を果たした中条政恒は、安場保和が愛知県令として転出して以後は、山吉盛典の下でナンバー2の地位となり、山吉が権令から県令へと昇進するにつれ、中条もまた少書記官、大書記官と昇進していった。この山吉＝中条体制が崩壊したのが明治一四年八月、福島県はちょうど二度目の天皇行幸を迎える準備の最中であった。そして中条自身の認識からすれば、この中条の福島県官免職、太政官への転出は突然やってきた。中条は開墾事業に多大な熱意をもって取組んでおり、最後までこの任務を遂行する意志をもっていたため、自分の太政官転出は、県令山吉の陰謀によるものという強い疑念に捉われた。彼の三人称で書かれた自伝「安積事業誌[20]」では、この思いが全体に貫かれている。

中条政恒が自分の転出を陰謀と思い込む背景には、①明治一二年頃から徐々に開墾地において諸矛盾が発生してきており、明治一四年頃には県の指導がスムーズに進まなくなったことや、②河野広中ら自由民権派が、明治一〇年頃は県の開明的施策に協力し、県民会の設置に共同行動をとっていたものの、次第にその勢力が拡張されて一四年頃から議会における県と民権派議員の対抗関係が生れつつあったことなどから、県令山吉と大書記官中条の間に政策上の意見の不一致や行き違いなどが生じてきていたことがあげられる。

また中条は開墾担当者としての任務は、先の県令安場保和から委任されたものとの意識が強く、士族移住の許可等にあたって県令の意向を無視して独走する傾向もみられた。こうした政策上の対応の違いから、山吉と中条の間に対立関係が生じていった[21]。

この時期県令山吉が開墾地内に発生する諸矛盾への対応に苦慮していたことは事実である。とくに移住士族が、それを進める政府や県の期待に反して、開墾によって農業に専心することに対する熱意や労働に欠け、種々の問題を起こしていたようだ。なかでも久留米開墾社内紛問題（開墾杜の分裂）などは開墾事業そのものを危うくするものであった。開墾を進めてきた県令としての山吉の苦悩は、明治一四年二月の内務卿松方正義への内申からも察することができる。左にその文書を紹介しておこう。(22)

県下開墾地移住人之義ニ付内申

県下安積郡等開墾追々着手相成、福岡・高知・島根・岡山・愛媛県之士族、移住墾業従事致度旨陸続出願有之候所、元ヨリ憤発篤志之人物ニ有之、尚其管轄庁ニ於テ調査ヲ遂ゲ候事ニ被存候得共、照会出願可有之文字ニ止リ聢ト信憑可致納物無之、何分処遇上差支候兼モ不少候ノミナラズ、自然之ガ為メ非常開墾之御供業隋テ士族優渥ノ御恩遇等ニ照シ、万一彼是不都合ヲ生候様ニ立至候テハ、実ニ不相済次第ニ付、其移住人ニ於テ志操ヲ堅固ナラシメ必進退ヲ軽易ニシ、方向ヲ誤ル等ノ憂与之為メ本人ハ勿論各管轄庁ニテ篤ト遂調査出願ノ照会ヲ経候様仕度、各府県長官へ御内達被下候儀相成間敷哉、為御参考其文案尚開拓所規則更正致シ次デ伺出候内移住人身元書式等御諒察相成度、若シ御裁可有之ニ於テハ本県ヘモ別紙写之通リ各府県長官へ御内達相成候旨御達被下度此段及内申候也

二月三日　　　　　　　　　　　　　福島県令　山吉盛典

内務卿　松方正義殿

右の史料にあるように、山吉は「万一」移住士族による開墾事業に「不都合」が生じることをおそれ、移住人の「志操ヲ堅固ナラシメ」ること、そのために出願前の各府県における移住人の調査を厳しく行なうことを求めている。

この前年の明治一三（一八八〇）年には、中条が会津の旧藩主松平容保の移住を進めようとしたとき、山吉がこれに反対して中止となったことを、中条は「安積事業誌」の中で開墾事業に対する山吉の妨害と非難しているが、このころから山吉は移住士族による開墾の困難さを認識し、闇雲な移住の推進には慎重になっていたのであろう。政府もまた財政難のなかにあって開墾政策の見直しを検討する段階にきていた。政府は安積疏水の完成を優先して資金を投資し、その余波を受けて士族移住の計画は縮小された。

こうした開墾政策上に生じた諸問題をめぐって、県令山吉盛典と大書記官中条政恒の間に対立が生れていった。そして明治天皇を迎える直前に、県会において民権派議員の活躍を許し一方で久留米開墾社の分裂という不祥事に適切な対応がとれないでいる福島県に対し、政府は福島県人事の大巾な入れ替えを準備した。もちろんそれは中条がいうような陰謀というほどのものではなくとも、大書記官交替によって山吉県政の強化と安定をはかろうという意図もあったと思われる。しかし山吉の意図をはるかに超える政治的激変（一四年政変）の波のなかで、山吉自身福島県を追われる身となった。この県政の大転換は明治一四年夏から翌一五年一月にかけて完了した。その第一弾が、明治一四年八月の、大書記官中条政恒の太政官への転出と、小野修一郎の福島県への赴任であった。

三　県令の交替と小野修一郎

1　小野修一郎の着任

小野修一郎は明治一四（一八八一）年八月六日、秋田県大書記官から福島県大書記官への転任の辞令を受け取った。中条政恒は七月一六日に政府内で転出が決定し八月二日付で辞令が下りている。後任の小野修一郎は中条転出が決定するとすぐの七月二三日に、内務大輔土方久元（内務卿代理）より太政大臣に提案され、二五日には参議の了承を得て決定し、八月六日付の辞令となっている。(23)

①
福島県大書記官　秋田県大書記官小野修一郎
右之通被　仰付度此段上申候也
内務卿　松方正義代理
内務大輔　土方久元　㊞
明治十四年七月廿三日
太政大臣　三条実美殿

②
内閣　内九十六号
明治十四年七月廿五日
大臣（花押）　内閣書記官　㊞（二名）
参議　㊞（五名）
秋田県大書記官小野修一郎福島県大書記官ニ転任ノ儀

③
秋田県大書記官従六位小野修一郎
任福島県大書記官
八月六日

中条は約一ヵ月後上京、太政官に着任した。後任の小野の福島県への入県がいつかは明らかでないが、ほぼ一ヵ月前後の頃であろう。さて、こうして中条と交替で大書記官となった小野修一郎であるが、これまでみてきたところから明らかなように、福島県には小野修一郎に連なるような人脈は全く見当らない。三県並立時代の県令清岡公張が高知の出身であるが、福島県を出たあとは司法省に任官しており、小野との接点はない。小野の赴任は県令山吉の意志もあったかと思われるが、それを裏付けるものは何もない。小野の経歴からして高知県出身の地縁と血縁のなかで動いており、福島県への任官は異例である。

ともあれ、福島県大書記官として迎えられた小野の任務は、第一に間近に迫った天皇行幸の成功と、第二に県会や開墾をめぐって強まりつつある官民間の軋轢の調整にあった。一言でいえば、動揺しつつある県政の安定化をはかることであった。ただ短期間の在任であり、特別に目立った小野自身の活動があったわけではないので具体的に証明するのは困難である。それはわずかな県政の記録から推し計るしかない。小野はまず大書記官として着任後の九月一九日、安積郡桑野村へ開墾の視察に来ている。「開成社記録」は、この日のことを次のように簡単に記している。(24)

（九月）一九日（前略）是日大書記官小野修一郎、本県赴任以来始メテ桑野村ニ巡回ス、社員往テ之ヲ見ル

これは行幸地の点検と久留米開墾社内紛問題の処理に対応するための視察であったろう。この久留米開墾社内紛問題は、一〇月五日天皇行幸を迎え、天皇からの「復旧一和」の説諭を受けてようやく解決の方向へ向かった。(25)途中からではあったが、県内行幸を指揮した大書記官小野に対しては、帰路の一〇月六日白河行幸の地で、天皇から慰労の酒肴が下賜された。(26)

一方、県会及び自由民権派対策という点では、明治一四年一〇月のいわゆる「明治一四年政変」(27)に際して「国会開設の勅」が出されると、小野修一郎は各郡長を集めて、勅を奉じて務めることを説諭している。これは民権運動の急進化を牽制しつつ妥協点を探り、県政の安定化をはかろうとする山吉＝小野路線の表れであろう。

小野は前任地秋田県で一部民権家の激化による「秋田事件」に遭遇、多くの民権関係者を逮捕している。また岩村通俊（鹿児島県令）の下で反乱士族へのきびしい処置と民政の安定化という政策実践を経験している。県令山吉が、

明治一四年頃最も苦悩していたのは、安積開墾入植士族たちが、入植以前に反政府的運動の経歴をもっている者が多くいることなどもあり（久留米藩難事件関係者や高知・鳥取の民権運動関係者、会津など佐幕派の士族など）[28]、これら士族の間に不穏な動きが起きることや県内民権派の急進化による激化事件の発生をおそれており、さらにはこれら入植士族と民権運動が結合することをおそれていたようにも思われ、こうしたことを未然に抑止し、穏便な解決を探っていたと思われるのである。山吉は県民会創設にあたって河野広中ら県内の民権家と協力関係にあったこともあり、その後の政府の対民権派路線の転換のみえはじめた一四年頃から、自らの県政の転換をいかにスムーズに進め、政府の方針に忠実に対応すべきかに苦慮した。それが先に示した松方内務卿への内申（一四年二月）にも表れているし、大書記官に小野を配したことにもうかがわれる。しかしそうしたことも功を奏することなく、山吉の手ぬるい県政は政府によって廃され、三島通庸にとって替えられる。三島県政下の密偵政治は、山吉の福島の自宅まで監視の対象にするほどに、対民権派強硬路線が展開されることになった[29]。

2　県令の交替、三島通庸の登場

三島通庸は、土木工事と自由党の弾圧を目的として政府より派遣されたことを公言していたといわれる。事実、入県以来会津における大型道路工事（三方道路）に着手するとともに、この土木工事への人民の反対闘争を利用して県内の自由党の壊滅をはかった（喜多方事件及び福島事件）。

三島通庸の赴任は、当初より多くの福島県民の不安をかりたてていた。小野修一郎は大書記官として県令事務の引継ぎを円滑に進め、県内に混乱を生じないよう腐心したが、その努力はむなしく、三島の強引な手法に押し切られ、県政の運営に自信を失ってついに福島県を去ることとなった。

この三島入県前後の様子を史料から構成してみよう。福島県令交替の件は、明治一五年一月一七日各大臣参議に回覧了承され、二四日には正式に決定した[30]。

内閣司第四号
　明治十五年一月十七日
　　大臣（花押）㊞　　　　　　　内閣書記官　㊞
　　　参議　㊞
福島県令山吉盛典検事ニ転任　山形県令三島通庸福島県令兼任ノ事
　宣旨案
　　福島県令従五位山吉盛典
任検事
　辞令案
　　　検事　山吉盛典
年俸弐千四百円下賜候事
　宣旨案
　　山形県令従五位三島通庸
兼任福島県令
　　一月廿五日

辞令は明治一五年一月二五日付で出された。県令交替に伴なって、県政の事務引継ぎが先ず行なわれなければならない。この事務引継ぎを迅速正確に行なうよう段取りするのが次官である大書記官小野修一郎の任務である。小野と三島の間での電報の往復が数回くり返えされた。その経過をみると、次のようになる。以下の電報文の引用については、県庁文書に残された電文はカタカナ書きであるが、読み易くするため漢字カナ混りに直した。また小野から三島に宛てたものは写しとして残されたものと思われ、原史料のままである。(31)

明治一五年

二月二日　三島から小野にあて「……御用アリ出発ハ差シ延ベ五日六日頃ノツモリ……」と、福島県への入県が遅れるという知らせが入る。

二月□日　三島の入県がはっきりしないため、小野は事務引継ぎについて三島の意向を質す電報を打った。「御着県ナキニ先キダチ　前県令ヨリ事務引継相成ルトキハ小官受取ルベキヤ又ハ御着県迄受取方見合ハスベキヤ速ク返事アレ」

二月七日　小野の問合せに対し三島は「拙者赴任ノ上前県令ヨリ事務受取ルニ付右様御承知アレ」と指示する。

二月□日　しかし事務引継ぎを急ぐ前県令山吉の指示で、小野は内閣書記官に次のような伺を立てる。「本県新任県令赴任ノ上前県令ヨリ事務ヲ受取旨小官ニ電報アリ　然ルニ前県令ヨリハ六年第二百五十二号公□第一章但書ニ依リ直ニ小官ニテ引継トノ事ナリ　此場合ニ於テハ如何相心得可然哉直グ御指揮ヲ乞フ」

二月十日　三島から小野へ、「都合アリ十三日頃出発スベシ」との電報あり。

二月十二日　三島は入県がさらに遅れることになったにもかかわらず、事務引継は直接自ら行なう意向をくずさず、小野の内閣書記官への問合せに対しては三島から「二時出発　赴任スルニツキ　兼テ申シシ指示置ク通リ御心得有リタシ」と再度の指示がある。この電文には次のような添書がある。「事務受渡之為ニ□内務省ニ伺出サレタル趣ノ処　書記官よりノ伺ニ対シ指令ナラザル趣ニテ内務ヨリ拙者ヘ□□ニナリタリ　拙者ハ明日出発赴任スルニ付兼テ申置通リ御心得有タシ」

これをみると小野の内閣書記官への伺は三島にまわされ、三島から直接回答されたようである。三島がいかに意欲をもって県政の引継ぎにあたろうとしていたかがうかがえる。

二月十三日　しかし三島は結局一三日には出発できず、この日「明日五時ニ発車スル」との電報を打った。

こうして三島通庸は明治一五年二月一六目福島県に入り、白河に一泊、翌一七日福島県庁に登庁した。三島が福島県令になって、自ら子飼いの官僚を引き連れ、また多くの県官を入れ替えて三島色を鮮明にし、専制政治の体制を敷いたことは有名であるが、三島人事は県令となるや着県前からすでに開始されている。その最も典型的な例は、二等属八重野範三郎の免官である。着任前の二月二日という早い時期に、三島は大書記官小野に電報で「二等属八重野範三郎スグニ御差免ジアレ」と指令し、翌二月三日、八重野は「依願免本官」[32]となる。八重野は熊本出身で、山吉盛典の前の県令安場と同郷の人物であり、山吉県令の信頼も厚かった。のち熊本に帰り安場の伝記『咬菜・安場保和先生伝』を書いた。

他に一等属清宮質（茨城出身）の免官や、初登庁の二月一七日には一等属門岡千別（熊本出身）、一等属木村一貫（熊本出身）に対して、それぞれ庶務課長、会計課長の職を解いた。[33]

こうして三島は赴任するとまず人事を改め、県内に強く残る前任の安場保和、山吉盛典二人の県令の影響を一掃し、主要ポストを三島色で固める動きを急速に展開した。明治一四年秋、すでに山吉盛典は大量の県官異動を実施していた。これはある程度政府の意向を受けての山吉の生き残り策と思われるが、政府の意向は山吉の思惑を超え、結局山吉は県令を免ぜられ、後任の三島によって徹底した人事の更新が行なわれた。三島専制の布陣は明治一五年の五・六月頃には完成し、七月三島は山形県令との兼任から福島県令専任となった。

その後に起きた福島事件に関連して、県内の状況を記録した「福島事変見聞録[34]」は、三島赴任後の県官の状況を次のように記している。

福島県吏ノ挙動

一、三島赴任以来旧来ノ官吏ヲ廃シ、山形ヨリ過半ヲ集メ東京ヨリ来レル六七名ニテ新タニ福島県庁ヲ組織セリ。一体属吏ノ三島氏ヲ視ルコト鬼神ノ如シ。而シテ属吏ノ人物ヲ視ル何レモ武人体ニテ文字トテハ更ニ之ナキガ如シ。（中略）人民ハ県吏ヲ視ルコト鬼ヲ視ルガ如シ。（中略）而シテ県吏ガ民権ノ二字ヲ嫌フヤ甚シク、小学校ノ教員若クハ郡書記抔ガ口ニ民権トサヘ言ヘバ免職若クハ捕縛セラレタリト云。

右は明治一六（一八八三）年三月、福島事件直後の記録であるが、『福島県政治史』の著者諸根樟一は、三島赴任時について「既に本県民は、彼れの山形県令として、又は従来の彼れが公的生活に就いて略ぼ識ってをり、然も彼れが一度び施政を執るや、内外の識誉、褒貶をこと〻もせず、一触快刀、乱麻を断つの慨ある一行政官たることを知るに於いて、前の山吉盛典の良政の後に来り、果たして彼れの手腕を本県に承け容るや否やを、当時の県民は疑義し且つ不安に怖えて迎えたのである」(35)と表現している。

以上のように県民の不安の中で、多くの県官が入れ替えられたが、最大の人事は次官である大書記官の去就にあった。

3　小野大書記官の罷免とその意義

小野修一郎については、県民の間にもいずれ三島のもとを離れることになろうという噂が立っていた。(36) そして二月一八日福島県大書記官を免官、大蔵省少書記官に転出となった。

この転出の直前、小野は福島県自由党の領袖河野広中を訪ねている。このときの様子を『河野磐州伝』(37)は次のように記している。

三島の福島県令となったのは、明治十五年二月と思ふ。当時福島県の大書記官たりし小野準一郎（修一郎の誤り―引用者）が、三島の心事を付度し、事の容易ならざるを認めたものと見え、密かに予を訪ひ、三島の決意を語り、謀るに官民調和の事を以てし、適任者を以て之に任ぜしめられたいと切に懇望せられた。因て予は田母埜を押したけれども田母埜はこれを承諾せず、小野は田母埜を推挙したけれども、県令は之を容れなかったので、小野は大に嘆息し、後ち間もなく其の職を辞して了った。

田母埜秀顕はやはり福島自由党の中心的人物である。田母埜の推挙が何を意味するのか、また河野広中と小野修一郎の間で何が話合われたのかはわからないが、小野が自由党との間に対話の可能性を探り、三島の強引な反民権、自由党撲滅の方針を何とか軟化させ、官民協調の県政を模索しようとしていたのではないかと考えられる。しかしこうした小野の腐心は失敗に終り、小野は福島を去ることとなった。これは三島の思惑どおりであった。小野の免官、大蔵省への転出と同時に村上楯朝が福島県少書記官となって赴任した。この村上とともに、村井元義、中山高明（一等属）らが中核的県官となり、警察関係に配された旧薩摩藩、旧会津藩出身者らが三島の専制を支えた。小野修一郎の大書記官在任は、わずか半年で終った。

以上のように、山吉＝小野による県政の安定化策は自由民権派の急進化を抑えつつ官民協調の政治を構築することにあった。それは山吉自身の県令としての基盤を固めるという意味もあったであろう。しかしその努力は三島県令の赴任によってことごとく打ちくだかれることとなった。山吉の司法省転出決定後も、小野修一郎はなお新県令三島の下での協調の道を探ったが、三島の強い決意の前に挫折、結局は福島県を離れることとなったのである。

こうして中条大書記官転出後に新たな山吉＝小野体制を築き、「一四年政変」後をも乗り切ろうとはかった福島県における開明派官僚は一掃され、反自由党を政治の軸とする強権的地域開発（土木政策）の時代が到来した。

以上のような意味で、明治一四年後半、すなわち小野大書記官の時代は、福島県が開明的な県政から三島による専制的な県政へと転換する過渡期に当たっており、開明派官僚による穏健な政治路線は敗れ去った。これはちょうど中央政府内の「一四年政変」による大隈重信らの追放と期を一にするものであった。その意味において、明治一四年秋から一五年一月にかけての福島県政治は日本の政治史に対応したものとして、「一四年政変」の地方的展開として位置づけられるのである。

小野修一郎は結局、福島県大書記官として特筆するような何らの政治的業績を残すことなく、また彼が福島県に在任したことすら歴史の谷間に消え去ろうとしている。しかしこのような小野修一郎在任の半年こそが、明治初期の政治の大転換の時代であった。そして明治初期の、土佐流の開明主義、官民協調路線、中道的政治は、福島県に根づくことなく「明治一四年政変」の余波を受けてついえ去ったのであった。

［註］

（１）公文録「府県」（国立公文書館所蔵）。以下紹介史料は同文書による。

（２）『明治維新人名辞典』吉川弘文館。『上杉家御年譜』原書房。福島県庁文書「官員履歴」「日誌」（福島県歴史資料館所蔵）。公文録「官吏進退」（国立公文書館所蔵）

（３）「安積事業誌」（郡山市中央図書館所蔵）

（４）「分草実録」『郡山市史』９資料編

（５）公文録「太政官」

（６）中条家文書

（７）平尾道雄『立志社と民権運動』高知市民新書、一九五五年。『保古飛呂比　佐々木高行日記　十』東京大学出版会。

(8)『宿毛市史』巻七資料編、幡多郡士族年譜。なお小野修一郎の出自については、宿毛歴史館の橋田庫欣氏の御教示を得ました。

(9)郷校については『高知県史　下』参照。また郷校と小野梓については、中村尚美『小野梓』(早稲田大学出版、一九八九年)を参照。

(10)中村尚美『小野梓』

(11)高知県平尾文庫『維新前后史料』(六)

御県士族 小野修一郎

右之者当県官員ニ採用致シ度候間御差支モ無之候ハバ至急出京之儀御達有之度此段及御掛合候也

辛未十二月二日　　宇都宮県

高知県　御中

(12)『明治建白書集成』第四巻

修一郎は土木寮の名称を実態に合わせて治水寮と改めることを提案した。

(13)秋田事件については、秋田近代史研究会編『秋田県の自由民権運動』(一九八一年)参照。とくに事件の性格、当時の石田県政などについて田中惣五郎の論文を参考にされたい。

(14)本書第三章参照。

(15)三島の人事政策については、高橋哲夫『増補　福島事件』(三一書房、一九八一年)の「増補2県令三島通庸の人事政策」に人事の性格、各警察署長人事の実態が述べられている。それによれば三島在任中の警部採用者の三分の二が鹿児島士族、残る三分の一は会津士族ということである。

(16)宮島誠一郎文書(国立国会図書館憲政資料室所蔵)

(17)『杉浦譲全集』第四巻、二一八頁。地理頭杉浦譲の大久保利通への報告(明治九年五月)に「福島県ノ開墾タルヤ、県官其他ノ人民ヲ奨励従事セシメ、人民モ亦多少ノ労資ヲ支弁シ、能ク其功ヲ奏スルニ至レリ」とある。

(18)『大久保利通文書』第九巻

(19)高橋哲夫『安積野士族開拓誌』歴史春秋社、一九八三年。
日本大学安積開拓研究会『殖産興業と地域開発――安積開拓の研究――』柏書房、一九九四年。

矢部洋三『安積開墾政策史――明治一〇年代の殖産興業政策の一環として――』日本経済評論社、一九九七年。

(20)佐藤秀寿・佐藤利貞「安積事業誌」（郡山市中央図書館所蔵）

(21)詳しくは第三章参照。

(22)福島県庁文書「明治十四年官省上申書」（福島県歴史資料館所蔵）

(23)明治十四年「公文録　官吏進退　内務」（国立公文書館所蔵）

(24)御代田豊編「開成社記録」『郡山市史』9資料編

(25)『久留米開墾百年の歩み』参照。

(26)福島県教育会『明治天皇御巡幸録』

(27)「棚倉地方政党起原ノ概略」（『福島県史』11　近代資料1　三四二頁）によれば、県南の棚倉地方にも自由民権の風が伝わり、教員や郡吏の間に「茶話会」などが発足したが、自由党に応ずるものは少なかった。明治一四年一〇月頃沼間守一が来郡して大演説会が開かれ、これが棚倉地方の改進党結成へのきっかけとなった。このころ「該郡ニ於テ郡吏等ノ与リシハ自由党ヲ防グニ基キシモノ、且ツ国会ノ勅アリシ際当県小野大書記官各郡長ヲ集メ　勅旨ヲ告ゲ爾来ハ人民ニ親近シ共ニ之ヲ翼賛セザルベカラザル云々等説諭セラレ、郡長ハ帰郡郡吏ニ之ヲ伝達セシヲ以テ自然奨励セラレシ姿ナリシガ故ナリ」とある。

(28)拙稿「士族授産の政治的側面について――国営安積開墾における久留米及び高知士族入植の事情」（福島大学『行政社会論集』一九九五年、第八巻一号）参照。

(29)『福島県史』11　近代資料1に収録された国事探偵竜造寺豊太郎の報告書（明治一五年一一月三日）「昨一日探聞スル条左ノ通御上申仕置候」の箇条書の中に、「裁判所裏山吉盛典自宅ニ自由党有之哉数度無名館ヨリ該家ニ書翰ヲ相達スル赴キ探聞セリ」とある。これは政府の山吉に対する不信が解けなかったということを意味するものであろうか。

(30) 明治十五年「公文録　官吏進退　司法」
(31) 福島県庁文書「自明治十四年至明治十八年　勅諭其之他」
(32) 福島県庁文書「明治十五年日誌」
(33) 同
(34) 井出孫六、我部政男、比屋根照夫、安在邦夫編『自由民権機密探偵史料集』(三一書房、一九八一年)所収「公文別録」(国立公文書館蔵)
(35) 諸根樟一他『福島県政治史』(一九二九年)四五一頁。
(36) 本書第四章第一節参照。
(37) 『河野磐州伝　上』五〇七～五〇八頁。

あとがき

明治天皇の初期の地方行幸について、福島県とくに国営安積開墾との関連を中核に据えて論文をまとめることができた。史料の収集からほぼ一〇年を費やして、やっと形のあるものとすることができてホッとしている。

福島県を地方の視点で捉えて行幸の実態を明らかにすべく努めたが、福島県に限らず行幸の目的・企画・方法・地方の対応や奉迎、地方政治への影響など、地方行幸の典型例として位置づけることも可能であろう。また国営安積開墾が士族授産による殖産興業のモデル事業であったことに、福島県の持つ特殊性が指摘できる。そのことがまた逆に殖産興業政策という近代国家創設期の基本的視角から行幸を認識するための最適のテーマを提供しており、国営安積開墾地への行幸がこの時期の行幸の典型を示す結果となっている。ここに焦点を定めて研究できたことは、私が偶々郡山に居住しているという幸運によったともいえる。

また同時に、福島県が殖産興業政策に積極的に対応していくなかで育成された開明派官僚による県政が「明治一四年政変」によって政治的転換がはかられてゆく過程は興味深い政治の諸相を見せてくれる。この転換過程を「明治一四年政変の地方的展開」と位置づけることで不透明であった中央政治と地方政治の関わりの一端を解明する方法を確立できたのではないかと思う。行幸と殖産興業と地方政治の転換という相関図を、ここに収めた諸論文によって多少なりとも描き出せていれば幸いである。充分に説得的でないとすれば私の筆力不足によるというほかない。

＊

思えば一九七五年に「天皇行幸と象徴天皇制の確立」（『歴史評論』二九八号）を発表したのが行幸研究に関わる最

初であった。戦後初期の天皇行幸を扱ったのであるが、手探りで書いた初めての論文であり、中途半端で未熟であった。その後行幸研究からはしばらく遠ざかってしまった。

私にとっての歴史研究は道草、遠回りの連続であったが、紆余曲折を経て今日一冊の本を上梓できたことは望外の喜びである。

「歴史」を意識したのは高校生のときの家永三郎氏の教科書裁判であった。この事件が田舎の夢見る文学少女の目を覚まさせた。そして明治大学では宗京奨三先生に日本近代史を学んだのであるが、当時学生運動が盛んな時代で私は学業には怠惰な学生であった。そんな私を暖かく見守り励ましてくれた。卒業後は生きるのが精いっぱいの仕事を続けるなか、大学の先輩である佐瀬昭二郎氏に誘われて、渋谷区議会史の編纂、東京歴史科学研究会現代史部会への参加と、すこしずつ歴史の勉強を始めることができた。この間中村尚美氏、梅田欽治氏らにお世話になった。その後結婚によって転居、出産、育児と多忙な日常生活に追われることになったが、結婚によって偶々住むことになった郡山市が、私に地方史研究の場を与えてくれた。

一九九三年福島大学大学院に社会人入学し、二年間栗原るみ先生のもとで学び、栗原先生はじめ諸先生方に指導・助言を得ることができ、「四五の手習い」は大きな意味を持った。一方日本大学工学部の横井博先生を代表とする安積開拓研究会に参加、藤田龍之、塩谷郁夫、矢部洋三の諸氏と共に『殖産興業と地域開発——安積開拓の研究——』に、明治九年行幸についての論文を発表することができた。大学院終了時には「明治一四年政変と地方政治」を修士論文として仕上げた。その後『福島県女性史』や『平田村史』の仕事をはさんで、今回ようやく明治一四年行幸についてまとめることができた。

早い時期に史料収集をしながら文書解読に時間がかかってしまった。私には古文書学学習の時期がなく、史料の解読は郷土史家田中正能氏の助けを借りて、辞書を片手の作業であった。郡山での研究上お世話になった横井博、田中正能の両氏が相次いで故人になられてしまったことは残念でならない。生前の御交誼に深く感謝する。またこの本の校正をお手伝いいただいた伊藤光子氏はじめ、研究、調査に際してお世話になった地元の方々、および夫矢部洋三や家族の協力、出版を引き受けてくれた日本経済評論社に対してもこの場で深く謝意を表したい。

二〇〇二年三月

鈴木　しづ子

初出一覧

本書の論文はすでに発表したものと、書き下ろしたものから成る。既発表論文については基本的にそのままであるが、その後確認できた部分や構成の必要上若干加筆訂正した。

第Ⅰ部　明治天皇行幸と安積開墾

第一章　明治天皇の東北行幸と殖産興業――福島県下桑野村を中心に――

（『殖産興業と地域開発――安積開拓の研究――』柏書房、一九九四年七月）

第二章　明治一四年福島県行幸と猪苗代湖疏水代巡

（二〇〇一年書き下ろし）

第Ⅱ部　明治一四年政変と福島県政

第三章　明治一四年政変と地方政治――福島県における開明派官僚の終焉――

（一九九四年度福島大学大学院修士論文、一九九五年一〇月、自費出版）

第四章　福島県政転換期の指導者

第一節　官林木払下事件と山吉県令処分問題

（『福島史学研究』福島県史学会一九九六年二月、第六二号）

第二節　福島県大書記官小野修一郎

（『福島史学研究』福島県史学会一九九八年八月、第六七号）

【著者略歴】

鈴木しづ子（すずき　しづこ）

1947年福島県生まれ．1970年明治大学文学部卒業．1995年福島大学大学院修士課程修了

主要著書　『日本現代史の出発』（共著，青木書店，1978年），『殖産興業と地域開発』（共著，柏書房，1994年），『福島県女性史』（共著，福島県，1998年）

論文　「天皇行幸と象徴天皇制の確立」（『歴史評論』298号，1975年2月），「敗戦直後の民衆意識と天皇制」（『歴史学研究』第547号，1985年），「象徴天皇制と女性」（『思想と現代』第19号，1989年），「士族授産の政治的側面について――国営安積開墾における久留米および高知士族入植の事情――」（福島大学『行政社会論集』第8巻1号，1995年），「福島県における国防婦人会の成立と展開」（福島大学『行政社会論集』第9巻1号，1996年）

明治天皇行幸と地方政治

2002年5月15日　第1刷発行　　　定価（本体4400円＋税）

著　者　鈴　木　しづ子
発行者　栗　原　哲　也

発行所　株式会社日本経済評論社
〒101-0051　東京都千代田区神田神保町3-2
電話03-3230-1661　FAX03-3265-2993
E-mail：nikkeihyo@ma4.justnet.ne.jp
URL：http://www.nikkeihyo.co.jp

装丁＊鈴木　弘　　版下＊ワニプラン　印刷＊平河工業社　協栄製本

乱丁本落丁本はお取替えいたします．　ISBN4-8188-1418-0